牛宪锋 —— 著

流失文物迷踪 ①

重庆出版集团 重庆出版社

图书在版编目（CIP）数据

中华流失文物迷踪．1 / 牛宪锋著．-- 重庆：重庆出版社，2022.7
　　ISBN 978-7-229-16282-5

　　Ⅰ．①中… Ⅱ．①牛… Ⅲ．①文物—介绍—中国 Ⅳ．①K87

中国版本图书馆CIP数据核字（2021）第249027号

中华流失文物迷踪1
ZHONGHUA LIUSHI WENWU MIZONG 1
牛宪锋　著

选题策划：刘　嘉　李　子
责任编辑：刘　嘉　李　子　陈劲杉
责任校对：何建云
封面设计：L&C Studio
版式设计：侯　建

重庆出版集团 出版
重庆出版社

重庆市南岸区南滨路162号1幢　邮政编码：400061　http://www.cqph.com
重庆升光电力印务有限公司印刷
重庆出版集团图书发行有限公司发行
E—MAIL:fxchu@cqph.com　邮购电话：023—61520646
全国新华书店经销

开本：720mm×1000mm　1/16　印张：14.5　字数：260千
2022年9月第1版　2022年9月第1次印刷
ISBN 978-7-229-16282-5
定价：79.80元

如有印装质量问题，请向本集团图书发行有限公司调换：023—61520678

版权所有　侵权必究

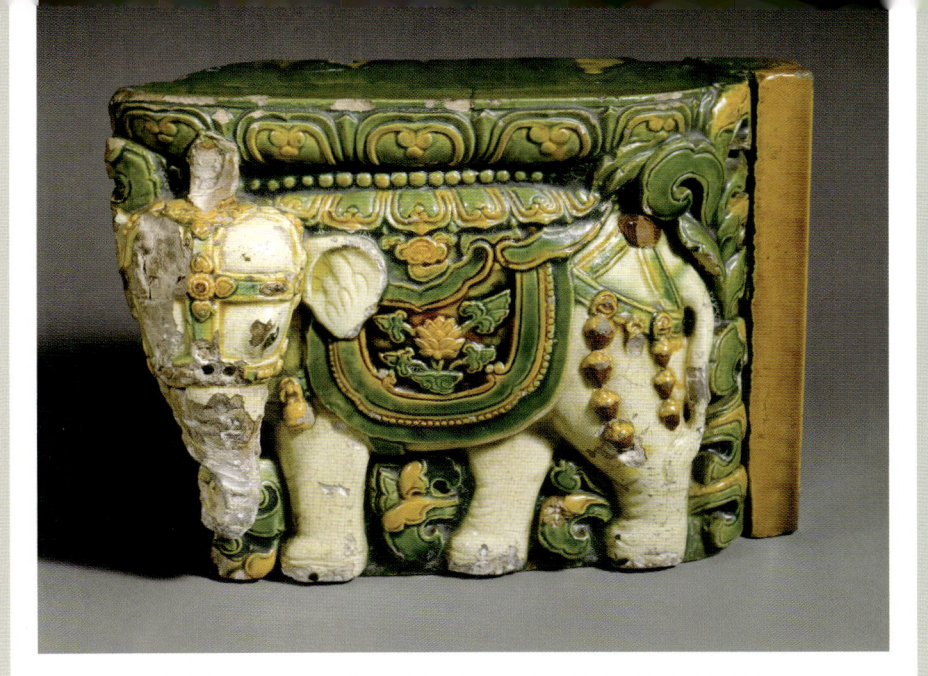

▲ 彩图1 南京大报恩寺塔琉璃砖之"瓷吉象"。现藏美国纽约大都会艺术博物馆

▲ 彩图2 谐奇趣。圆明园西洋楼铜版画　▼ 彩图3 观水法。圆明园西洋楼铜版画

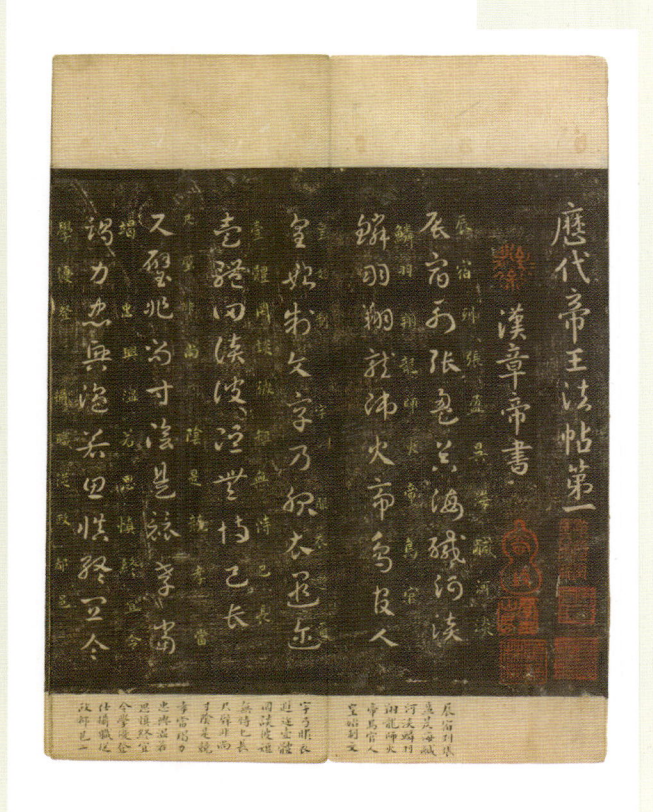

◀ 彩图4 南宋内府翻刻本《淳化阁帖》。现藏美国国立亚洲艺术博物馆弗利尔美术馆

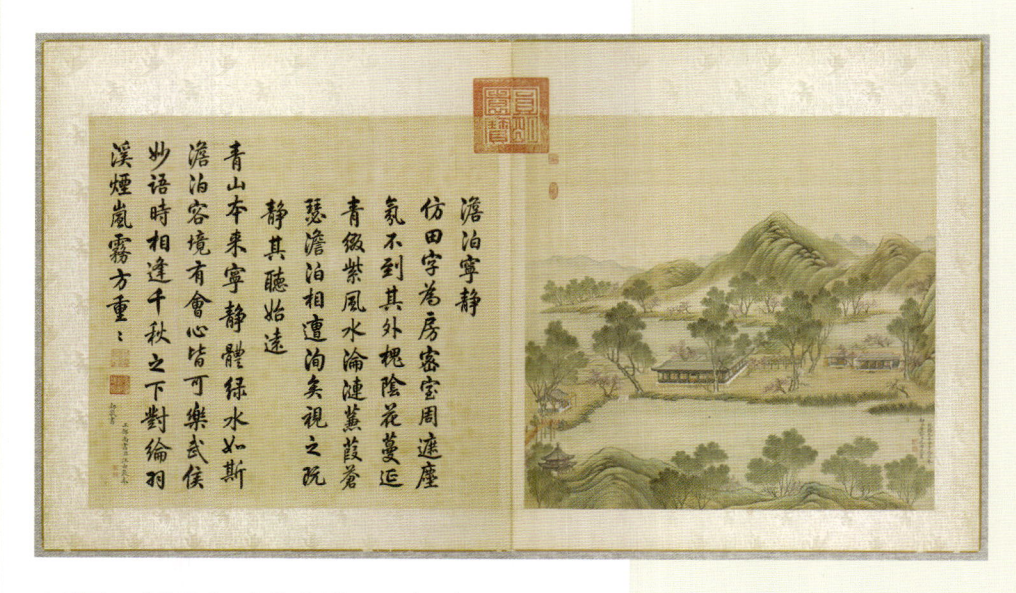

▲ 彩图5 "圆明园四十景图咏"之"澹泊宁静"。现藏法国国家图书馆

▶ 彩图6 铜鎏金编钟。现藏法国枫丹白露宫中国馆

▶ 彩图7 圆明园海晏堂十二生肖兽首铜像之猴首铜像。现已回归,藏于北京保利艺术博物馆

▶ 彩图8 圆明园海晏堂十二生肖兽首铜像之牛首铜像。现已回归,藏于北京保利艺术博物馆

◀ 彩图9 北京万寿山大报恩延寿寺菩萨头像。奥古斯塔斯·沃拉斯顿·弗兰克斯爵士捐赠给大英博物馆

▲ 彩图10 东晋顾恺之绘《女史箴图（片段）》，清宫旧藏，现藏于大英博物馆

▶ 彩图 11 《平定西域紫光阁次五十功臣像赞》之一。其全部绘画现分散藏于世界各国博物馆及美术馆

▲ 彩图 12 《心写治平图》。现藏美国克利夫兰艺术博物馆

▲ 彩图13 唐代仕女骑马俑。现藏美国纽约大都会艺术博物馆

▲ 彩图14 相传为唐代阎立本绘《历代帝王图（局部）》。现藏美国波士顿美术馆

▲ 彩图 15 元代赵孟頫、赵雍、赵麟绘《三世人马图卷》。现藏美国纽约大都会艺术博物馆

▲ 彩图 16　出自新疆龟兹摩尼教寺院的壁画《礼拜者》。现藏俄罗斯艾尔米塔什博物馆

▲ 彩图 17　出自新疆焉耆的唐代壁画。现藏俄罗斯艾尔米塔什博物馆

▲ 彩图 18　出自新疆吐鲁番鄯善吐峪沟千佛洞的隋代木雕"十一面观音像"。现藏德国柏林亚洲艺术博物馆

▲ 彩图 19　出自新疆吐鲁番高昌故城 5 号墟的壁画"菩萨像"。现藏德国柏林亚洲艺术博物馆

▲ 彩图 20　出自新疆库车库木吐拉石窟 7 至 8 世纪的泥塑彩绘"菩萨头像"。现藏日本东京国立博物馆

▲ 彩图 21　出自新疆吐鲁番阿斯塔那古墓的 8 世纪壁画《树下美人图》。现藏日本 MOA 美术馆

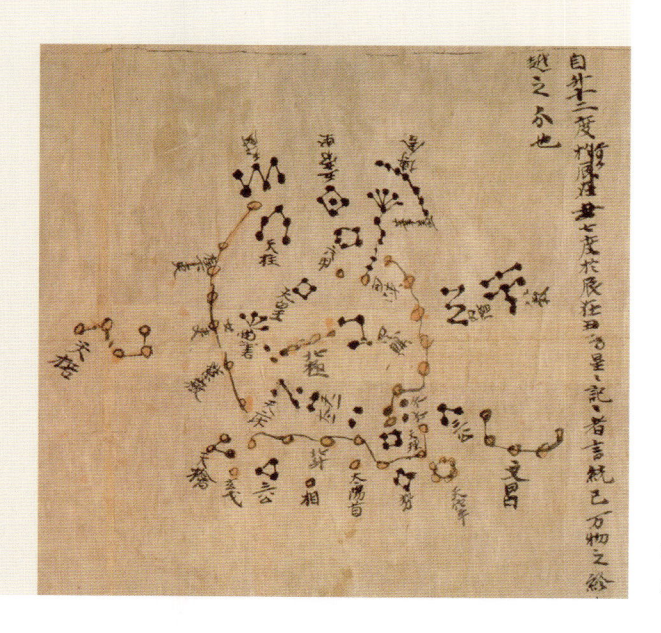

◀ 彩图22 出自敦煌莫高窟藏经洞8世纪前后的《星象图(局部)》。现藏英国大英图书馆

▲ 彩图23 出自敦煌莫高窟藏经洞的唐末绢本画《观世音菩萨像》。现藏大英博物馆

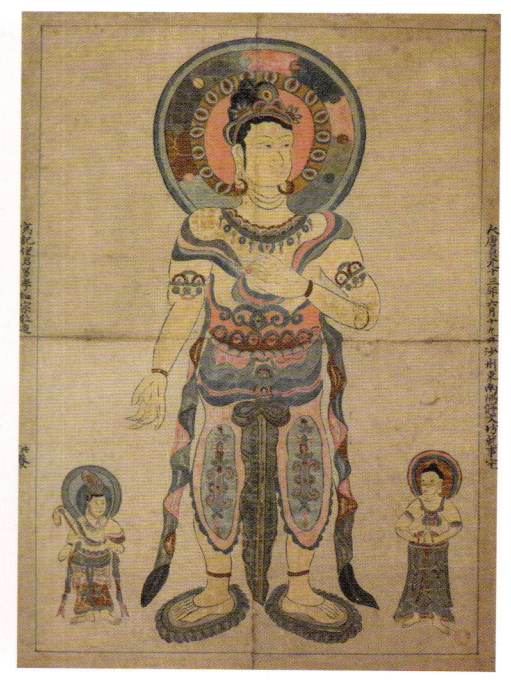

▲ 彩图24 出自敦煌莫高窟藏经洞的唐代纸本绘画《观音菩萨像》。现藏美国底特律美术馆

▲ 彩图25 出于内蒙古阿拉善额济纳河畔黑水城的13世纪西夏彩绘泥塑"双头佛像"。现藏俄罗斯艾尔米塔什博物馆

▲ 彩图26 出自敦煌莫高窟第328窟的7世纪晚期彩绘泥塑"菩萨像"。现藏美国哈佛艺术博物馆

▲ 彩图27 出自大同云冈石窟6世纪的彩绘砂岩雕塑"交脚菩萨像"。现藏美国纽约大都会艺术博物馆

▲ 彩图28 出自山西天龙山石窟第3窟的浮雕石像"胁侍菩萨像"。现藏美国哈佛艺术博物馆

▲ 彩图30 出自山西天龙山石窟第21窟的唐代砂岩石雕"菩萨头像"。现藏美国纽约大都会艺术博物馆

▲ 彩图29 出自山西天龙山石窟的唐代浅灰石灰岩雕刻"金刚头像"。现藏美国哈佛大学福格艺术博物馆

▲ 彩图31 出自河北北响堂石窟南洞的北齐石灰岩雕刻"佛头像"。现藏美国弗利尔美术馆

▶ 彩图32 出自河北南响堂石窟第2窟的北齐石灰岩浮雕"菩萨立像"。现藏美国弗利尔美术馆

▲ 彩图33 出自河北南响堂石窟第2窟的北齐石灰岩浮雕"弥勒说法图"。现藏美国弗利尔美术馆

▲ 彩图34　出自河北北响堂石窟南洞的北齐石灰岩雕刻"佛头像"。现藏美国克利夫兰艺术博物馆

▲ 彩图35　出自洛阳龙门石窟的北魏石灰岩雕刻"观音菩萨头像"。现藏美国弗利尔美术馆

▲ 彩图36　出自洛阳龙门石窟宾阳洞的北魏石灰岩浮雕"文昭皇后礼佛图"。现藏美国堪萨斯城纳尔逊－阿特金斯艺术博物馆

序

云 游

2013年3月，我和好朋友山开、赵阳一道云游美国，考察各大博物馆馆藏中国文物和古董艺术品市场。经行之地，有些虽是旧地重游，但兴致不减，且又有新的心得；有些则是按图索骥、另辟蹊径，别开生面、大开眼界。我们一路走过，听说的都是老故事，视野中都是新发现，同时不免联想到战乱年代中国文物流失国外的历史。流失文物何尝不是在云游？它们随风而去，飘萍无根，与故土两两相望不能回归，我心有戚戚焉。

当时，我随张永年、王维明二位前辈创办抢救流失海外文物专项基金已经十年，这是国内首家以抢救流失文物、保护文化遗产为宗旨的公益组织。十年间的重要项目，例如圆明园猪首铜像和马首铜像回归，举办"海外遗珍、重现北京"文物展、促成龙门石窟佛造像回归等等，可谓是以公益方式追索流失文物的开山之作，绝对是大手笔。举办回归国宝展、流失文物图片展等公益活动，也曾轰动一时，令人感知流失文物在保护文物遗产层面的重要性。我们还通过与收藏中国文物的国外博物馆论战，邀请日本学者参加唐鸿胪井碑研究会学术课题讨论等，主张中国流失文物的所有权，探讨流失文物回归的可行性和路径，意义重大。另外，我还在2010年受邀，参加了埃及主办的首届文物流失国文化遗产追索与保护国际论坛，并在会上发表主题演讲。这些活动看似有些成果，但其实我却一下子茫然了。准确地说，在亲历2009年圆明园鼠首和兔首铜像在法国巴黎被拍卖前后的种种事情之后，我不知所措了：

为什么要抢救流失文物？

如何追索流失文物并实现回归？

圆明园鼠首和兔首铜像拍卖结束后的中午，我和爱人走在北京王府井街头。我对拍卖结果早已心知肚明，但她问起我时，我本来欣慰的、欢喜的心境，突然崩溃了，在熙攘的人群中，在和煦的阳光里，我毫无征兆地失语了。爱一个人，应该是知无不言、言无不尽的，我的思路又回拐到从事流失文物工作的初心，我问自己：

什么是流失文物？

你爱流失文物吗？

我回答不了。

爱一个人、做一件事，需要热情、热爱，但这还不够，还需要静下心来做一点平凡朴素而实在的事情——基础的流失文物调查研究。

文物流失涉及的历史背景、社会环境、人际关系纷繁复杂，有必要从零开始，正本溯源、究根问底、辨假去伪、务求真相，挖掘各类相关信息和线索，实地考察文物的原属地和现藏地，搜集第一手历史文献和外国档案，否则我们无从构建起文物的传承图和流失的证据链，追索流失文物只会成为纸上谈兵，一时鼓噪而无从落实。

调查研究的任务庞杂而沉重。盘桓4年，我在2013年决定重返美国，那是收藏中国流失文物数量最多、汇集名品精品数量也最多的地方。文物是会说话的，我需要跟那些流失文物面对面地对话，聆听它们的心声，感知它们的心跳。有关流失文物历史过往与遭遇的所有倾诉，在我眼前构建起清晰而明确的图像，并镌刻在脑子里、生命中，即使与它们远隔万里，也生死不弃，以同样的频率脉动心跳，否则我就看不清自己、看不清流失文物，也看不清脚下的路。这也决定了我在接下来的又一个十年中，甘于忍受寂寞，潜心尽力地只做了流失文物调查研究这一件事：

流失文物的历史和现状如何？

这些文物的原址在哪里？是如何流失出去的？

千头万绪中，我想分享一件小事。美国费城的宾夕法尼亚大学博物馆，收藏了诸多中国石刻造像精品，最著名的是唐太宗昭陵六骏中的二骏。那天，我一大早便等候在博物馆门前，一开门就径直而入，快步奔向中国馆。中国馆位于该博物馆的中心区域，大厅开阔，穹顶高举，据说馆方经常在此举办高端宴会和各种典礼活动，许多中国文物则成为高贵的、独一无二的背景。馆内无人，我正好独自细细端详那些来自中国的瑰宝。正流连间，一声质问打破了大厅的宁静。一个中国人大声说道："这都是中国的文物，为什么没有中文介绍？你给我找个会说中文的讲解员来。"我循声看去，一个中年男子正跟保安一边比划一边理论。显然，他不讲英语，而保安又不懂中国话。眼看就要争吵起来，我快步走上前去："这位大哥别急，我给你讲。"

交谈中得知，这位大哥名叫许成兵，来自安徽，到宾夕法尼亚大学学习中美合办的地产行业工商管理课程。前一天晚上，他和同学们曾在此中国馆参加欢迎晚宴，当时无暇欣赏文物，所以次日一早，他便又前来参观。许先生感慨："展出的中国文物都是被盗、被抢的，没跟他们要也就罢了，可连个中文说明牌都没有，这是什么道理！"话由心生，发自肺腑，一语点醒梦中人。小小而沉默的说明牌，是对文物的尊重，更是对流失文物属性和主权的承认。告诉每一个参观者，这些流失文物来自中国且属于中国，是大是大非的问题。一个一直忽略的问题，被许先生一语点破。费城一别，我跟许先生再未见面，但时有问候和沟通，他对我调查研究流失文物的工作也尽力襄助，令我甚为感念。

重庆出版社出版《中华流失文物迷踪》系列书籍，于我而言，是大恩德，无以答谢，我当继续坚持追索流失文物工作以自勉。若此系列书籍的出版，能够提醒和激发人们保护文化遗产的自觉性和责任心，重庆出版社着实做了一件大功德。前事不忘、后事之师，功德无量。

流失文物回归之路艰难且漫长，就在我独自做流失文物调查研究乏力困顿之际，有幸得到好友徐栩升、蒲利平、郭翔鹤的资助和帮扶，在此特别致谢，并鼓舞自己。

牛宪锋

2022年初夏

目录

序 云游 /1

壹 文物流失第一案 /1

1. 庚子历劫 /2
2. 从一个特例说起 /2
3. 劫夺文物的模板人物 /4
4. 英军的"遗憾":镇江铁塔 /6
5. 英军的战争"纪念品" /9

贰 圆明园大劫难 /13

1. 原罪:额尔金主义 /14
2. 因果:传教士的幻想 /18
3. 劫难:蒙托邦的战利品 /24
4. 谎言:"一个记者被虐致死" /30
5. 拍卖:赃物被洗白 /34
6. 证据:枫丹白露宫中国馆 /38
7. 亲历兽首回归 /41

叁 紫禁城的黄昏 /73

   1. 毁于战火的孤本 /74

   2. 颐和园二度遭劫 /80

   3. 三海子备忘录 /87

   4. 古观象台之劫 /93

   5. 康乾盛世的写真 /99

   6. 乱世乱市 /109

   7. 惊梦小白楼 /119

肆 在漫长的古道上 /131

   1. 最先到来的俄国人 /132

   2. 收获最大的德国人 /137

   3. 被叫停的拍卖背后 /141

   4. 触目惊心藏经洞 /147

   5. 秘境黑水城 /171

   6. 莫高窟的罪恶手印 /175

伍 从云冈到龙门 /185

   1. 不可恢复的圣境 /186

   2. 山中商会的生意 /198

   3. 残破的龙门 /213

编辑手记 /224

壹 文物流失第一案

1. 庚子历劫

1840年庚子年，第一次鸦片战争；1900年庚子年，八国联军侵华。两个庚子年间一甲子，整整60年，中国屡遭外敌侵略、剥削，一步一步沦入半殖民地社会的深渊。

文物流失，是战争导致的直接恶果，是历史的挽歌，文化的浩劫。正可谓，西风烈，枝残叶凋零；树将倾，根脉几欲绝。

中国文物流失，发端于第一次鸦片战争。在第二次鸦片战争中，英法联军劫掠、焚烧了圆明园，更是大规模文物流失的开始。1900年庚子国难后，中国内忧外患，时局动荡，大量文物通过盗窃、走私等非法方式流失，持续了近半个世纪。

在万千流失文物中，哪一件算得上第一件呢？

2. 从一个特例说起

第一次鸦片战争中，1841年8月，英军第二次沿海北上，于10月13日占领宁波府城（鄞县治所，今宁波鄞州区）。据《鄞县通志》载，"道光二十一年（1841年），英兵踞城毁佛像，掳钟出海"。此"钟"，是原位于宁波天宁寺的一口铜钟。英军将天宁寺铜钟当作战利品运回英国，献给维多利亚女王。1844年，维多利亚女王将铜钟捐赠给大英博物馆（图1-1）。

天宁寺铜钟上有铭文："天灵禅寺（避讳道光皇帝旻宁，天宁禅寺写作天灵禅寺）；若人欲了知、三世一切佛、应观法界性、一切惟心造。皇图巩固、帝道遐昌、佛日增辉、法轮常转。"

钟面还铸有佛顶尊胜陀罗尼经文、捐资信众姓名、108佛像和八卦纹等。最重要的是记录了铜钟的铸造者和铸造时间："宁绍台兵备道周彦，知鄞县事舒忝受，绍城昌安门外易东木同男增贵铸造，大清道光十九年岁次己亥八月吉旦。"

天宁寺铜钟在道光十九年（1839年）铸成，两年后被英军掠去，在当时，铜钟还很新。

那么，它算是流失文物吗？

这里有必要简述一下流失文物的定义。流失文物专指因战争劫掠、盗窃、走私等通过非法的和不道德的手段而脱离原址和原属国的历史纪念物。

就世界范围而言，文物流失的主要时间段，是自18世纪工业革命兴起到20世纪中期第二次世界大战结束，有200多年。

文物流失国，主要是在殖民扩张和侵略战争中受侵略的国家，以埃及、希腊、中国、秘鲁等亚非拉文明古国为主，有30个左右。

文物流失的途径主要有三：战争中的劫掠；古董交易所引发的盗墓、盗掘、盗凿以及对文化遗迹的破坏；走私。

流失文物的类别，以不可移动文物和出土文物为主，例如壁画、雕刻造像、建筑构件、墓葬品、古遗址的出土器物等，还包括战争中被劫掠的古籍、文献、书画、古董艺术品等历史传承的古物。

图 1-1 宁波天宁寺铜钟
现藏于英国大英博物馆

根据联合国教科文组织的统计，在47个国家的200多家博物馆中，藏有中国文物167万件，而民间藏有的中国文物是馆藏数量的10倍。这是在评说中国流失文物时经常被引用的一个数据。

这的确是一个不完全统计的数据，但应该指出的是，这里所说的文物，应称为"海外藏中国文物"，它与"流失海外中国文物"是性质不同的两个概念，或者说流失文物是海外藏中国文物的一部分，是个特例。自古以来中国有大量器物因文化交流和贸易而输出到很多国家，但这不属于文物的流失。当时代走到1840年这个关键时间点以后，世道逆转，中国古物以非法方式被交易、以非法方式被掠夺或走私到国外，这才是文物的流失。

判断流失文物的三个必要条件是，其本身有历史、科学、艺术价值；其原址被破坏；其出境方式是非法的。以此作考量，天宁寺铜钟就是流失文物，是鸦片战争中被英军掠夺而流失的第一件有代表性的文物。

当然，鸦片战争中，英军也盯上了诸多有着上千年或数百年历史的古物。当时，英国"复仇女神号"兵舰曾游弋于中国沿海并进入长江作战。1844年，伯纳德在伦敦出版《复仇女神号航行战记》，记述了他在中国的参战经历，其中提及英军士兵破坏古迹、占有古物的行为。比如在镇江，英军曾考虑将一座铁塔作为中国典型古物的标本，拆解后运回英国。"比起缴获的枪炮，这座铁塔无疑是更为精美和有价值的战利品。"英军按照惯例，以发现者郭实猎的名字命名此塔为"郭实猎塔"。

3. 劫夺文物的模板人物

标志性的文物流失第一案，与郭实猎有很大干系。实际上，在历次中国文物流失的事件中，总不乏郭实猎这样的外国人：他们懂汉语，了解中国历史和风土人情，背后有政治、军事势力和资金的支持。很多精于此道者，无不是以研究和学术为名，行文化侵略之实。

德国人郭实猎，是个贯穿鸦片战争始终的人物，他集传教、走私鸦片、间谍、翻译等多重角色于一身，战前侦察情报、挑起事端来引发战争，然后随军作战，在战后又参与谈判拟订条约。在列强侵华的历次战争中，都不缺这样的人物，他们总跟文物流失有着或多或少的瓜葛。郭实猎"有幸"地做了文物劫掠的第一人，成为了模板。

跟郭实猎复杂的角色一样，他有很多个名字。早年在马来西亚传教时，他入籍当地的福建同安郭氏祠堂，于是有了一个中文名字，他在签名时写作"郭实猎"。因为翻译的原因，他又被称为郭士立、郭实腊、郭甲利、郭施拉、居茨拉夫等等。此外，他还有很多笔名和别名，根据福建、广东的口音来区分，总共有三四十个之多。鸦片战争后，香港岛被割让给英国，在香港的街道中，就有以他的名字来命名的，最初叫 Gutzlaff Street，后来香港用汉语来命名街道，就叫"郭士笠街"，后来又改作"吉士笠街"。

郭实猎后来脱离了教会，于1831年加入东印度公司为英国服务，以译员身份在鸦片船上工作，并以传教为名，在中国东南沿海贩卖鸦片和开展间谍活动。

道光十二年（1832年），林则徐赴任江苏巡抚，途中紧急处置、驱逐了一艘在上海的英国商船"阿美士德勋爵号"，它实际上是一艘间谍船，在中国东南沿海各港口调查贸易和市场情况，并测绘航道、绘制海图。

事后林则徐表奏道："臣林则徐赴任过镇会晤，商及驱逐，所见相同。初八日抵任江苏，复加札飞饬速办。即据该镇道等报称……见沿海一带塘岸布列官兵，颇露惶惧。该船有胡夏米、甲利，略通汉语，即向巡船声称伊等并非匪人，因想求交易而来，今蒙晓谕，伊等已经悔悟，不敢再求买卖。现值风狂雨大，实在不能开船，只求俟风色稍转，即速开船回去等语。"

林则徐所奏胡夏米，即 Hugh Hamilton Lindsay，是名字的音译，又名林德赛，是姓氏的音译，他是"阿美士德勋爵号"行动的负责人；甲利，就是郭实猎，是他教名 Charles 的音译。"阿美士德勋爵号"并未"俟风色稍转，即速开船回去"，而是在上海逗留多日后北上，经威海卫到达朝鲜，惊动朝廷。因处置不力，林则徐被"交部察议"，江南提督关天培被"交部议处"。

没想到，几年后林则徐、关天培均调任广东禁烟，与郭实猎有了更直接的交集：开战。

当时英国制定的侵华策略，依据的就是郭实猎等人的情报。例如其中谈到，不能通过谈判来敦促清政府开放贸易，要用武力来胁迫；清朝军事薄弱，一千艘船的舰队敌不过一艘英国战舰。

1839年8月，林则徐下令驱逐在澳门的英国人，郭实猎逃往香港岛避难。9月4日，时任英国贸易总督的义律，派遣郭实猎到九龙向中方下书。此公函由郭实猎用汉语书写，要求中方向英国船队提供食物，否则英方将武力惩罚。交涉未果，英舰向广东水师开炮，广东水师和九龙炮台被迫还击。这就是九龙之战，由此拉开了鸦片战争的序幕。

1840年7月，英军攻占浙江定海（今舟山）。8月16日，林则徐向道光帝奏报定海情形："现闻该逆（英军）中有咭一名，伪作定海县官，其人能为华言，更需防其诡计。"

林则徐说的这个"咭"，系根据粤语发音翻译的姓氏，实际就是郭实猎。英军攻打定海时，他在第一批登陆部队中，随身带着安民告示。英军占领定海，郭实猎被任命为行政长官。

由此也可以了解到，郭实猎的随军翻译一职，工作范围其实非常宽泛，比如搜集情报、与中方交涉和谈判、筹措军需、安民善后、城市行政等等，事无巨细，都由翻译具体执行。

4. 英军的"遗憾"：镇江铁塔

1842年7月22日，英军攻陷镇江。郭实猎在北固山甘露寺发现了一座铁塔，颇感稀奇，按照以发现者命名的惯例，称此塔为"郭实猎塔"。

郭实猎曾写过一本《中国简史》，所以他自认为通晓中国历史。他量得铁塔高度约为30英尺（约9米），并判断其历史超过1200年——对应为中国的隋代。而在欧洲，类似的铸造技术要比中国晚500年之久。实际上，中国在隋代时也铸造不出这样的铁塔，但铁塔的渊源是一座石塔，可以追溯到唐代。

甘露寺刘备招亲，那是传说。宋代郭若虚《图画见闻志·会昌废壁》载："唐李德裕镇浙西日，於润州建功德佛宇曰甘露寺。当会昌弃毁之际，奏请独存。因尽取管内废寺中名贤画壁置之甘露。"

唐代长庆二年（822年），李德裕外放出京任浙西观察使，治所在润州（今江苏镇江），同时兼任润州刺史。为感念唐穆宗对他的知遇之恩，李德裕建甘露宝刹。长庆四年（824年）十一月，将上元县（今南京）长干寺阿育王塔佛祖舍利十一粒移置于北固山供奉，依照长干寺原有式样造石塔，次年正月建成、重瘗舍利。

大和三年（829年）正月，上元县禅众寺旧塔基下获舍利石函，二月十五日乙丑重瘗藏于甘露寺石塔下。这一年，李德裕被召回京，拜兵部侍郎，并有望被推为宰相，但回朝不到十日，他又被排挤出京，外放为郑滑节度使。唐武宗会昌年间（841—846年），李德裕任宰相。武宗灭佛，李德裕奏请，甘露寺幸免于难。

然世事难料，唐僖宗乾符年间（874—879年）甘露寺被焚毁，石塔倾覆，但塔下埋藏的舍利安然无恙。宋代熙宁二年（1069年）舍利被再度发现，镇江太守王安礼主持在石塔原址造八面九级铁塔（图1-2），元丰元年（1078年）落成，重瘗舍利于塔下地宫。明代万历十一年（1583年）铁塔因海啸倒塌，仅存须弥座和两级塔身，后重修为七级。这就是所谓的"郭实猎塔"的由来。英军打算将铁塔拆走运回英国，可谓煞费苦心。

杨棨（甦庵道人）《出围城记》载："六月二十二日（1842年7月30日），伪提督往江宁所，留夷众，日提数千人，拉甘露寺铁塔，疑其中有宝也。历久不动乃止。"

一次不行，几天后英军胁迫百姓又干了一次。朱士云《草间日记》载：

图1-2 镇江甘露寺铁塔
清末民初时影像，《支那文化史迹》第四辑，常盘大定、关野贞编辑。日本法藏馆1941年刊行

七月初一日（8月8日），夷人毁铁塔，夷人西上。甘露寺铁塔，创自李卫公（李德裕），明代为海风吹折重铸，已数百年物矣。至是夷捉民患毁之，掘深丈余，犹铁也，不得其根柢，乃去其顶，毁其相轮而止。

袁陶愚《壬寅闻见纪略》亦云："是日夷至甘露寺，胁民人数百，使曳铁塔，塔不能倒，仅去其顶。"如此大费周章，是因为英军怀疑铁塔下藏有宝物。其实铁塔下当真藏有宝物，只是劫掠者天不佑之。1960年（庚子年）我国在修复铁塔时，人们在塔基三尺半处发现了地宫，出土石函、金棺、银椁等，内有李德裕两次供奉、宋代再次重瘗的舍利700多颗，其中出自长干寺阿育王塔的11颗为佛祖舍利。

历史记载果然不虚，幸哉英军没有挖到宝藏。但遭此劫难，塔刹失落不存，殊为可惜。

如《复仇女神号航行战记》所述，英军没有按计划运走铁塔，"不无遗憾"。但更遗憾的是，铁塔遭到了英军的近乎毁灭性的破坏，再也无法复原了。

1842年8月，英军到达南京。在他们看来，南京最引人瞩目的是大报恩寺琉璃塔。他们在镇江的"遗憾"，在这里得到"补偿"。

殊不知，大报恩寺琉璃塔与镇江铁塔，即甘露寺塔颇有渊源。甘露寺塔供奉的佛舍利出自南京长干寺阿育王塔，大报恩寺即在长干寺旧址兴建。长干寺创自东晋，后世屡有兴废，北宋大中祥符四年（1011年）建八角九层砖塔，高二百尺，供奉佛顶真骨。

北宋天禧元年（1017年），长干寺改称天禧寺，塔名改称圣感塔。元代至元二十五年（1288年），诏改天禧寺为元兴慈恩旌忠教寺，改塔名为慈恩塔。明朝永乐六年（1408年）慈恩塔毁于火中。永乐十年（1412年），明成祖朱棣以纪念明太祖朱元璋和生母为名，在旧址建寺，"依大内图式，造九级五色琉璃塔，曰第一塔，寺曰大报恩寺"。

5. 英军的战争"纪念品"

为建造大报恩寺琉璃塔，朱棣征集天下夫役工匠十万余人，费用计钱粮银248.5万两，历时17年，于宣德三年（1428年）完工，此时朱棣已晏驾3年多了。比较同时期工程量数倍于此塔的北京紫禁城，工期才不过三年半。如此费时费工，可知琉璃塔的建造难度极大。

琉璃塔为八边形，共九层，通高78米，是当时中国最高的城市建筑（图1-3）。张岱《陶庵梦忆》"报恩塔"文曰：

中国之大古董，永乐之大窑器，则报恩塔是也。报恩塔成于永乐初年，非成祖开国之精神、开国之物力、开国之功令，其胆智才略足以吞吐此塔者，不能成焉。塔上下金刚佛像千百亿金身。一金身，琉璃砖十数块凑砌成之，其衣

图1-3 琉璃塔、瓷塔（大报恩寺塔）
吉恩·纽霍夫《东印度公司使团觐见中国皇帝》，1665年法文版插图

折不爽分，其面目不爽毫，其须眉不爽忽，斗笋合缝，信属鬼工。闻烧成时，具三塔相，成其一，埋其二，编号识之。今塔上损砖一块，以字号报工部，发一砖补之，如生成焉。夜必灯，岁费油若干斛。天日高霁，霏霏霭霭，摇摇曳曳，有光怪出其上，如香烟缭绕，半日方散。永乐时，海外夷蛮重译至者百有余国，见报恩塔必顶礼赞叹而去，谓四大部洲所无也。

欧洲人对大报恩寺琉璃塔并不陌生。与张岱同一时期，荷兰人吉恩·纽霍夫第一次图文并茂地将琉璃塔介绍给欧洲。1656年至1657年间，荷兰的东印度公司商团从广东北上赴京，面见刚刚登基的清朝顺治皇帝。吉恩·纽霍夫是商团的文书兼纪事官，回国后出版了《东印度公司使团觐见中国皇帝》一书，介绍了17世纪中叶清代初期的人文地理、风俗礼仪和特色物产，书中对琉璃塔大加渲染，极力推崇，使之成为欧洲人最为熟知的中国建筑，俗称之为瓷塔（图1-4，彩图1）。

安徒生童话《天国花园》中曾提到这座"瓷塔"："东风说，我现在是从中国来的——我在瓷塔周围跳了一阵舞，把所有的钟都弄得叮当叮当地响起来！官员们在街上挨打；竹条子在他们肩上打裂了，而他们却都是一品到九品的官啦。他们都说：多谢恩主！不过这不是他们心里的话。"

随着声名的远播，欧洲人将"瓷塔"与罗马大角斗场、土耳其圣索菲亚清真寺、英国沙利斯布里石环、意大利比萨斜塔、埃及亚历山大陵和万里长城并称为中古世界的七大奇观。

当英军来到"瓷塔"前，或许有非常复杂的心理。1762年英国人曾仿照"瓷塔"，在伦敦建造起一座高达50多米的八角琉璃宝塔。

图1-4　瓷吉象
高23.5cm，宽32.7cm，厚14.9cm。琉璃砖，明永乐、宣德时期，原在南京大报恩寺塔，1879年纽约古董商塞缪尔·普特南·艾佛利卖给美国纽约大都会艺术博物馆

曾经久闻其名，而今终于有机会一睹真容，而且是以胜利者的姿态站在塔前，对英国人来说，要掠走一些宝贝，这可能是唯一的机会。

《复仇女神号航行战记》写道：

基于一种并非不自然的欲望，要想获取一些标本或遗物，作为第一次也可能是最后一次参观中国古都的纪念，导致发生了破坏瓷塔外观和内部佛像的情况。但后来瓷塔的主管僧人，或所属寺庙（大报恩寺）的僧人为此而抗议，这似乎有些夸张，可能是希望得到可观的补偿。事实上，很大一部分被带走的佛像是僧人自己卖给参观者的，这说出去可不好听。

破坏瓷塔、带走佛像之事，被清地方政府控诉给英国全权代表璞鼎查爵士，他的中文秘书正是郭实猎。璞鼎查要求采取措施防止暴行再次发生。"确实，出于值得赞赏的目的以促使中国人更好理解，在当时情况下做出显得公正的行为，一大笔钱被付给僧人用以修复和装饰瓷塔。钱数远超其受损的价值。"

这可能是关于中国文物流失的最早记录，而且是当事人的亲历记。不管他自己认为琉璃塔上的装饰物和鎏金佛像是战争的"纪念品"还是"战利品"或购买的"不等价商品"，都不能掩盖英军对琉璃塔的野蛮之举，破坏古建筑的同时强夺了塔上的古物，这些古物是琉璃塔不可分割的组成部分。这就是最典型的文物流失（图1-5）。

风流总被雨打风吹去。1856年，

图1-5 飞天
高54cm，宽33cm，厚17.1cm。琉璃砖，明永乐、宣德时期，原在南京大报恩寺塔，1879年纽约古董商塞缪尔·普特南·艾佛利卖给美国纽约大都会艺术博物馆

大报恩寺被烧毁,琉璃塔被炸成瓦砾。这一年10月,英国利用"亚罗号事件"挑起了第二次鸦片战争。4年后,英法联军劫掠、火烧圆明园,将成为中国文物大规模流失的开始。

贰

圆明园大劫难

初中课本里有一篇《就英法联军远征中国致巴特勒上尉的信》，作者是维克多·雨果，信中谴责了英法联军在1860年劫掠、火烧圆明园的行径。

巴特勒上尉是谁呢？一个谜一样的男子。

有人说他是当年远征中国的英国军官，若如此，说不定在他乡下老宅子的地下室里，可能还藏着一个圆明园的兽首铜像。可惜，查不到巴特勒上尉与圆明园的交集，查不到他与雨果鸿雁传书的信息以及关于他曾活过、爱过、远行过的蛛丝马迹，似乎从来没人关心过他的来历和生死。

重新翻看雨果的这篇文章，它实际上并不是一封信。其中重点是巴特勒上尉（Capitaine Butler）一词，除了译作上尉，它还有另一个释义：王室总管。Butler，不是姓氏，在英语里是男管家的意思，一语双关。Capitaine Butler，指的就是当时掌管英国和法国的当权者。这样理解，才符合雨果公开声讨的文风，而不是在私信里哀怨的口气。

1861年11月25日，雨果因为反对法国帝制而被流放到大西洋上的英属小岛上，住在装饰有圆明园遗物的"高城居"。他神游物外，义愤难抑，写下这篇檄文：《就远征中国告英法皇帝书》。这才是正确的理解。

解开了"巴特勒上尉"之谜，就可以深层思考雨果的文章，揭露文中隐藏的更多秘密，从而了解英法联军劫焚圆明园的前因和圆明园文物流失的后果。

1. 原罪：额尔金主义

雨果将圆明园与希腊雅典帕特农神庙相比较，不仅只是这两个世界奇迹在东西方建筑艺术中的地位，还在于它们都曾在殖民侵略中被破坏和被掠夺的遭遇，而且事关同一个家族。

帕特农神庙，即雅典娜神庙，象征和平、神圣和纯洁。神庙主体建筑建造历时15年，于公元前438年建成，被认为是现存的古希腊鼎盛时代最重要的建筑，其装饰雕塑则被视为古希腊艺术的顶峰。神庙内雅典娜神像，是古希腊雕刻家菲狄亚斯的代表作。通过油画《菲狄亚斯向朋友展示帕特农神庙雕像》（图

2-1），可以想象神庙初建时的情形。

> 许多人掠劫卫城中的神殿
> 雅典娜在此无奈地久久地盘桓
> 谁是最终的那个最蠢的作恶者
> 偷走神灵仅存的纪念？
> 喀利多尼亚，是你的儿孙
> 幸好不是你的儿女，英格兰
> 自由人珍惜自由的东西
> 不该破坏一座颓废的神殿
> 偷运祭坛，大海也不甘愿
> ——乔治·戈登·拜伦《恰尔德·哈洛尔德游记》，佛栖译
> （注：喀利多尼亚，苏格兰别称。）

图 2-1　菲狄亚斯向朋友展示帕特农神庙雕像
英国画家劳伦斯·阿尔玛-塔德玛创作于 1868 年。布面油画，高 72cm，宽 110.5cm，现藏于英国伦敦白金汉宫

英国诗人拜伦在 1809 年来到希腊，在帕特农神庙的残垣上，他忆及神庙在两千年间的变迁：5 世纪中叶被改为基督教堂，雅典娜神像被移往君士坦丁堡，后在战争中被摧毁；1458 年土耳其人占领雅典后将神庙改为清真寺；1687 年威尼斯人与土耳其人作战时，炮火击中了神庙内的一个火药库，炸毁了神庙的中部。

神庙之所以能 2500 年不倒，在于其结构：46 根多立克式柱并非直立而是有一个倾角，在其顶端延长线上形成一个底部为长方形的金字塔结构，东西各 8 根、南北各 13 根立柱，纵横之比为黄金分割比，神庙在视觉上高大、雄伟、匀称、端庄。

当拜伦在残阳中凭吊神庙遗迹时，神庙内的石雕已被运往英国。那个偷走这仅存的纪念的人，是额尔金——额尔金伯爵七世，托马斯·布鲁斯。现在大英博物馆，这些雕像残件被称为"额尔金石雕"（图 2-2）。

图 2-2　额尔金石雕（局部）
现藏于英国大英博物馆

1799年，额尔金被任命为英国驻奥斯曼土耳其帝国大使。1801年他通过一份奥斯曼皇帝的敕令（当时希腊在奥斯曼治下）：允许在帕特农神庙搭脚手架，用石膏为雕像翻模，并运走带有古代装饰的碎块。结果他钻了个空子，搬走了神庙内大约一半的雕像，并于1803年运回英国，用来装饰他在苏格兰的宅邸。实际上，他还在偷运其他神庙的雕刻，这种行为一直持续到1812年。

因为债务，额尔金决定将这些雕像的绝大部分转让给大英博物馆。可博物馆无法支付他的要价，他不得不在1807年离婚时狠狠敲了妻子的情人一笔以解燃眉之急。1816年，由英国议会的一个专门委员会出于维护额尔金的角度作出决定，由英国政府出资35000英镑（现约合150万英镑）购买这批雕刻，而额尔金的花费总共大约为75000英镑。额尔金不但没赚到钱，还亏了不少，还落下一个恶名声：自此历史上有了一个新词Elginism，额尔金主义，即殖民主义者破坏和掠夺艺术品的行径。

1821年，希腊宣布独立。1829年，希腊第一次向大英博物馆提出归还帕特农神庙雕像的要求。尽管希腊历届政府为此多次向英国政府和大英博物馆施加外交压力，均无果而终。雅典申办2004年奥运会成功后，希腊政府和民间团体曾向大英博物馆提出用贵重文物交换借展帕特农神庙雕像，但仍遭拒绝。

额尔金在1810年又娶新妻，生了七个孩子，长子詹姆斯·布鲁斯继承了额尔金伯爵的封号，并在圆明园"发扬了额尔金主义"，所谓有其父必有其子。传说，盗窃帕特农神庙雕像的老额尔金在土耳其得了瘟疫被毁容，下令火烧圆明园的小额尔金在印度被雷电击中住宅而丧身火海，玩火者必自焚，这都是报应。实际上小额尔金是在印度北部一座悬索桥上渡河时突发心脏病而死，被葬在达兰萨拉的荒野之中。念及老额尔金客死巴黎，他们父子二人都算不得是善终。

2. 因果：传教士的幻想

　　雨果并未到过圆明园，他对圆明园的描述是一种"幻想的艺术"。幻想来自伏尔泰，而源头在法国传教士王致诚。

　　清乾隆三年（1738年），王致诚来到中国，受召供奉内廷，曾参与圆明园的设计、建造。1743年11月1日，王致诚在给达索的信中，描述了他看到的圆明园。六年后此信在法国发表，清朝皇帝的"夏宫"令人艳羡。当时欧洲正盛行"中国风"，从日用物品、家居装饰、园林建筑均以中国风格为尚。伏尔泰将《赵氏孤儿》改编为《中国孤儿》，1755年在巴黎各剧院上演。在中国的王致诚，参酌中西画法，别立中西折中之新体，曲尽帝意，同时还致力于将欧洲建筑移植进中国园林，即所谓西洋楼。

　　西洋楼，即圆明园之长春园内欧式风格的建筑群，由郎世宁、蒋友仁、王致诚等欧洲传教士设计、监造，中国工匠施工营建，自清乾隆十二年至四十六年（1747—1781年）历时三十余年方大功告成。从建筑外观考量，西洋楼结构比例略显失调，较之欧式古典的高大上之美总有差强人意的感觉，但将西式宫

图 2-3　谐奇趣
圆明园西洋楼铜版画

图 2-4　圆明园谐奇趣残迹
恩斯特·奥尔末摄于1873年

殿建筑于中国园林之中，此为创举。

西洋楼以中国传统园林布局楼台殿宇、水榭花园的概念，构成一个巴洛克式整体景观，强调华丽繁复的装饰和雕刻，建筑外观追求不同风格自由组合的动感，因而在西洋楼见到中国古典庑殿顶丝毫不觉突兀，反而这种混搭更显出中西合璧、和谐有奇趣的意味。"谐奇趣"（图2-3，彩图2、图2-4），为西洋楼最早建成之景观。而在体现奢华豪放和享乐的层面，中西建筑殊途同归，因为这就是帝王的品味，不分古今中外。

西洋楼的内部装陈，并未迎合乾隆皇帝的日常习惯，而是装置了新奇、进口的洋货。如乾隆十五年（1750年）五月传旨命造办处将装修、家具、陈设等所需西洋物件开列清单，拨银两万两交皇商赴西洋传办。两年后，皇商共计交奉九批西洋物件于"谐奇趣"陈列，包括玻璃灯、显微镜、挂镜、幔帐、天球仪等，可见尽心搜罗，用思良苦。依中国习惯，皇家建筑皆题字挂匾，西洋楼亦不能免俗。如乾隆四十六年（1781年）五月，乾隆传旨新制水法殿西洋花边玻璃心匾，皇帝御笔"远瀛观"，此为西洋楼最后建成之景观。

纵观西洋楼与中国传统园林之最大不同，在于"水法"，即喷泉。"谐奇趣""海晏堂"均置喷泉，而"大水法"（图2-5、图2-6），英国使臣马戛尔尼曾到此处游赏。"大水法"左右各有一座十三级水塔，中间水池内有猎狗逐鹿喷泉。

图 2-5　大水法
圆明园西洋楼铜版画

图 2-6　大水法正面图
圆明园西洋楼铜版画

19

喷泉对面专门建造"观水法",专设宝座和屏风,以便乾隆帝游赏(图2-7)。

乾隆十八年(1753年)十一月,乾隆传旨,着郎世宁仿西洋铜版手卷款式,画"谐奇趣"大殿、游廊、亭子内之通景画。

此或为西洋楼铜版画创意之发端。乾隆五十一年(1786年)四月初一日,乾隆下旨将刻得西洋楼水法殿铜版二十块,并印得图纸一百份安设斋宫呈览。该图系由伊兰泰起稿,绘西洋楼十景:谐奇趣、万花阵、养雀笼、方外观、竹亭、海晏堂、远瀛观、大水法、观水法、线法山。最初之铜版,据传每块铜版用红铜约合60斤,这些珍品至今下落不明。当年所印铜版画收藏于紫禁城、沈阳故宫、避暑山庄,还分赐王公重臣。

1786年10月,法国传教士赵进修曾自北京致函巴黎图书馆印刷部主任德拉图,言及绘成圆明园图二十幅并刻铜版。另外,1794至1795年间,荷兰东印度公司派员来华,其中有A.E.范·布拉姆·霍克格斯特,称搜集中国各种图样甚众,包括圆明园欧式宫殿图二十页。法国国家图书馆藏《圆明园西洋楼铜版画》两册(40幅),或恐与之有关。

图2-7 圆明园大水法残迹
西德尼·甘博摄于1908年

乾隆帝最爱各处题诗，但数万言诗词中，竟然未见为西洋楼留下只言片语，可见他自觉无趣。中国园林之泉水，取法自然，自在天成，而西洋之喷泉则借助机械，受制于人工操作。据说"大水法"泉水喷射有如山洪暴发，声闻里许，这可能是因为难以控制喷泉装置导致水势暴烈反复。乾隆帝于是下令关闭机械给水系统，而改为人工提水，理由是机械这种雕虫小技不足以依靠。海晏堂的喷水装置也遇到了类似的问题，这或许为后来十二生肖兽首铜像喷头遭劫埋下了伏笔（图2-8，彩图3）。

郎世宁、王致诚等人是传教士，他们极力想讨好、影响、打动、感化乾隆帝，无非为了传教的本职工作，或者说为了理想，但乾隆帝并不以为然，传教士的苦心孤诣化作春梦一场。实际上，英法两国对清朝发动第二次鸦片战争的起因和诉求之一就是传教。这是后话不表。

建筑也是有生命的，有与生俱来的玲珑心，是容貌的老去或美颜，是瞬间定格的破碎感，建筑的生命，在于变迁中无法掩饰的痕迹。中西建筑之美，各有千秋。西洋楼与中国园林宫室相比，缺少的是文化内涵。圆明园堪称中国建筑集大成者，种种奇观妙景、闲情逸致，不一而足，汇集天下名苑美景于一体，

图2-8 观水法
圆明园西洋楼铜版画

浑然自在天成，意在营造一个经典荟萃、万国宾服的神圣之地（图2-9）。

王致诚写实圆明园的殿宇楼阁、小桥流水、舞榭歌台，却未必清楚那景致的典故出处。例如，"圆明园四十景"中，世外桃源一景，取意为东晋陶渊明的"武陵春色"；"北远山村"，取意唐代诗人王维田家诗；"坐石临流"，溯源兰亭雅集，曲水流觞，足以畅叙幽情；"月地云居"，宛然清净佛土，宴坐水月道场，大作梦中佛事。

圆明园还是一座博物馆，如王致诚所描绘："殿内之陈设，若桌椅，若装修，若字画，以至贵重木器、中日漆器、古瓷瓶盎、绣缎织锦诸品，可云无美不备，盖天产之富，与人工之巧，并萃于是矣。"

雨果写道："我们把欧洲所有大教堂的财宝加在一起，也许还抵不上东方这座了不起的富丽堂皇的博物馆。那儿不仅仅有艺术珍品，还有大堆的金银制品。"

外国人看到的，主要还是那些缺少文化价值的金银珠宝，但他们破坏、毁灭的，却往往是文化。

乾隆四十八年（1783年），圆明园文源阁入藏《四库全书》一套。《四库全书》是中国古代最大的一部综合性丛书，自乾隆三十七年（1772年）至乾隆四十三年（1778年）编纂完成，共收书3460多种、79000多卷、近8亿文字，分经、史、子、集四部，依春、夏、秋、冬四色装订为36300册、6752函。

图2-9 观水法
圆明园西洋楼铜版画

文源阁最终被英法联军付之一炬。现可查得，日本东洋文库存《钦定四库全书南巡盛典 卷二〇至二二》写本一册，内钤乾隆玺印"天子古希""文源阁宝""信天主人""圆明园宝"，应是早年散出圆明园文源阁的遗本，幸免于火（图2-10）。

图2-10　圆明园文源阁本《钦定四库全书》现存于日本东洋文库

在《四库全书》编纂之初，乾隆帝命撷其精华，以最快速度编纂一部《四库全书荟要》，共收书463种、20828卷、11178册。正如乾隆有诗云："道资鉴古，搜玉圃以罗珍；理取研精，披金沙而聚粹。文河藻润，兼收众派之流；册府菁华，别挹群言之液。六年详辑，将渐藏夫全编；两部先成，已统苞其要义。撷词条而擢秀，摘藻如春；咀义府以含英，味腴在道。"

《四库全书荟要》于乾隆四十三年（1778年）完成一部，保存在紫禁城坤宁宫御花园"摛藻堂"，今收藏于台北故宫博物院。次年誊缮一部，藏于圆明园"味腴书屋"，仅供皇帝一人御览。"味腴书屋"在圆明园内长春园含经堂，乾隆御题《味腴书屋口号》一首，诗云："味腴书室以何名，荟要钞成取最精。即荟要犹艰遍阅，更奚望此麈公行。"

含经堂为圆明园之长春园的主体建筑，建成于乾隆十二年（1747年）。乾隆帝自言："若纪元得至六十，则寿登八十五，彼时当归政居此。"每年上元节后乾隆到此堂一游几成惯例，多有题诗咏志抒情。乾隆三十五年（1770年）于堂后改置淳化轩。"淳化"一词取自《淳化阁帖》。

《淳化阁帖》是中国最早的一部汇集各家书法墨迹的法帖，即把书法墨迹经双钩描摹后，刻在木板上，再拓印、装订成帖。元代赵孟頫《松雪斋文集·阁帖跋》记："淳化中（宋太宗淳化三年，992年），诏翰林侍书王著，以所购书，由三代至唐，厘为十卷，摹刻秘阁。赐宗室、大臣人一本，遇大臣进二府辄墨本赐焉。后乃止不赐，故世尤贵之。"

《淳化阁帖》共10卷，收录了中国先秦至隋唐帝王、臣子和著名书法家等103人的420篇作品，被誉为"法帖之冠"和"丛帖始祖"。宋仁宗庆历年间，拓印《淳化阁帖》的原版全数毁于火灾，因而初期拓本尤其珍贵。

美国收藏家安思远曾收藏宋代拓本《淳化阁帖》四卷，2003年4月，上海博物馆以450万美元购得。仅就成交价做一对比，2002年12月7日，自海外回流的北宋米芾《研山铭》手卷，通过定向拍卖的方式以2999万人民币一口价落槌，由中国文物信息咨询中心拍得，后转故宫博物院收藏，此价格为当时中国书画拍卖的全球最高价。

另外，上海博物馆还收藏有南宋内府翻刻本《淳化阁帖》第九卷，美国弗利尔美术馆1980年曾购入此版本《淳化阁帖》第一至八卷、第十卷，二者正好完璧成一套（图2-11，彩图4）。

乾隆摹刻《淳化阁帖》所根据的"初赐拓本"，乃宋太宗淳化年间翰林学士毕士安所藏原本，收藏在淳化轩中。乾隆三十四年（1769年），根据此本摹刻成144块帖版，镶嵌于淳化轩回廊之中，历时三年完成。乾隆诗云："后廊改置轩，缘藏摹帖版""宁惟展古帖，借以缮今情"。乾隆《钦定重刻淳化阁帖》共10卷，刻成后又拓400部，分赐皇室宗亲、大臣以及直隶、山东、浙江各行宫。

王致诚感叹："无怪其园之名圆明园，盖言万园之园、无上之园也。"

然而，"这个奇迹已经消失了"。

3. 劫难：蒙托邦的战利品

1859年11月，蒙托邦被法皇拿破仑三世（拿破仑·波拿巴）任命为"法国远征军"的司令官。1862年1月，因他在远征中的胜利，被封为"八里桥伯爵"。1870年8月9日，拿破仑三世任命蒙托邦为内阁总理兼陆军大臣，但随着在普法战争中色当战役的失败，拿破仑三世于9月4日宣布退位，然后流亡英国，蒙托邦上位才24天就不得不流亡比利时。1871年1月，普鲁士军队攻占巴黎。

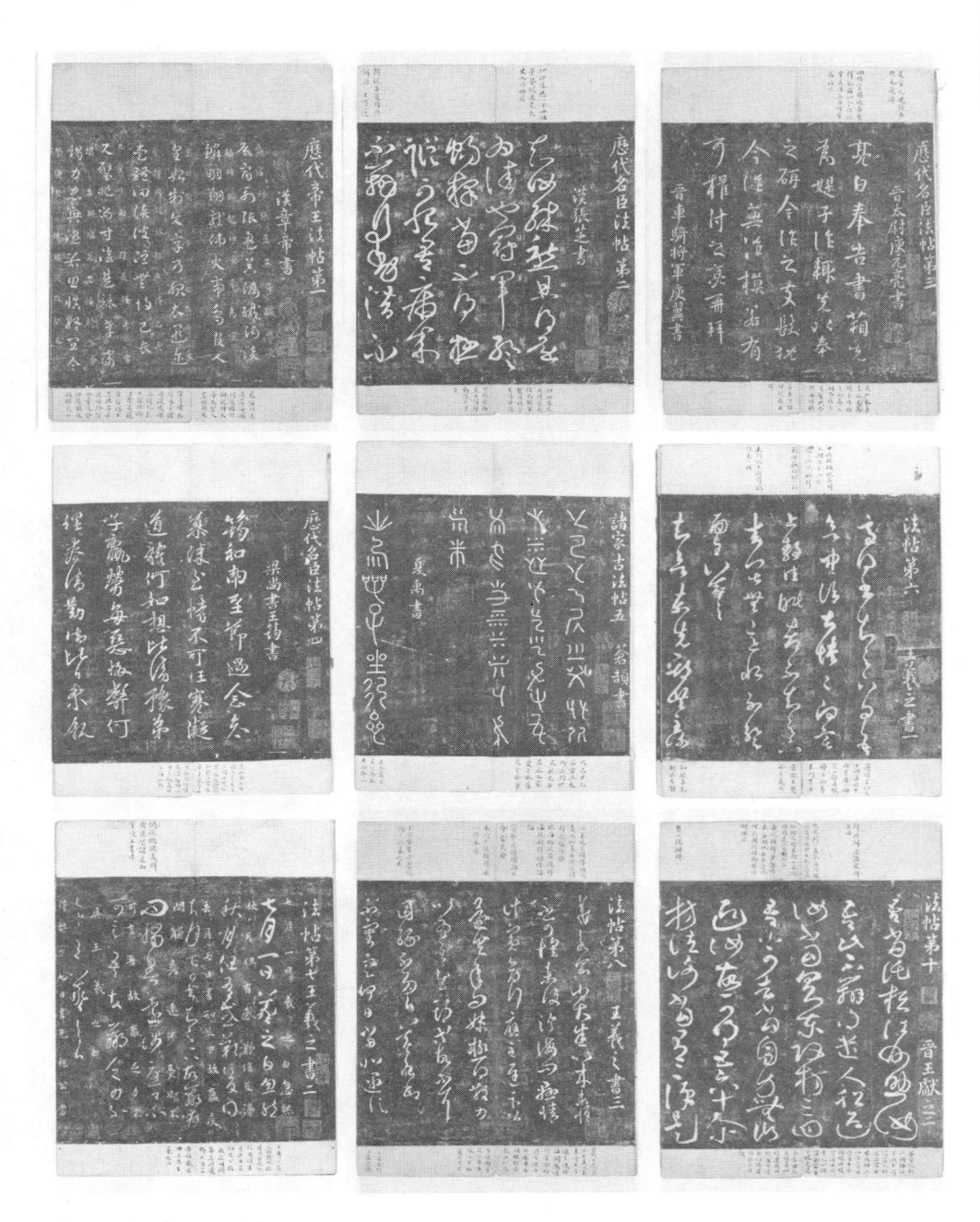

图 2-11　南宋内府翻刻本《淳化阁帖》
第一至八卷、第十卷首页。现藏于美国国立亚洲艺术博物馆弗利尔美术馆

如果他们抢劫、焚毁凡尔赛宫、卢浮宫和法国国家图书馆，不知十年前率军在圆明园撒野的蒙托邦作何感想？历史总是在施行轮回报应一样的魔咒，不论是十年还是一千年，至少拿破仑三世很快就尝到了投降和逃亡的滋味，跟1860年的咸丰帝一样。这样的感受，比痛快地亡国被枭首难受一万倍，清、法两个皇帝都在遭劫难后一两年内抑郁不堪，最后痛心疾首郁郁而终。

蒙托邦曾要求带一个科学家和艺术委员会随军出征中国。他的理由是：拿破仑在18世纪末远征埃及时曾有一批学者随行，其"非凡业绩"成为埃及学的开端，而当时欧洲人还未曾深入到中国内地，去收集和劫掠精美的东方文物。

但蒙托邦未能如愿，甚至他的提议令拿破仑三世感到不悦。法国皇帝可能感到蒙托邦深入中国内地的想法太过自恋而自大了，而自己也有些不自信，毕竟在不到半年前的1859年6月，英法联合舰队在大沽口被僧格林沁率部打得死伤惨重而狼狈不堪。1860年战事的进展超乎拿破仑三世的想象，英法联军在不到两个月内已经陷大沽口、占天津、破通州，枪炮直指北京（图2-12）。

1860年9月21日，英法联军8000人与僧格林沁率领的近30000清军在通州八里桥一带决战。最终，英法联军以伤亡50人的代价取得胜利，清军虽有人数优势且依靠骑兵奋勇冲锋，但因军备处于劣势且指挥失当而一败涂地，损失过半。经此一战，京师失去了拱卫的屏障，最后的主力部队溃不成军，北京城

图2-12 通州八里桥
英军摄影师费利斯·比托摄于1860年9月21日

暴露在英法联军的炮火之下。咸丰帝闻讯，慌忙逃往承德避暑山庄，美其名曰"北狩"。放着洋人不敢打却去打猎，真是可悲又可怜的皇帝。

英法联军并没有进攻北京城，而是为了追歼清军残兵向圆明园进发。结果他们有了意外的收获，而这个意外的结果让全世界都感到意外，但似乎也解释了拿破仑三世对蒙托邦提议感到不悦的另一层意思：清朝皇帝的各种奇珍异宝俯拾即是，要那帮学者去鉴定简直是多余。

1860年10月6日，法军首先来到圆明园，并于当晚占领了这座等同于紫禁城的宫苑，几乎没有遇到任何抵抗。第二天，蒙托邦一行人参观了"华丽得难以用语言形容的一个连着一个的宫室"，他感叹，"在我们欧洲，没有任何东西能与这样的豪华相比拟。我已经无法用几句话来描绘如此壮观的景象，尤其是那么多的珍稀瑰宝让我眼花缭乱"。

10月8日中午，英军到达圆明园，他们的感觉与法军是一样的：绝对地震撼人心！这是欧洲人不可想象的，"即使你是画家、诗人，也难描绘其万分之一"。面对无数精美的艺术品，他们目瞪口呆。联军最高指挥官，英军司令詹姆斯·霍普·格兰特和法军司令蒙托邦决定，战利品"由两支军队"对半瓜分，并旋即任命了一个委员会，由双方各出一位上校和两位军官组成，英方由弗利上校负责，法方的主代表是杜潘上校。战利品委员会的任务是"挑选最好的物品送给英国女王和法国皇帝"，同时把最珍贵的物品保管起来，以后由联军双方平分。

在众多战利品中，蒙托邦看中了两件同款的由黄金和翡翠制作的如意，他决定把其中一支交由格兰特，赠送给英国女王，另一支则由他献给拿破仑三世。蒙托邦认为如意可能是类似权杖一样的东西，可他有所不知，"如意者，古之爪杖也"，又名搔杖，即痒痒挠，俗称"不求人"。不过，及至清朝，如意早已成为宫廷的重要陈设和寓意吉祥祈福、顺心遂愿的礼器。宫廷如意的制作，从材质到工艺，极尽精工之所能。据道光十五年（1835年）内务府的一份奏折记录，仅清宫库存如意就多达1600多款，其中宫内存1194款，圆明园存450款。

美国纽约大都会艺术博物馆收藏有一支出自圆明园的白玉如意（图2-13），圆明园旧藏，现藏于美国纽约大都会艺术博物馆），长近半米，白中透绿，端部雕刻"寿"字，手柄有"御制"二字及铭文："敬愿屡丰年，天下咸如意。臣吴敬恭进"。吴敬，或吴璥，字式如，浙江钱塘人，乾隆四十三年（1778年）进士。此玉如意应是祝乾隆帝八十大寿之物。乾隆帝对吴敬很满意，退位前提

27

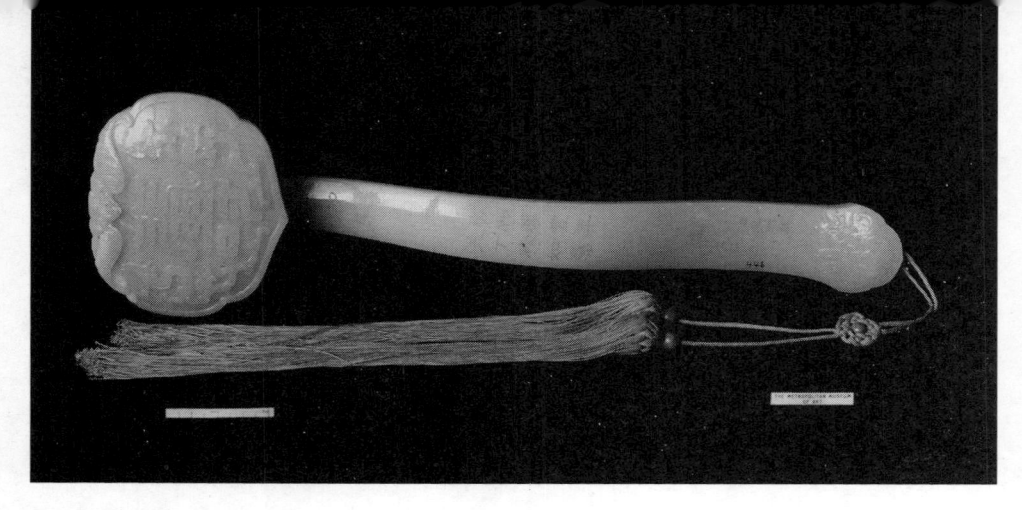

图 2-13 玉如意
长 45.7cm，宽 12.9cm，清乾隆五十六年（1791 年），圆明园旧藏，现藏于美国纽约大都会艺术博物馆

拔他做河南巡抚，此后他长期专务治河，嘉庆十三年（1808 年）授刑部尚书，官至吏部尚书、协办大学士。江苏拙政园曾归他所有，时称吴园。这支玉如意被英法联军抢走后，曾在巴黎被拍卖。后成为美国实业家希伯·毕晓普的收藏，在他去世后遗赠给大都会艺术博物馆。

有战争就有掠夺，其目的无非是将战利品兑换为财富或换取战功。成立战利品委员会，在英国人看来是将掠夺制度化与合法化，这是源自 15 世纪初甚至更早的传统。18 世纪末，英国议会通过一系列战时掠夺的处理办法，其目的是规定在殖民战争中由官方收集掠夺品，在战后公开出售或犒赏军人，从而避免因争夺利益而引发纠纷。

1860 年 10 月 9 日至 10 日，是"法定"的掠夺日，英军司令格兰特宣布可以抢劫，但应上交给战利品委员会。实际上，英法联军的官兵，此前在大沽口登陆后以及在通州时已经"演练"过抢劫，从 10 月 7 日进入圆明园起就已经驾轻就熟地动手暗偷明抢了，而且上司"允许每

图 2-14 "博古幽思"图

个人选几样合意的玩意作为出征的纪念品"。清朝皇帝的欣赏之物，对入侵者来说简直没什么不合心意的。

雍正帝做亲王时，曾命画师绘制写实风格工笔画《书堂深居图屏》，一套十二幅，置于圆明园福海深柳读书堂。其中一幅"博古幽思"

图 2-15　"大清乾隆年制"款龙凤纹铜方觚（一对）
高 42.7cm，器身肩沿上刻"CAPTURE OF CHINESE PALACE. PEKIN. 1860"（1860 年在北京清宫所获），曾于 1997 年、2006 年在香港苏富比拍卖，2007 年 10 月 9 日再次上拍，成交价为 1130.35 万港元

图 2-16　御制"大圆明镜印空旷"印
竹根雕，长 7.3cm，宽 5.0cm，题款：大圆明镜印空旷。侧面贴有法文标签：A l'usage de l'Empereur. C'est un miroir grand, rond, clair gravé dans l'immensité des airs…7 octobre 1860, trouvé an Palais d'été, Yuen ming Yuan, l'expedition de Chine（御用之物，大而圆的明镜刻在无限天空。1860 年 10 月 7 日，得自夏宫，圆明园，远征中国）。此印由圆明园四十景之"方壶胜境"而出。方壶，乃东海仙山，《圆明园图咏之方壶胜境》记："海上三神山，舟到辄风引去，徒虚语耳。要知金银为宫阙，亦何异人寰？即境仙，自在我室，何事远求，此方壶所寓名也。东为蕊珠宫，西则三潭印月，净绿空明，又辟一胜境矣。""方壶胜境"西有"三潭印月""天宇空明""清旷楼"，"印空旷"，即从三处各取一字而得。竹制乾隆印玺世所罕见，此物匠心独具，创意奇妙。2007 年 10 月 9 日在香港苏富比拍卖成交价为 951.15 万港元

图（图 2-14），画中博古格上有商周彝器觚、甬钟、扁壶；有宋代汝窑水仙盆、三足尊、葵口盏托；还有宋代定窑四足炉、明代宣德宝石红僧帽壶等古玩珍赏，由此可窥知圆明园书房一角之陈设。雍正十年（1732 年）八月，此图屏被重新装裱，"着垫纸衬平，各配做卷杆"，移送宫中。

据说当时在圆明园，联军士兵抢先对金银

珠宝、玉石翡翠等"值钱"的物件下手,在他们看来"不值钱"的古玩、字画等,则被肆意丢弃,精美的缂丝被用来打包……相对于被抢走的,被毁的则无从统计,价值之高更是难以估量。

按照时任英国驻华全权大使额尔金的意思,法军先于英军的掠夺和破坏行为,可能会在外交上给清廷以口实而让自己处于不利的局面。于是,战利品的拍卖紧接着在10月11日就开始了。战利品委员会要求军官上交"战利品",他们可以按战利品委员会确定的价格重新买回。实际上,很多人并未上交,而是私带回国后另行拍卖或出售(图2-15、图2-16)。

4. 谎言:"一个记者被虐致死"

2015年1月23日,英国《泰晤士报》刊登了一篇关于圆明园的文章:"Who's to Blame for Palace of Shame?"作者是英国广播公司记者、主持人克里斯·鲍比。几天后此文被中文媒体编译成《火烧圆明园谁的错?》,并配以"英媒文章为火烧圆明园狡辩""只是为一名记者报仇""为死于中国人手中的记者报仇才火烧圆明园"等标题刊发。

圆明园之耻该归罪于谁?

圆明园又是因为什么被当作一个筹码或条件而被焚毁呢?

那个死去的记者,是当时《泰晤士报》的特约记者托马斯·威廉·鲍比,是克里斯·鲍比的曾祖父。克里斯的文章中写道:"据即将播出的英国广播公司的纪录片显示,额尔金希望托马斯报道其取得的军事和外交胜利,并派他与一批英国与法国官员以及印度军队前去就他们所认为的最终的中国投降问题进行谈判。但这些人被清军俘虏,包括托马斯在内的一些人受到折磨并伤重而死。"

为制作这个关于圆明园的纪录片,克里斯曾在2014年10月来北京采访,与我在安定门外的地坛做了一次访谈。我告诉他,他所说的完全与事实不合。真实的事件是,1860年10月13日,英法联军从安定门进入北京城(图2-17)。10月17日,他曾祖父托马斯·威廉·鲍比被葬在安定门外的俄国墓地,在地坛西面数百米的地方。

据说，那次被清军捕获、羁押的英法联军官兵共有39人，为首的是巴夏礼，第二次鸦片战争爆发时他曾任英国驻广州领事，当时是额尔金的中文翻译。额尔金的另一中文翻译是威妥玛，战争结束后曾长期在英国驻华使馆任职，并发明了"威妥玛拼音"。自清末至1958年《汉语拼音方案》公布，"威妥玛拼音"和以"威妥玛拼音"为根据的"邮政式拼音"被普遍用来拼写中国的人名、地名，例如北京拼作Peking，茅台酒拼作Moutai、青岛啤酒拼作Tsingtao等，至今沿用。

巴夏礼在1860年9月14日与9月17日，曾两次在通州与清廷钦差和谈，达成了军队可以前进至城外五英里处的协议。9月18日，他离开通州去选定英军的驻扎地，却发现那里有清军正在集结，他随即返回抗议。巴夏礼一行准备返回英军司令部时被俘，被押往清军统帅僧格林沁处。此后，巴夏礼与额尔金的秘书亨利·洛奇（又译作罗亨利）、锡克骑兵纳尔·辛格以及两个法国士兵被解往北京城。巴夏礼与洛奇被移交刑部，关押在普通牢房并接受拷问。

9月29日，奉全权钦差大臣、恭亲王奕䜣之命，巴夏礼与亨利·洛奇被移到条件较好的一座寺庙关押，成为清廷与英军谈判的筹码，实际上也被当做人质。但巴夏礼拒绝做出任何承诺，也不愿为清廷与额尔金交涉。10月8日，巴夏礼与亨利·洛奇以及另外六人在清朝皇帝的处决令到达前被释放。那时，英法联军已经进入圆明园。

图2-17　北京安定门东至雍和宫的城墙上
英军摄影师费利斯·比托摄于1860年10月14日

记者托马斯·威廉·鲍比于9月22日死在通州狱中。这一天，咸丰皇帝前往避暑山庄避祸。有幸存的俘虏说，托马斯·威廉·鲍比在圆明园中被虐待致死，尸体被扔到野地里，让野狗吃了，还有人说是大卸八块、四分五裂。这种信口雌黄、夸大其词的说法，成为英法联军进入圆明园的借口。

中国营造学社整理的相关资料记述：

圆明园之焚，中籍诸说纷异，今按实因通州之役与巴夏礼一同被拘诸人，有十二名（英人）瘐毙狱中。英法军逼京师，劫掠圆明园，并致书恭王，须先释放被拘诸人，方可议和。逮被拘者释回，多被绑缚，又有十二名死骸，亦一并送回，因激起英人报复之心。英人自认此事，初无所讳。

圆明园焚毁之建议，始于额尔金及格兰特，额尔金曾发表声明其所以必须将圆明园焚毁之故，其言曰：余审量结果，只有毁圆明园一法最为可行，否则遇难诸君之仇永不可复。圆明园为皇帝燕居之所，则其毁也庶足以梢戢其骄佚，而激发其情感。据吾国西克（锡克）兵士所述，吾不幸之国人乃拘于是园，受其至惨酷之苛刑。被囚诸兵士之马与戎装，自某法国兵官胸间撕去之勋饰，以及被囚诸人所受其他虐刑，皆在此园之中。皇帝不仅于圆明园中虐待俘虏，并公然悬赏以暗杀外人，虽费重值亦所不惜，则自当直接负事变之责任，而受此严惩也。

额尔金所言，就是一篇谎言。它一方面解释了联军进入圆明园的一个原因：里面关押着联军俘虏。实际上，园中从未拘押过联军俘虏，所以英法劫掠者在园中根本找不到俘虏。毕竟，侵略者的真正目的并不是寻找那些被羁押者。事实是，那些被羁押的人最终是被从监狱释放送回的，送回的还包括那些死者的尸体；另一方面，这份文件通篇都在为焚毁圆明园找理由。

那么，他们为什么要焚毁圆明园？

10月18日纵火当天，英军统帅格兰特致信说服蒙托邦，说辞跟额尔金差不多：余所以欲毁圆明园宫殿之故，第一，被囚诸人手足缚紧，三日不进饮食，其受如斯野蛮之待遇，即在此地。第二，若对于中国政府所为不顾国际公法之残酷行为，不予以久远之印象，英国国民必为之不满。若现即与之媾和订约撤兵而退，中国政府必以吾国人民为可以任意捕杀无忌。在此点上必须警醒其迷梦也。毁之所以予中国政府以打击，造成惨局者为此辈而非国民。故此举可谓为严创中国政府，即就人道以言，亦不能厚非也。

格兰特提到了国际公法。据《万国公法》，清廷在与英法签约和换约中低规格对待对方、不给外交官礼遇甚至扣押谈判代表、虐待战俘并致死的做法，是与公法相悖的。可是，反观英法联军的行径，劫焚圆明园就符合国际公约吗？

英法联军在圆明园纵火非止一次。据清朝内务府大臣明善奏："圆明园于本年八月二十三日（1860年10月7日）、九月初五、初六、十一日（10月18日、19日、24日）为夷人焚烧抢劫。九洲清晏各殿、长春仙馆、上下天光、山高水长、同乐园、大东门均于八月二十三日焚烧，正大光明殿等座于九月初五、初六日焚烧，玉玲珑馆于十一日焚烧。"

实际上是边抢边烧、抢完再烧，外交说辞冠冕堂皇，海盗行径欲盖弥彰。蒙托邦的私人秘书和英文翻译莫里斯·伊里松也记录了一边纵火一边劫掠争抢的情形。他描述道："有互撞而相争者，有将仆和已仆者，有仆而复起者，有矢誓，有讻骂者，有大声嘶喊者……犹之蚁穴为足所蹴，群蚁各衔米粒虫草等物，向穴狂奔而入。军士至有以首探入红漆衣箱，或卧于织金绸缎内搜寻珍物者，或有项悬珍珠朝珠者，或攫取时钟者，或以斧剪取箱笼所嵌宝石者……火势正烈，若辈各运所抢之物，置于空地上，复以绸缎皮衣压火上以熄之，而火愈烈，穿过室墙，而若辈仍穿越宫殿，肆行抢掠。"

英军一名炮兵队长在日记中写道："……顷刻工夫，几处地方都冒出一缕缕的黑雾来……不久，这一缕缕的烟聚成了一团团的烟，聚合为弥天乌黑的一大团，千千万万的火焰往外爆发出来，烟青云黑，遮天蔽日。举国仰为庄严之物和其中历史收藏，富有皇家风味足资纪念的物品，都一齐付之一炬，化为劫灰了……"

有说法是额尔金原本想毁掉紫禁城，考虑到只是惩罚皇帝，不罪及民众，才决定焚毁圆明园。其潜台词是，焚毁圆明园是惩罚、是报复，更是警告和威胁。从当时英军摄影师费利斯·比托在北京城墙上拍摄的照片来看，北京城防废弛日久。在安定门东面的城墙上，炮口指城里。1860年10月17日，英军威胁清廷缔订和约，否则将北京城内宫殿一并焚毁。18日圆明园既毁，19日英军复致通牒，全权钦差大臣、恭亲王奕䜣"立允其请，盖亦畏其复肆凶残耳"。10月24日，奕䜣和额尔金代表清英两国在北京礼部大堂签署《北京条约》。次日，与法国完成同一程序。英法两国出兵的目的达成，联军随即撤出北京。

　　使者被俘、被杀，是英法联军进入和劫掠圆明园找的适当借口。其焚毁圆明园的真实目的，既可以报复、惩戒、警醒清廷，使其以后不敢杀戮欧洲使者，同时使侵略者在圆明园中的抢劫合理合法化，即便出格过分，也被大火灭迹了。而其更重要的目的，还是为了直接加快谈判的进程，好猎取更大的利益。

　　第二次鸦片战争因清廷拒绝续约《南京条约》并因贸易（亚罗号事件）和传教（马神甫事件）争端而起。控制贸易和传教，是摧毁一国根基并使该国沦为殖民地的重要手段。最终，《天津条约》和《北京条约》在这两个方面都实现了英法侵略者的愿望。劫焚圆明园，成为了压垮清廷的最后一根稻草。

5. 拍卖：赃物被洗白

　　1866年，同文馆英文班学生张德彝游历欧洲，回国后写下《航海述奇》。书中记述，同治五年（1866年）四月初四在伦敦，某地货架"上下罗列者，皆圆明园失去之物，置此赁卖""龙袍、貂褂、朝珠、太后朝珠、珠翠、玉石、古玩、诸般画轴、神像、金鸡、屋中天马、银鼠等衣，皆御用之物"。

　　这只是圆明园被掠夺物品被售卖的场景之一。从1861年底开始，在巴黎和伦敦举办了一系列"战利品"拍卖会，战争赃物由此光明正大地进入公私收藏。

　　清光绪三年（1877年）五月，时任驻英公使的郭嵩焘在其《伦敦与巴黎日记》中记录：在巴黎遇见一人"收藏中国古铜器大小数千种"，"其宣德法铜器，及乾隆朝所制，及古盘大围丈许，大率圆明园陈设古器也"。

　　光绪十五年（1889年）薛福成担任驻英国、法国、意大利、比利时大臣，其《出使英法比义四国日记》中记述：光绪十六年（1890年），在巴黎东方博物院发现"有圆明园玉印二方：一曰保合太和，青玉方印，稍大；一曰圆明园印，白玉方印，稍小"。

　　在法国，1861年至1863年间，德鲁欧拍卖行的"圆明园战利品"拍卖进行了近20次，其中一次的拍品包括迄今最能反映圆明园原貌的《圆明园四十景图咏》，送拍者为杜潘，英法联军"战利品委员会"的法方主代表。

进入圆明园后，杜潘曾记述："巡视者穿过一个庭院，只见前面有一平行四边形的建筑物，他们沿着宽大的汉白玉阶梯拾级而上，进入一宽阔的大殿。大殿深处放着一个奇大无比的乌木宝座，雕以镂空花图案，做工精细绝伦。登上宝座还要经过几个台阶，台阶两旁摆着一排景泰蓝香炉以及上了釉的巨大瓷瓮，上边绘有各类飞禽走兽。左边整整一面墙挂着一幅大丝绸画，上面画的是皇家宫殿景观。在殿内四周的搁架上，摆放着数不尽的雕瓶、景泰蓝、彩釉瓶，所有的东西都大得出奇，美轮美奂；还有一卷卷的轴画，那是以中国人特有的细心、耐性和精密性绘制的，那是他们的秘诀。此外，还有一些书籍，留有许多皇帝的御笔亲题笔迹，用中国红雕漆装饰装订成册，盛在精工制作的书匣中。"

能在金银珠宝中看中《圆明园四十景图咏》（图2-18，彩图5、图2-19），说明其眼光不俗。杜潘在法军中担任地形测绘的职务，给人印象不佳，能主事"战

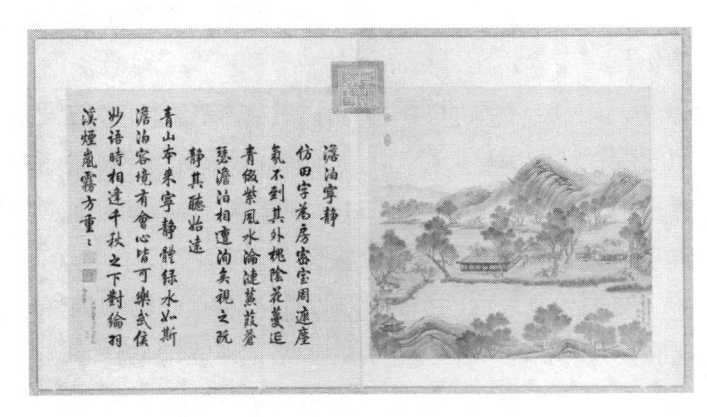

图 2-18　圆明园四十景图咏之澹泊宁静
现藏于法国国家图书馆

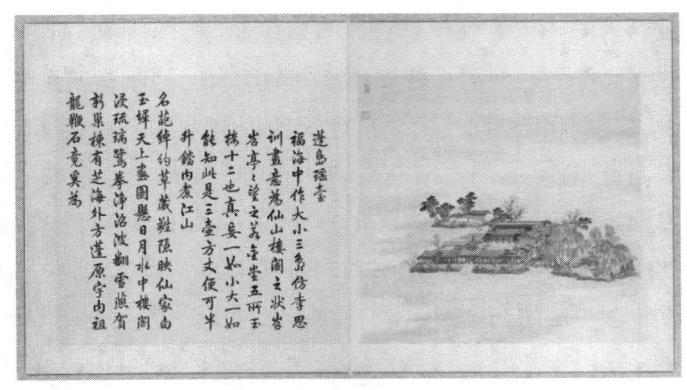

图 2-19　圆明园四十景图咏之蓬岛瑶台
现藏于法国国家图书馆

利品委员会"或许是因为谁都不待见他，可以避免人情世故、营私舞弊，但这也给了他近水楼台先得月、中饱私囊的便利。据其描述，"左边整整一面墙挂着一幅大丝绸画，上面画的是皇家宫殿景观"。当是乾隆元年（1736年）十一月，传旨着宫廷画师唐岱、郎世宁、沈源画圆明园图一幅，此图于乾隆三年（1738年）五月十一日由唐岱画得，贴于"九洲清晏"清晖阁北壁。

《圆明园四十景图咏》的创作，是随景观建造而进行的，历时十年。乾隆三年（1738年）传旨：圆明园着沈源起稿画册页一部，沈源画房舍，着唐岱画土山树石；五月传旨：着将圆明园各所合画册页一册。乾隆六年（1741年），传旨将"方壶胜境""蓬岛瑶台""慈云普护"图增入圆明园册页内。乾隆九年（1744年），传旨将《安佑宫图》《汇芳书院图》《前垂天脱图》《清净地图》绢画四张收贮在册页上；十二月，传旨将雍正及乾隆御笔二张分别裱在四十景册页头册、二册画前，于乾隆十一年（1746年）裱成呈进。乾隆十二年（1747年）四月，奉旨将裱得四十景册页二册送往圆明园"九洲清晏"奉三无私殿安设。

1862年2月11日，法国《箴言报》曾将杜潘"藏品"拍卖会广而告之：拍卖目录明确说明，拍品大都来自圆明园，是杜潘的日本及中国文物收藏的一部分。其中，《圆明园四十景图咏》在拍品目录的编号为329号，并配有法兰西学院教授斯塔尼斯拉斯·于连的说明：绢本绘画，系各宫殿实景，40页对幅，纸裱褙，各幅长80cm，宽74cm。孤本，系保留已焚毁宫殿图像之仅存者。《箴言报》上的广告一石激起千层浪。

法国战争大臣朗东收到下属的检举信，信中提醒"拍卖坐实了关于远征军军官财产来历的不利传言"。于是，他立即禀告拿破仑三世，称杜潘上校的拍卖有可能玷污军队的荣誉、名声和责任感。几天后，杜潘被"停职"，但这并没有影响拍卖的如期进行，事后也没有影响他继续随军出征。因为大家对所谓战利品都心知肚明，处理杜潘只是给自己的罪恶感找个安慰和开脱。

《圆明园四十景图咏》的保留价定为3万法郎，但竞价没有超过1万法郎，因而被退回。5月2日再次进行拍卖，仍然没有达到预期价格，但以4000法郎卖给了巴黎的一位书商。几天以后，法国国家图书馆版画部主任获准以4200法郎的价格购入，是当年版画部最昂贵的入藏品。此后《圆明园四十景图咏》一直收藏于法国国家图书馆，编号为2500。

法国军事当局仅对杜潘给予"停职"的纪律处分，为防止事态扩大，也没有给他公开处罚并开除其军籍，这实际变成了一种怂恿。1862年4月25日和26日，杜潘又在德鲁欧拍卖行进行了两次拍卖，拍品是"一批中国的艺术品和古玩，大部分来自圆明园"。

在英国伦敦也有同样的拍卖会。1861年5月，克里斯蒂－曼森－伍兹拍卖行(今佳士得)拍卖了亨利·洛奇在圆明园"获得的藏品"。亨利·洛奇是何许人？并非别人，正是额尔金的秘书，在通州曾被清军抓了俘虏、扣为人质、在处决令到达前被释放。他的藏品后被"放山居"主人悉数拍入囊中。

2010年10月7日，香港苏富比"重要私人清宫御制工艺珍藏"专场拍卖会上，一件"清乾隆浅黄地洋彩锦上添花万寿连延图长颈葫芦瓶"以2.5亿港元落槌，刷新了中国瓷器及工艺品拍卖的世界纪录。这件被坊间称为"瓷王"的葫芦瓶，曾是"放山居"旧藏，而更早的出处是圆明园，曾是亨利·洛奇的"战利品"。

拍得此件葫芦瓶的香港实业家、全国政协常委张永珍，曾于2002年5月在香港苏富比拍得"清雍正官窑粉彩蝠桃橄榄瓶"，成交价4150万港元，创下当时清代瓷器拍卖第一高价。2004年2月15日，张永珍将此瓶正式捐赠给上海博物馆。据说这件橄榄瓶的前任主人是奥格登·里德，曾任美国国会众议院议员和美国驻以色列大使。此瓶曾在他母亲家族的客厅里长期被用作台灯灯座。为了保证"灯座"稳定，瓶内被灌入了后花园里掺杂着狗粪的泥沙。所幸的是，它没有像大多数用作灯座的瓷瓶一样被挖底钻洞。奥格登的祖父曾于1905年至1912年间担任美国驻英国大使，据说此瓶可能是在1900年被八国联军自清宫掠走。

"放山居"位于英格兰威尔特郡，200多年来一直与财富和艺术收藏联系在一起，也总是陷入建筑塌毁和收藏离散的旋涡。最初在1744年由威廉·贝克福德购入、兴建，1755年被焚毁后，斥资5万英镑重建为富丽堂皇的豪宅。1807年，贝克福德之子，英国作家、收藏家威廉·托马斯·贝克福德，在豪宅附近历时十年建起放山修道院，作为住宅和存放其收藏的艺术品和图书。因建筑施工需要，"放山居"部分被拆。

1822年，因资金短缺和债务，贝克福德将"放山居"、修道院和部分收藏品以33万英镑出售，相当于现在的2600万英镑。买家是在印度从事军火买卖的苏格兰富商约翰·法考尔，但仅仅三年后，1825年，放山修道院整体倒塌。法考尔决定售出此地，但他不幸于次年突然中风去世。1859年，威斯敏斯特侯爵重修放山修道院，但也在 1955 年被毁掉了。

"放山居"亦不能幸免。1829 年，当时英国最富有的商人詹姆斯·莫里森先租后买，成为"放山居"的新主人，死后传给了他的次子阿尔弗雷德·莫里森，他以收藏画作和手稿著称，尤其喜欢华丽、精美的中国瓷器和掐丝珐琅器。他在"放山居"建了一间"中国厅"，专门用于陈列中国艺术品。

1880 年，阿尔弗雷德请普拉西多·苏洛阿加，一个为他工作的西班牙金银镶嵌师，给他画了一幅肖像，画的背景中有两只"仙鹤"。按照中国的说法，仙鹤寓意长寿、祥和。殊不知，此仙鹤摆设正是来自中国的圆明园，是四只仙鹤组合的一对香炉，高近 1.5 米。大鹤口中衔桃，小鹤依偎而歌，据说这是弘历（后来的乾隆帝）为父皇雍正帝祝寿而作。2010 年 12 月 1 日，在香港佳士得"鹤鸣九皋：放山居御制珍品"专场，这对双鹤香炉拍出 1.2946 亿港元。

1902 年后的 60 多年间，"放山居"日渐损毁、坍塌并被废弃，至 1971 年方重建新楼。这一年，"放山居"的部分旧藏在伦敦佳士得拍卖。当时的拍品中，除了前述那件"瓷王"葫芦瓶，还有一件"清乾隆御制粉红地粉彩轧道蝴蝶瓶"，也是出自圆明园。2008 年 12 月，这件蝴蝶瓶在香港佳士得"戴萍英基金会珍藏"专场再次上拍，成交价为 5330 万港元。戴萍英原名张萍英，随夫姓，她丈夫戴润斋，是著名的中国古董经销商。

6. 证据：枫丹白露宫中国馆

雨果《就远征中国告英法皇帝书》写道："法兰西吞下了这次胜利的一半赃物，今天，帝国居然还天真地以为自己就是真正的物主，把圆明园富丽堂皇的破烂拿来展出。"

为什么雨果原文 "splendid bric-à-brac"，被译作"富丽堂皇的破烂"？1861 年 2 月 23 日至 4 月 10 日，法军晋献给拿破仑三世的"富丽堂皇的破烂"在皇宫杜乐丽宫展出。这些展品尤其得到欧仁妮皇后的青睐。展出结束后，皇后决定把这些清朝皇帝的珍玩存放在枫丹白露宫，并专门设计、装修"中国馆"

用以展陈。幸而皇后为圆明园遗珍不惜大费周章，否则它们很可能难逃火劫。1871年杜乐丽宫被焚毁，1883年其废墟被拆除。

经英法联军洗劫而流落异乡的圆明园遗珍究竟有多少，永远都无法查证清楚了，只能在偶遇中追寻昔日的印记。枫丹白露宫所藏，虽不能再现圆明园之胜境，但聊胜于无，权且算作一个追忆，一个证据。

曾在杜乐丽宫展出时悬挂在墙壁上的三幅巨大的缂丝佛画像，在枫丹白露中国馆被用作天花板装饰。所谓一寸缂丝一寸金，宋元以来一直是皇家御用之物，其工艺精细犹如雕刻，故而能呈现立体生动的画面。这三幅缂丝上绘三世佛及十八罗汉、四大金刚形象，恐来自圆明园内某个佛堂或藏传佛教寺庙，如正觉寺。1860年10月11日和12日，英军在其司令部所在的一座喇嘛庙中举行了"战利品拍卖会"，此喇嘛庙，或许就是正觉寺。

中国馆内最显著的位置摆放着一座高约两米的鎏金佛舍利塔（图2-20），塔身开一佛龛，供奉释迦牟尼佛。塔刹为日月三宝，镶嵌以硕大的绿宝石，塔身和须弥座亦层层以绿宝石镶嵌，庄严而不失灵动，显示出皇家供奉佛祖的至高规格。此佛塔或许出自圆明园舍卫城。舍卫城俗称"佛城"，建于清雍正时期，其名称由来见《金刚经》，乃佛陀说法传道之地。舍卫城内收藏有大量西藏、蒙古及外藩进贡的金佛像、法器、经文，据说各类佛像有十万尊之多。

佛塔左右放置一对铜龙，与紫禁城、避暑山庄等处皇帝宝座前放置的铜龙形制相同，应是圆明园正大光明殿皇帝宝座前的摆设。金塔前有一只掐丝珐琅麒麟，形态乖巧，活灵活现，据说欧仁妮皇后十分喜爱，曾将它放

图2-20 枫丹白露宫中国馆内摆放的鎏金佛舍利塔

在卧房榻侧来化解无聊无趣的孤独月夜。可惜这只麒麟于2015年3月1日遭窃，不知所终。对于此案，雨果早有论断："我证实，发生了一次偷窃，有两名窃贼。"监控视频显示，两名窃贼用椅子砸碎陈列柜玻璃，取走文物，用灭火器喷射泡沫来掩盖痕迹。这是一起有组织、有计划的盗窃案，一如当年英法联军在圆明园"行窃"时的果断和迅速。

被盗麒麟旁有两枚铜鎏金编钟（图2-21，彩图6），原本是16枚一套的编钟，其他14枚不知散失何处。清朝循古制在坛庙祭祀或殿陛典礼时奏"中和韶乐"，此套编钟即为奏乐之用，仿古代铜镈形制，交龙钮、平口、饰云龙纹，器身呈桶状，敲击时乐音悠长，适合庄重肃穆的场合。故宫博物院收藏有相类的一套编钟，乾隆五十五年（1790年）铸造，金制，每枚钟高23.8cm、口径16.1cm，共用黄金13600多两。

这两枚编钟，其中一枚的钲部铸有"南吕"二字，另一枚的文字难以辨识，似为"林钟"，均表示音律。据《梦溪笔谈·乐律》，"古法，钟磬每十六，乃十六律也"。十六律自低至高依次为：黄钟、大吕、太簇、夹钟、姑洗、仲吕、蕤宾、林钟、夷则、南吕、无射、应钟、清黄钟、清大吕、清太簇、清夹钟。清康熙时代，去清声（高音），改倍律（低音），即倍夷则、倍南吕、倍无射和倍应钟。不同于古时青铜编钟以器型体积定音律高低，清代编钟从外观看大小一致，是以钟壁厚薄来定音律，壁薄者轻、音低；壁厚者重、音高。据《清会典图》，音最低的"倍夷则"重清秤180两；音最高的"应钟"则重达清秤

图2-21　铜鎏金编钟
现藏于法国枫丹白露宫中国馆

380两。

中国馆堂中置一兽足兽纽景泰蓝方盒，此即古代之冰箱，应是一对。另一件的器盖被改装成吊灯，孤悬其上，两两相望。多宝格内摆放着康乾时代的各种瓷器、玉器、漆器、金银器、珐琅器等等，错落无序、任意堆陈，皇家风范荡然无存，高远广深的意境扫地，给人以暴发户的感觉。

另外，欧仁妮皇后将法军献纳的清朝皇帝的军刀、盔甲等送给拿破仑三世，现在巴黎荣军院的军事博物馆内展出。

英军司令格兰特在白金汉宫向维多利亚女王献上"战利品"，因此加官晋爵。英国评价格兰特说，他在1860年8月1日登陆北塘后，不到三个月就完成攻占北京的任务，是英国进行的最成功和最出色的小规模战争。所有参加远征的人都被授予"北京"勋章，上面刻着经历的每次战役：大沽口、张家湾、八里桥、北京，实际这也是他们抢劫过的地方。

圆明园被英法联军付之一炬后，又屡遭明偷暗抢，沦为一片悲怆与荒凉的废墟，后人无法想象康乾盛世的旷世胜景……这是一种很复杂的心情：只能从那些流失海外的遗珍中，寻找些许伤逝的影像。

雨果在《就远征中国告英法皇帝书》最后感慨："我希望有朝一日，解放了的干干净净的法兰西会把这份战利品归还给被掠夺的中国，那才是真正的物主。"

但愿被他言中。

7. 亲历兽首回归

圆明园流失文物中最具知名度者，莫过于十二生肖兽首铜像，它们在英法联军劫焚圆明园后散失国外。漂泊辗转一百多年，而今有七尊已经回归国内：猴首、牛首、虎首、猪首收藏于保利艺术博物馆；鼠首和兔首收藏于中国国家博物馆；马首重回圆明园。殊途同归，是中国流失文物回归的典型案例，同时也令人深感遗憾的是，另外的五尊兽首铜像，龙首、蛇首、羊首、鸡首、狗首，下落一直是谜，成了历史悬案。

2000年牛首、猴首、虎首铜像回归后，在北京保利大厦展出，当时我有幸路过，亲眼得见参观的人们排着长队，鱼贯而出。有人不辞劳累反复排队，只是为了多看几眼。我心说：不看也罢，以后有的是机会，未料想一语成谶。仅仅一年多后，2002年，中华社会文化发展基金会与中国保利集团公司筹划设立"抢救流失海外文物专项基金"，我有幸参与其中，从此与圆明园生肖兽首铜像乃至中国流失文物，结下了剪不断的缘分。一晃二十年，不可谓缘不深。

国宝水龙头

2000年以来，每次圆明园生肖兽首铜像的拍卖都会闹得沸沸扬扬。拍场内外剑拔弩张之际，恩师罗哲文先生曾经说：兽首铜像就是喷水龙头，不值钱。

他说这番话的用意是提醒准备竞拍兽首铜像的人，别有用心者拿"圆明园"搞道德绑架、恶意抬价，不要一时冲动冲高价。天价竞拍，不是让流失文物回归的合理方式。

可惜的是，"水龙头"一说被媒体曲解、误解，有好事者进而添油加醋，说生肖兽首工艺粗糙，艺术价值不高，不过就值几万元而已。诚然，十二生肖兽首铜像的本质就是水龙头，是大型喷泉的喷水装置，而今它们作为文物，却有着独特的艺术和科学价值，同时又蕴含着不寻常的历史和现实意义，堪称国宝。两世风波，个中曲折，恐怕要从头说起。

十二生肖兽首铜像，原位于圆明园中长春园海晏堂（图2-22）前。"海晏"取河清海晏、国泰民安之意。海晏堂是西洋楼中最大的一栋宫殿建筑，由郎世宁设计，建成于乾隆十六年（1751年）。海晏堂坐东朝西，正面中门外，平台左右对称布置弧形石阶及水扶梯形式扶手墙，楼左右的迭落石梯环抱着大喷水池，池正中是一个高约2米的贝壳石雕。这令人不禁想起波提切利的名画《维纳斯的诞生》，刚出生的维纳斯就是站在一个大贝壳上，那是她的生命之源。

有人戏说，当年郎世宁原本设计的是西洋裸女喷泉，乾隆帝看了图样后认为实在不雅，有碍观瞻。不过，郎世宁从西方绘画和神话传说中寻找灵感也是很自然的事。实际上，在东方语境里，蚌能产珠，故也寓意生育，而且与月的盈亏有关。唐代孟郊《咏怀》诗云："浊水心易倾，明波兴初发。思逢海底人，乞取蚌中月。"似可与海晏堂之名对应。当然，这贝壳也可认为是砗磲，佛家七宝之一。

海晏堂前水池两侧呈八字形各排出六个石座，每一石座上雕刻一尊兽首人身像（图2-23）。兽首铜质，取十二生肖造型；人身石质，与真人相仿，身着

图 2-22　圆明园西洋楼铜版画
海晏堂西面（正面）

图 2-23　《法军占领圆明园》
1860年12月15日法国《环球图片报》刊登的一幅素描作品《法军占领圆明园》，作者是在现场的法军军官。从画中可以看到海晏堂前的十二生肖兽首人身像

袍服，手持玉笏或兵器，仿似文臣武将分列两班，形神兼备。十二生肖兽首人身像按子鼠、丑牛、寅虎、卯兔、辰龙、巳蛇、午马、未羊、申猴、酉鸡、戌狗、亥猪十二生肖规律左右交错排列，为喷泉的喷水装置。

乾隆十五年（1750年）十一月传旨："长春园内水法处正楼上铜栏杆着改做琉璃栏杆，水池泊岸上铜异兽交铸炉处依原样制作。"对照西洋楼铜版画，水池边有异兽者，只海晏堂一处，应即是十二生肖兽首。因郎世宁设计的造型有异于中国传统十二生肖动物形象，故曰异兽。

海晏堂的喷泉装置由法国传教士蒋友仁设计。海晏堂正楼两侧为水车房，呈工字形，中间为蓄水池，可盛水180吨。为了防止渗水，池边满包锡板，故俗称"锡海"。锡海之水通过铜管连接至十二生肖兽首人身像。石质人像中空，铜管从中穿过连接兽首。每隔一个时辰（两个小时），兽首口中轮流喷出水柱，射向扇形水池弧顶处的花坛。想象当年，子时（23时至次日1时）时分，鼠首喷水；丑时（1时至3时），牛首喷水……正午时分（12点整），除马首继续喷水外，其他十一尊铜首也一齐喷水，刹那间场面煞是壮观。因此，看到哪个铜首喷水，就可知时辰是几时。这个喷泉实际也是一个构思巧妙的"水力钟""报时泉"。其喷水机关的设计，是中国古代的刻漏原理，以铜壶滴漏来自动计时。正所谓，铜壶漏断梦初觉，宝马尘高人未知。

此奇巧的喷水装置，据说初建时提水机械是蒋友仁设计的龙凤水车，用人力蹬攀，如中国古代之水车。三四年后改安辘轳，役使劳力用大罐打水上楼，但最终只使用了三十多年，可能是机关、配件老化而无法修复之故。乾隆六十年（1795年）四月，遵旨拆长春园内海晏堂等三处水车房吸水铜管，共计铜管一万三千八百四十斤，生铁一千一百三十斤，熟铁六千五百五十斤，锡片四十斤，均交铸炉处做材料用，从此胜景不再。

所有的疑问，不能对生肖兽首铜像皇家御用规格的价值构成疑问。首先是生肖兽首铜像所用铜材，系专门为宫廷所炼制的合金铜，内含诸多贵重金属，与紫禁城、颐和园陈列的铜鹤等所用铜材相同，颜色深沉，内蕴精光，历经风雨而不锈蚀，堪称一绝。其次在其铸工之精巧细致，表面还以精细的錾工刻画，动物绒毛等细微之处皆一凿一凿锻刻而成，清晰逼真，鼻、眼、耳等重点部位及鼻上和颈部皱褶，皆表现得十分细腻，不见一丝马虎，展现出极高的工艺水准。更让人称道的是，生肖兽首由中国宫廷匠师制造，而设计者是郎世宁等来自欧洲的艺术家，因此铜像既有浓郁的中国传统审美趣味，也融合了东西方造型艺术的特点，整体风格极为写实，形象夸张而生动，成为融会东西方文化的艺术珍品。康熙、雍正、乾隆三朝，欧洲传教士纷纷来华，中西方文化交流颇为繁盛，但体现这一时期中西方文化交流的艺术品多是绘画，作为雕塑作品，则以十二生肖兽首铜像时代最早，艺术水平也最为突出，对研究中西方雕塑艺术交流史具有极高的学术价值（图2-24）。

图2-24　海晏堂遗迹
德国人恩斯特·奥尔末摄于1873年。照片中已经看不到十二生肖兽首人身像，从当时他拍摄的其他照片看，当时已废弃的圆明园西洋楼，成为在京外国人野餐聚会之所

猴首、牛首和虎首

2000年4月30日和5月2日，中国保利集团公司在香港的拍卖会上力挽狂澜，先后购得圆明园十二生肖兽首铜像中的猴首、牛首和虎首，包含拍卖佣金在内，所付出的代价是818.5万、774.5万、1544.475万港元。何以虎首铜像的价格在两天内突然飙升，竟与猴首和牛首铜像价格之和相当？这背后又有怎样的明争暗斗、逆势反击？拍卖会上你争我夺、互不相让的戏份背后，又是怎样的强大力量在比拼？

关于这次拍卖，有一份抢救流失海外文物专项基金综合的资料，文风别有一番壮怀激烈，情节跌宕起伏、峰回路转、惊心动魄，读来仿佛身临其境，个中精彩、惊险与惊奇，历历在目、紧张刺激。在此摘录如下：

2000年4月，突然从香港传来消息：佳士得拍卖行将于4月30在香港举行"春季圆明园宫廷艺术精品专场拍卖会"，公开拍卖乾隆御制猴首铜像（图2-25，彩图7）和牛首铜像（图2-26，彩图8），高44cm，北京保利艺术博物馆藏）

图 2-25　圆明园海晏堂十二生肖兽首铜像之猴首铜像
清乾隆十五年（1750年），高 46cm，北京保利艺术博物馆藏

图 2-26　圆明园海晏堂十二生肖兽首铜像之牛首铜像
清乾隆十五年（1750年），高 44cm，北京保利艺术博物馆藏

等圆明园遗珍。苏富比拍卖行也将于 5 月 2 日在香港拍卖原属圆明园的乾隆御制虎首铜像。这三件铜像当年是圆明园海晏堂前水力钟的构件，是确凿无疑的圆明园遗珍。消息一经传出，顿时引起轩然大波，海内外各界都在密切关注国宝又将流向何方。

中国国家文物局获悉圆明园流失文物要拍卖后，立刻于 4 月 20 日正式致函两拍卖行，要求他们能够明智地停止在香港公开拍卖这些被非法掠夺的中国珍贵文物。在专门举行的新闻发布会上，有关官员在会上明确表示：这些文物在法律上的性质是"战争期间被掠夺的文物"，中国保留对历史上被非法掠夺文物的追索权利。如果拍卖行继续一意孤行，就要为不明智的选择付出代价。

对于两家拍卖行的拍卖活动，海内外华人也被激怒了。人们抗议两家拍卖行拍卖战争赃物，并纷纷要求他们尊重中国人民的民族感情。香港市民的反响最为强烈。舆论普遍认为，这些文物见证了中国屈辱的历史，拍卖行的行为损害了中国人民的尊严，他们对拍卖行执意拍卖流失文物表示愤慨，还举行了大规模的抗议活动，并要求特区政府做出果断决定，通过司法程序收回有关文物。

但是，经过100多年风雨，这些圆明园文物不知转了多少次手，香港实行"一国两制"，中国大陆文物保护方面的法律并不适用于香港，特区政府要禁止拍卖行拍卖这些流失文物的措施有限。正因如此，两家拍卖公司对中国政府的声明和海内外华人的呼声均置若罔闻，视而不见。直到拍卖预展时，苏富比还是丝毫没有撤拍的架势，仍然按照原计划摆出了虎首铜像。但在佳士得的拍卖预展上，猴首和牛首铜像则一直没有露面。许多善良的中国人以为佳士得会撤拍——因为依惯例，不在拍卖预展中露面，十有八九是要撤拍的。

然而，到了4月30日拍卖的日子，人们发现自己被愚弄了——佳士得还是要拍卖牛首铜像和猴首铜像。

情况十分紧急，大战一触即发！

2000年4月30日下午4点30分，一场名为"清朝宫廷艺术品拍卖专场"的佳士得春拍，在香港金钟万豪酒店开始了，猴首铜像和牛首铜像即将分别登场。

就在这时，会场里突然一片喧哗，有人手举高音喇叭在大声抗议，示威者与会场的保安发生冲突，双方厮打起来，整个会场乱成一团。会场外也聚集了一大批抗议的香港市民，还有人用脑袋从外面撞门，高喊着"停止拍卖贼赃，立即归还国宝"等口号。拍卖师被迫暂时中止了拍卖，停顿了半个小时。

5时10分，拍卖重新开始。猴首铜像首先登场，不过露面的只是一张幻灯片。拍卖官宣布起价：200万港元，每次竞叫加价20万港元。最初竞拍十分踊跃，有时连拍卖官还未来得及报全价格，台下竞拍者早已将号牌高高举起。到了400万港元时，许多买家纷纷告退，参与竞拍的只剩下一位留平头、说普通话的中年男子与一位身着灰色套装的女子，这位女子代表的是一位通过电话竞拍的神秘人物——神秘人物通过电话遥控灰套装女子出价。双方你来我往，互不相让。中年男子快速承价，终于在第25次竞价、价格升至740万港元时，那位神秘人物退场。这一切只用了短短两分钟！

随后的牛首铜像拍卖，虽然也是从200万港元开始起拍，但由于有了猴首铜像拍卖的经历，现场许多人士只是在旁观望，场上只见中年男子与电话中的神秘人物"较量"。双方你快我比你还快，仅仅一分钟，双方竞报出21次价，最终得胜的还是中年男子，他以700万港元的价格压倒了那位神秘人物。

竞拍结束后，这位中年男子便遭到门外各路记者的围追堵截，他只说了两

47

句话:"这两件国宝是属于中国人民的!它们要回到北京!"

从佳士得拍卖会上竞得猴首、牛首铜像的这位中年男子,由于最初没有对外公布身份,引得各方议论纷纷。其实,他叫易苏昊,身份是保利艺术博物馆顾问。

4月28日,易苏昊等保利艺术博物馆的代表飞抵香港,准备参加两家公司的拍卖会,然而目标并不是四件圆明园国宝,而是早年从清宫流出的几件书画名作。

不是保利人不关心圆明园国宝,而是认为国家文物局的声明和各界人士的强烈抗议会让两家拍卖公司最终撤拍国宝,同时保利艺术博物馆的收藏主要集中在中国古代青铜器、石刻、书画等方面,并不涉及瓷器等类工艺品,故而事先并未作过多的准备。

但是,到了30日下午,当易苏昊等人步入拍卖会场时,惊诧地获悉国宝依然被拍卖,并目睹了香港市民的抗议场景,为香港市民的爱国热情深深打动。他们立即打电话将这一情况报告给正在欧洲进行工作访问的中国保利集团公司领导。保利集团领导当即与有关专家进行研究,认为国宝已处于失控状况,如不采取果断措施,将会再次蒙受流失的厄运。

后来事件的发展也证实了这一点,最后与保利竞拍虎首铜像的,据说就是一位美国大收藏家。佳士得、苏富比两家公司在港拍卖圆明园流失文物,是对国家、对民族利益的一次重大损害,不仅涉及中国人民百年民族情结,还事关香港的繁荣与稳定。

作为国有企业,理当想国家所想,急国家所急。在向有关部门请示后,保利集团领导当即指示保利艺术博物馆在港代表到现场尽力抢救圆明园流失文物。保利做出这一决策用了半个小时,也就是香港市民抗议所争取到的半个小时!

一接到指示后,易苏昊就匆匆往会场里走——马上就要拍卖猴首铜像了。

进入会场后,他悄悄对会场内几位国内买家讲,他要代表保利竞投猴首和牛首铜像,请大家帮他照看一下。在座所有人都呆住了,随即又激动地涨红了脸颊。

在取得抢救猴首、牛首铜像第一战役胜利后,保利集团领导和身在前方的易苏昊等人又开始筹划起如何在5月2日苏富比的拍卖会上成功竞投虎首铜像(图2-27)来。那几天,来自国内的一些企业家、收藏家全部聚拢在一起,形成了一个很强的阵容,大家都觉得他们代表的不仅仅是个人,而且是代表着一种正义的事业，正义的力量，大家都团结在一起，支持保利，支持易苏昊。易苏昊他们三天三夜没睡觉，共同商量对策，还请来许多专家研究、策划。

当外界听传保利在拍得猴首和牛首铜像后，很自然想到保利对虎首铜像势在必得的心态。在拍卖场上，不排除有人会恶意抬价。参与研判的专家有的说，可以找一个香港朋友竞投。有的说，可以找一个外国人竞投。可是，当时香港有很多爱国人士说，如果易苏昊（保利）不买，他们就买，他们不管它多少钱，他们不让外国人买走。易苏昊估计，如果这么多人来竞投，可能局面就会很混乱，形不成默契。如果保利买不下，别人买来后是否会送回祖国，也无法估计。几番研究之后，大家决定还是正面出击较好，如果他们正面出击，很多朋友会让他们。

图2-27　圆明园海晏堂十二生肖兽首铜像之虎首铜像
清乾隆十五年（1750年），高32cm，北京保利艺术博物馆藏。与中国传统的虎的造型大相径庭，如果不是额头上的"王"字，许多人都会误以为是一头狮子的形象。只有在中国才将老虎尊为百兽之王，因此这件虎首铜像中西合璧的意义更为典型

转眼就到了5月2日，苏富比如期在香港金钟香格里拉酒店拍卖虎首铜像。拍卖会一开始就有些紧张，可容纳300多人的大厅人头攒动，热闹非凡。由于有了三天前的经历，抗议的人群被阻挡在外，大厅内保安增多了，甚至还出现了一身戎装的警察。虽然加强了防范，但拍卖会开始后不久，突然后排人群中闪出一位香港青年，用粤语大声疾呼："拍卖贼赃可耻！立即停止拍卖，将国宝归还中国。"保安人员见状连忙将这名青年带离现场。

3时45分，另一激动人心的时刻到来了——虎首铜像被请上拍卖台。320万港元起拍，最初依然很热闹。易苏昊最初在一旁静静观瞧，到了500万港元时，他开始参与竞价，每一口价又急又快，似乎要逼迫对手放弃。价格升至800万港元时，现场依然只剩下易苏昊和神秘的电话委托竞投者在竞争。当神秘人物报出920万港元时，易先生一下子报出1000万港元。对方迟疑了一会儿，报出了1050万港元。随后双方你争我夺，每50万港元向上累加，直至易苏昊出价

1400万港元时，对方的委托代表才摇头表示放弃。

随着拍卖官的槌声响起，全场再一次爆发出雷鸣般的掌声。保利集团英明决策，果断出击，不惜重金购买这三件国宝，就是为了那一段难以磨灭的中华民族情结，这首先是爱国主义的表现，极大地鼓舞了国人抢救国宝、保护文物的爱国激情，得到了中央政府和海内外社会各界的首肯和称赞。

正因如此，牛首、猴首、虎首铜像等三件圆明园国宝，在流失海外140年后成功回归。无论政治派别如何，无论宗教信仰如何，海内外一致称颂保利此举是最理想的结果。广大炎黄子孙特别是香港市民在庆贺国宝回归的同时，也纷纷表示希望能够亲眼观赏到三件国宝，为此，保利集团领导决定举办国宝全国巡展活动。就这样，5月15日，保利艺术博物馆的代表在从拍卖公司取出三件国宝后，便将其直接送至香港艺术馆特展。2000年5月25日下午3点10分，在保利艺术博物馆名誉馆长俞伟超、顾问易苏昊的护送下，漂泊海外140年的国宝，终于回到阔别已久的故乡北京。经专家鉴定，猴首、牛首、虎首被定为国家一级文物。

2000年5月2日在香港苏富比拍卖虎首铜像之前，还有一件圆明园遗珍值得特书，即拍品编号为639号的"大清乾隆年制"款"酱地描金粉彩镂空六方套瓶"。瓶上的"Fonthill Heirlooms"（放山居家传）标签，说明它来自亨利·洛奇的圆明园"战利品"。因拍卖生肖兽首铜像激起的舆论，此瓶的拍卖备受关注。当时，北京市文物公司已经决定竞拍，并派代表亲赴拍卖会现场，北京大本营亦有专家团队坐镇，随时连线遥控、相机而动，大有志在必得之势。

拍卖于当天下午2点20分开始，起拍价为420万港元。拍卖师话音刚落，场上应者如云，竞争异常激烈，价格很快跃升至千万级别。最终，历时短短6分钟，经过44次叫价，成交价被定格在1900万港币，北京市文物公司如愿以偿。不幸的是，指挥、拍板这次竞拍的北京市文物公司总经理秦公先生，积劳成疾，竟在一周后病逝，这着实令人动容，不胜唏嘘。2000年6月24日，六方套瓶回归北京，被定为国家一级文物。现收藏于北京首都博物馆。

这件六方套瓶高40.6cm，主体釉彩为酱褐色，用金银双色勾绘缠枝花卉纹饰，六面镂空开窗，外瓶画着西番莲、佛手、寿桃纹等立体粉彩图案，内瓶画青花。器型规整，集粉彩、珐琅彩、镂刻、套瓶、转心等多种装饰技法于一器，工艺精湛奇巧、登峰造极。由于六方瓶不能上圆拉坯，成型困难，镂空要求极高，镂空后的瓷胎由于应力改变，烧造中极易变形，成品率极低，故极为罕见。此六方套瓶原为圆明园中的观赏瓷器，乾隆八年（1743年）由督陶官唐英亲自画样监制。原为一对，另一件曾于1988年在拍卖会上以170万港元成交，现藏于台北鸿禧美术馆。

猪首和马首

2002年7月，中华社会文化发展基金会正式成立"抢救流失海外文物专项基金"，捐资设立者为中国保利集团公司，该专项基金是中国国内第一家以追索流失海外文物为宗旨的民间公益组织。2003年7月5日，抢救流失海外文物专项基金办公室发表《国宝工程宣言》，正式启动"国宝工程"，抢救流失海外文物成为一项国家鼓励、政府支持、海内外社会各界共同拥护的系统工程和公益事业。"国宝工程"以公益方式实现回归的第一件重要文物，就是圆明园猪首铜像。

1987年，猪首铜像（图2-28），高33cm，北京保利艺术博物馆藏。猪首铜像与明清两代中国传统的猪的造型差别较大，尖嘴长吻，獠牙外凸，颇似野猪形象，而蒲扇般伏贴的大耳，又显憨态可掬，被美国一家博物馆在一次拍卖会上买走。在听闻牛首、猴首、虎首铜像在拍卖会上以高价成交后，该收藏者有意将猪首铜像送拍。根据这条模糊的信息，抢救流失海外文物专项基金办公室对有关线索进行了逐一排查和追踪审鉴，终于在2002年底，在美国纽约寻访到了猪首铜像的准确下落，并与美国收藏者进行了接洽，就猪首铜像回归中国展开谈判。

图2-28　圆明园海晏堂十二生肖兽首铜像之猪首铜像
清乾隆十五年（1750年），高33cm，北京保利艺术博物馆藏。猪首铜像与明清两代中国传统的猪的造型差别较大，尖嘴长吻，獠牙外凸，颇似野猪形象，而蒲扇般伏贴的大耳，又显憨态可掬

实际的过程远比想象中复杂。中方的底线是，猪首铜像决不能再上拍卖会。若在拍卖会上，猪首铜像的估价将以虎首铜像落槌价1400万港币为参考，而且这不啻于是以圆明园劫难为题材，绑架中国人爱国情感的又一次抢劫。通过几轮艰苦的谈判与耐心细致的说服工作，美国收藏者最后同意将猪首铜像以"最优惠的价格"转让。于是，筹措资金成为迫在眉睫的问题。这一次毅然出手的，是时任全国政协常委、港澳实业家何鸿燊博士。

　　根据抢救流失海外文物专项基金的流失文物征集程序，猪首铜像在未付款的情况下，于2003年春被带到北京进行鉴定。经过文物考古、明清宫廷历史、冶金铸造、工艺美术等领域的多位权威专家"背靠背"分别审鉴，以及北京大学等单位的科学检测，专家们一致认为这件猪首铜像确系圆明园遗物，与保利艺术博物馆收藏的圆明园牛首、猴首和虎首铜像属同一系列。

　　也就是在这个时候，何鸿燊博士到北京参加全国政协常委会议。其间，他参观了保利艺术博物馆。在博物馆内，何鸿燊博士欣赏了中国保利集团近年来从海外抢救保护的数百件珍贵文物。当来到牛首、虎首、猴首铜像面前时，他驻足良久，思绪万千，既为虎首的威风凛凛、牛首的雄健倔强、猴首的智慧精灵所吸引，也不禁追想起圆明园被焚毁那惨痛的一幕，感叹国家积贫积弱遭列强欺凌那段屈辱的历史。他同时也愉快地回忆起2000年保利抢救圆明园国宝时的盛况，谈到了国宝回归时港澳两地群情激昂、万众欢腾的场面，盛赞保利为国家、为民族做出的巨大贡献。

　　此情此景，感染了在场的每一个人。陪同参观的中国保利集团公司负责人欣喜地向何鸿燊博士报告："经过艰苦的寻访，我们在美国又新发现了铜猪首，它现正在博物馆内，由国内的一批顶尖级专家鉴定。"闻听此言，何鸿燊博士顿时喜上眉梢，不顾劳累，当即提出希望能够欣赏这一海外归来的国宝。在保利艺术博物馆鉴赏室内，何鸿燊博士反复端详猪首铜像，对它生动的造型和精美的工艺赞不绝口（图2-29）。当了解到这件猪首铜像尚未付款、尚未抢救回归后，这位爱国实业家没有丝毫犹豫，当即表示要出资抢救这件猪首铜像，让它早日回归祖国，与其他三件国宝重新相聚，永不分离。他郑重地对周围的人讲："为国家做些事情，没有问题，我无所欲，也无所求。"老人的满腔爱国情怀，深深打动了周围的每一个人。

　　由何鸿燊博士捐款、实现猪首铜像回归的数额，为人民币639万元，是

图 2-29　猪首铜像底部

2000 年以后圆明园海晏堂十二生肖兽首铜像系列成交价的最低额度，公益力量不可低估，而且这种力量远不体现在价格上，其社会美誉度和影响力，也都在后来马首以及鼠首、兔首铜像的捐赠之上。

在捐赠程序基本完成后，为表彰何鸿燊博士的义举，保利艺术博物馆和抢救流失海外文物专项基金办公室，定于 2003 年 10 月 16 日在人民大会堂举行隆重的捐赠仪式。

2003 年 9 月中旬，事件发展却横生波澜。香港贞观拍卖突然发布消息称，将于 2003 年 10 月 26 日在香港拍卖"圆明园大水法十二生肖铜铸狗头"，一时间引起了多方关注，媒体的各种报道也使"铜铸狗头"（图 2-30）真假难辨、传言四起。

拍卖行称："铜铸狗头为圆明园大水法十二生肖之一，19 世纪被八国联军掠走，流失海外，百余年来流落天涯，如有幸重归故土，不亦乐乎也吁。"吁！且不论大水法有何十二生肖，大水法与海晏堂本就不是一地，而且八国联军侵华在 1900 年，它与英法联军焚烧圆明园也是两回事。单看拍卖图录上的图片，行内人都客气地说：它跟保利那三个不是一回事。

其意味不言自明。

其实，有关拍卖行在 2003 年 7 月份曾与保利方面接触，并提供了"铜铸狗首"各个角度的图片。经宫廷艺术、历史、冶炼铸造等方面的专家认真研究，认为该狗头与保利艺术博物馆收藏的猴首、牛首、虎首铜像并不一致，是赝品。

图 2-30　圆明园大水法十二生肖铜铸狗头
高 25cm

为澄清有关事实，同时将何鸿燊博士义捐猪首铜像回国的消息公之于众，2003年9月16日下午，抢救流失海外文物专项基金办公室召开紧急会议，决定与保利艺术博物馆立即赴香港召开新闻发布会，并于9月17日下午6时携猪首铜像抵达香港。

赴港小组刚出机场，就得到消息，称拍卖公司搁置了"铜铸狗头"的拍卖。同时这家拍卖公司和保利在香港的公司联系说情，恳求保利不要说"铜铸狗头"是假的。这与最初设计的情况完全不同。经紧急研究，赴港小组决定，不受此突发事件的影响，按计划召开新闻发布会。

9月18日下午4时，新闻发布会在香港丽嘉酒店举行。保利艺术博物馆馆长蒋迎春首先发言，他代表中国保利集团公司表示，通过广泛咨询清代宫廷历史、冶金铸造、明清工艺等方面的专家，经过认真研究，保利方面决定不征集即将拍卖的所谓圆明园狗头。他直言："用眼睛就看得出两组铜像的不同，当中的差别恍如一个是黑人，另一个是白人。"随后，时任抢救流失海外文物专项基金总干事的王维明向与会记者展示了猪首铜像，并介绍了猪首铜像回归祖国的前后经过。话音未落，随着猪首铜像上的神秘面纱揭开的一刹那，现场记者蜂拥而上，争相拍照，有记者甚至被挤倒在地，场面险些一度失控。而此后的新闻报道，几乎是内地和在港媒体的总动员，霎时连篇累牍，报道如雪片飞舞。

实际上，作为新闻策划的一个重要内容，在新闻发布会之前，即18日下午2时，抢救流失海外文物专项基金办公室已经向凤凰卫视透露了包括捐赠人姓名在内的更多细节，香港凤凰卫视也立即派出了由著名记者、主持人、时事评论员组成的采访团队，对相关人士进行了专访。从新闻发布会结束起，猪首铜像简直成为凤凰卫视资讯台新闻的主旋律，滚动字幕新闻、各时段"正点播报""时事直通车"吴小莉电话专访、临时延长15分钟的"时事开讲"，从多个角度，以不同方式进行报道、评论，使猪首铜像回归成为全球华人瞩目的焦点。

9月19日下午两点半，抢救流失海外文物专项基金办公室一行五人，护送猪首铜像返抵北京首都国际机场，并在办理完相关手续后立即离开。这是出于避免机场发生混乱，保证猪首铜像安全的考虑。当时，虽然没有披露猪首铜像的抵京时间，但机场已经有十多家媒体和众多迎接群众守候多时。令人意想不到的是，猪首铜像被放在一个毫不起眼的行李箱中悄无声息地离开机场。在机场的媒体扑了空，可他们也早有准备，已经分兵几路守在抢救流失海外文物专项基金办公室和保利艺术博物馆。准备抢新闻而守在机场的记者在得到消息后，也立即转场。我目睹他们的车在机场高速路超越运送猪首铜像的专车，上演了一出速度与激情的好戏。

眼前的生死时速只是前奏，高潮是2003年10月16日的大团圆。当日，"何鸿燊博士抢救圆明园国宝捐赠仪式"在北京人民大会堂举行，圆明园猪首铜像回归故土，在与牛首、猴首、虎首分离143年后首次重逢。10月18日，是英法联军火烧圆明园的罹难纪念日，四兽首铜像"回家"，在圆明园免费公展。

猪首铜像是抢救流失海外文物专项基金启动"国宝工程"后，运用民间力量，通过公益方式抢救回国的第一件重要文物。根据何鸿燊博士的捐赠意愿，猪首铜像由北京保利艺术博物馆永久收藏，与猴首、牛首、虎首铜像一同长期展出。

何鸿燊博士的义举得到社会高度评价，其意义不仅仅在于使一件流失海外的中华瑰宝回归祖国，更重要的是，它将带动更多的机构和个人投身到抢救流失海外中国国宝这一伟大而崇高的事业中来，推动中央提倡的全民全社会保护文物新体制的建立和发展，极大促进了中国文物保护事业。何鸿燊博士率先垂范，为人们树立起一座不朽的丰碑。

2007年9月初，香港苏富比发布消息称，将以"八国联军-圆明园遗物"专拍之名，在10月9日拍卖"清乾隆御制十二生肖水力钟喷泉人身兽首铜像之马首铜像"（图2-31）。高39.3cm，长40.7cm，北京圆明园管理处藏。此像马鬃舒卷且长，铺叠细致舒朗、自然真实，极具质感；眼部及马鼻夸张突出，颇有动感，透露出一丝温和与淡定，体现了乾隆的品位和工匠的最高功力。消息传出，各界哗然。这个拍卖的名称太刺激，又刺痛了国人敏感的神经，激发起怨恨和愤慨。而且，八国联军与圆明园遗物马首铜像之间的关

图2-31　圆明园海晏堂十二生肖兽首铜像之马首铜像

清乾隆十五年（1750年）。高39.3cm，长40.7cm，北京圆明园管理处藏。此像马鬃舒卷且长，铺叠细致舒朗、自然真实，极具质感；眼部及马鼻夸张突出，颇有动感，透露出一丝温和与淡定，体现了乾隆的品位和工匠的最高功力

系，是一个颇值得探讨的新课题。或许意识到了这个常识性的错误，香港苏富比在正式的拍卖图录中，使用了"镂月开云：圆明遗珍专拍"这个既文气又一针见血地点题、以圆明园做噱头的题目。

每到这个时候，都会有人为拍卖公司鼓噪一番，帮他们免费赚足眼球，无所谓好评恶评，总之能赚足眼球就行。但如此这般的挑逗和挑衅，国人能忍吗？

抢救流失海外文物专项基金办公室率先发表声明，称"坚决反对公开拍卖马首铜像"，提出应以公益方式实现马首回归，并随即约见了苏富比的代表。说实话，在各种拍卖和展览场合，大家彼此都是抬头不见低头见，但现在必须拔刀亮剑兵戎相见，动之以情晓之以理，归根结底就一句话：苏富比若拍卖马首铜像，将失去中国市场。我们没有政策决定权，但我们懂政策。这次苏富比领会了，也跟国家文物局进行了沟通。虽然他们没说撤拍，但换作了另外一种努力，这也是后来拍卖公司热衷的做法：洽购，以经纪人的身份撮合买卖双方私下成交，佣金也不比拍卖少。

马首铜像的预估价是多少呢？拍卖图录显示：估价待询。这意味着一个超乎想象的价格，而且还客气地暗示对一般人恕不接待，同时也为洽购留足了空间。

这已经变成了单纯的生意，谁会出手呢？有人想到了保利，有人想到了何鸿燊，但不管是谁，都不能被要挟。所以，最终当机立断，快刀斩乱麻，了结这段恩怨的，还是何鸿燊博士，他以创清代雕像世界最高纪录的价格——6910万港元，购得马首铜像，并捐献国家。果然是豪侠真义士，完全超乎想象。这体现了一种豁达和仗义：形势所迫，舍我其谁！

这一天是 2007 年 9 月 20 日。

2007 年 10 月 9 日，"何鸿燊购宝献国家·圆明园马首铜像展"在澳门新葡京酒店举办。何鸿燊博士在致辞时说：马首铜像是来自圆明园的珍贵文物（图2-32），当大家惊叹马首铜像造型逼真、细腻精美的同时，请别忘记铜像背后的百年历史，一段每一个中国人都不可以遗忘的沉痛史实。很荣幸能够参与抢救流失海外中国文物的工作，希望大家能以史为鉴，激发爱国情怀，为祖国的和平统一献出力量。

在马首铜像事件上，何鸿燊博士表示："我很荣幸能参与抢救流失海外文物工作，继猪首铜像之后，将马首铜像捐赠国家。我希望能借此带动更多人参与保护中国文物的工作，共同宣扬爱国爱民族意识。"国家文物局表示："很高兴看到流失海外近一个半世纪的马首铜像回归故里，我们对何先生的爱国义举高度赞扬及衷心感谢，对香港苏富比有限公司促成此事所做的努力表示赞赏。"

此后，马首铜像在澳门新葡京酒店展出了12年。2019年，是新中国成立70周年和澳门回归20周年的双庆之年，何鸿燊博士决定将马首铜像回归故土永久收藏。2019年11月13日，在文化和旅游部、国家文物局主办的"回归之路——新中国成立70周年流失文物回归成果展"上，何鸿燊博士将马首铜像捐赠给国家文物局，并在展览中同其他六尊兽首铜像一同展出。为更好践行流失文物回归原属地的文物保护国际共识，国家文物局经与何鸿燊博士协商一致，将马首铜像划拨北京市圆明园管理处收藏。2020年12月1日，马首铜像正式回归圆明园，这是第一件回归圆明园的流失海外重要文物。

图2-32　圆明园海晏堂十二生肖兽首铜像之马首铜像

鼠首和兔首

援引媒体信息，早在1861年至1863年间，圆明园生肖兽首铜像中的猴首和牛首就被公开出售。随着十二生肖兽首铜像四散分离，早已难觅其踪。它们沉寂了多年，再次进入生意人的视野中，已是20世纪80年代了。一位美国古玩店主在加州棕榈泉的一座花园中，发现牛首、猴首和虎兽首铜像被镶在游泳池边。据说，当时他以每件1500美元的价格，购买下这三件映出迷人光彩的兽首铜像。1987年纽约苏富比拍卖会，猪首与猴首铜像现身。台湾企业家蔡辰男以16.5万美元买到猴首。1989年伦敦苏富比拍卖会，蔡辰男之弟、台湾寒舍艺术中心创始人蔡辰洋，以 14.85 万英镑购得牛首，以 13.75 万英镑购得虎首，以 18.15 万英镑购得马首。由此，猴首、牛首、虎首和马首铜像先后归属寒舍旗下。1989 年 10 月，寒舍在台北举办"圆明园国宝暨明清铜器特展"，轰动一时。

展览之后，蔡辰洋开始感受到了来自身边好友的"压力"：他们纷纷要他割爱这四件兽首铜像。其中有四位企业家因为生肖相符，收购的意愿十分强烈。蔡辰洋最后终于点头，这四件兽首铜像分别有了自己的新主人，但它们的命运各有不同。属虎的那位由于企业经营状况变化，1995 年将虎首铜像转手卖出，之后曾在香港佳士得拍卖会出现过，后来由一位美籍华人收藏。据收藏界人士透露，马首铜像的主人，最有可能是台湾工业银行创建者骆锦明，因为其银行标识与马首铜像颇为相似，不但他姓氏中有马，而且他本人属马，还与生肖属马的企业家组成"马会"联谊。据称，马首铜像后来以大约 1000 万新台币的价格转让给台湾收藏家周义雄。牛首与猴首铜像，自卖出后转手的情况不明，它们的出现是在 2000 年的香港拍卖会上，来自佳士得的消息说，它们的主人是台湾古董收藏家。

媒体的报道往往精彩但欠精确，实际情况是，猴首在 1980 年至 1981 年间曾在纽约大都会艺术博物馆展出，1987 年 10 月 9 日在纽约苏富比拍卖，拍品编号 134，成交价 16.5 万美元。1989 年 6 月 13 日伦敦苏富比拍卖时，虎首、马首、牛首依次登场，拍卖编号依次是 68、69、70，分别以 13.75 万英镑、18.15 万英镑和 14.85 万英镑成交。

生意场上的明来暗往，都是缘分和性情，个中况味，无暇讨论，只能私聊以博会心一笑。我并无意追究这四尊兽首铜像在成为寒舍的收藏后流转的真实性细节，而仅在成交价格上做一个对照。2000 年，兽首铜像再现拍卖市场，中国保利集团以 774.5 万港元在香港佳士得购得牛首，以 818.5 万港元购得猴首，随后，又以约 1544.5 万港元在香港苏富比购得虎首，2007 年何鸿燊购得马首铜像则接近 7000 万港币。生肖兽首铜像的每一次出现，换算成人民币，都是以突破数量级的价格成交的。当 2008 年鼠首和兔首现身拍卖的时候，它们的预估价是以马首铜像作参考的，但拍卖时价格又突破了一个量级，要以亿元人民币计算。

一直传说圆明园鼠首铜像（图 2-33）和兔首铜像（图 2-34）由欧洲私人收藏。抢救流失海外文物专项基金办公室最早得到相关的消息，是在 2003 年 3 月来自法国巴黎的一份传真，传真言有圆明园鼠首和兔首铜像复制品的信息，问我们是否感兴趣，并提到根据此信息可以找到原件。我们对复制品是不感兴趣的，而且不想跟这个与原件收藏者隔着七层关系的人打交道。不过，事后我们也获得了一些鼠首和兔首铜像的蛛丝马迹。

据资料显示，鼠首和兔首铜像一直在一起，自圆明园流失后最早可追溯到法国巴黎的库格尔画廊。该画廊19世纪初在俄国建立，20世纪初迁往巴黎。应该在此时期，鼠首和兔首铜像经由该画廊出售给波默林侯爵家族。据说该家族的侯爵和侯爵夫人的属相是鼠和兔。此后，该家族将这两件铜首转让给荷西·马利亚·塞特和米西娅·塞特夫妇，但作为纪念，他们复制了鼠首和兔首铜像留在家中（巴黎近郊的巴龙维尔城堡），复制用的模具至今仍存。荷西·马利亚·塞特是西班牙壁画家，生于富裕的纺织商家庭，于1899年旅居巴黎，1914年与米西娅·塞特结婚。这是米西娅·塞特的第三段婚姻。

米西娅·塞特应是鼠首和兔首铜像的购买者和收藏者。她出身文艺家庭，生于俄罗斯，父亲是波兰雕塑家，比利时–俄罗斯混血的母亲在生下她后就去世了。米西娅·塞特自小在布鲁塞尔随外祖父长大，在这位比利时著名大提琴演奏家的影响下，接受了系统的音乐教

圆明园大劫难

图 2-33　圆明园海晏堂十二生肖兽首铜像之鼠首铜像
清乾隆十五年（1750年），高31.5cm，长40cm，中国国家博物馆藏。鼠，敏感多疑、灵巧善变。鼠首铜像着眼点在鼠目，向左右观瞧，好似刚出洞般东张西望。所谓鼠目寸光，看到的都是危险；贼眉鼠眼，惦记的都是皇粮。观其在嗅之鼻、欲张之口，必属吃货无疑。但古董店里的老鼠，碰不得

图 2-34　圆明园海晏堂十二生肖兽首铜像之兔首铜像
清乾隆十五年（1750年），高49cm，长35cm，中国国家博物馆藏。俗话说静若处子，动若脱兔，但观兔首铜像，分明做静观状。所谓雌兔眼迷离，微笑露八齿，守株待人也。然而兔走乌飞，月出日落，时间就在等待中不知不觉地流逝了，它还是孤单的那一个

59

育，这使她后来成为一个才华出众的钢琴演奏家。9岁那年，米西娅·塞特前往巴黎与父亲和继母生活，她父亲在原配离世后曾多次结婚。15岁时，米西娅·塞特离家出走，以教钢琴课为生。21岁时与年长她20岁的堂哥纳坦松结婚，从此被丈夫带入巴黎艺术圈，结识了众多艺术家和权贵人士。

1903年，米西娅·塞特成为巴黎报业大亨阿尔弗雷德·爱德华兹的情妇。爱德华兹答应资助纳坦松，条件是纳坦松与米西娅·塞特离婚。1905年，米西娅·塞特与爱德华兹结婚，但因为爱德华兹的不忠，两人在1909年离婚。此时，米西娅·塞特已成为巴黎艺术沙龙的名人，资助了不少艺术家并与他们过从甚密，尤其是她与荷西·马利亚·塞特结婚后，俨然如艺术圈女王一般。例如法国印象派画家雷诺阿等多位知名画家都曾为米西娅·塞特画像。

1928年荷西·马利亚·塞特与格鲁吉亚流亡贵族之女、雕刻家伊莎贝尔·姆季瓦尼相好，姆季瓦尼五兄妹借由姻亲关系结交欧美显贵人物而声名狼藉。米西娅·塞特一度默许了丈夫的婚外情，认可他们之间有第三者，但这无法挽救他们的婚姻。米西娅·塞特被认为是那个黄金年代浮华社会的缩影，其生活和社交充斥着艺术界和上流社会的放荡不羁，如今来看，其剧情真是狗血无比。

在米西娅·塞特集万千宠爱于一身的时代，她是风尚坐标和被模仿的对象，这不仅由于她和著名设计师香奈儿非比寻常的友谊，更因为她被誉为天才的收藏家，受到艺术家和收藏界如众星捧月一般的膜拜，其价值取向左右了此后半个世纪的艺术收藏。在远离米西娅·塞特风光岁月50年后，剧情反转，不过依然没跳出时尚与收藏的圈子，只是相关的厂牌从香奈儿换成了圣罗兰。

1980年代，伊夫·圣·罗兰的生活和生意伙伴皮埃尔·贝尔热搬入位于巴黎波拿巴街的一处住宅。据说，印象派奠基人马奈和1921年晋升法国元帅的利奥泰都曾在此居住。鼠首和兔首铜像就存放在这所住宅一楼的一个新古典主义装饰风格的房间里。

2008年9月26日，纽约佳士得拍卖行与皮埃尔·贝尔热联合拍卖，共同发布了关于拍卖伊夫·圣·罗兰和皮埃尔·贝尔热珍藏的通告。起初风平浪静，波澜不惊。我是在国庆节放假期间听说了这个消息，现在回想起来当时似乎也没太在意。虽然假期也在加班，但直到10月8日正式上班后，才去佳士得网站上看相关的信息，因为那段时间确实很忙，全部精力都放在刚回归的佛舍利五重宝塔的修复和研究上，直到10月20日才搞清楚大概的情况：伊夫·圣·罗兰和皮埃尔·贝尔热在共同经营时尚帝国的同时，还涉足艺术领域，在近50年间，搜集、收藏了大量的古董和艺术珍品。2008年6月1日，伊夫·圣·罗兰在巴黎病逝，收藏的艺术品遗赠给"皮埃尔·贝尔热–伊夫·圣·罗兰基金会"。皮埃尔·贝尔热作为该基金会主席，随即决定将全部艺术品拍卖，用于建立一个新的基金会，致力于科学研究和防治艾滋病。这次拍卖将于2009年2月23日至25日在法国巴黎大皇宫举办，拍卖的古董和艺术品超过700件，包括当代艺术、装饰艺术、欧洲文艺复兴艺术、欧洲家具、银器、古希腊和古罗马艺术、19世纪绘画、亚洲艺术等门类。其中亚洲艺术主推的就是圆明园鼠首和兔首铜像，估价均为800万至1000万欧元，另外一件明代金漆木雕佛像，估价为3万至4万欧元。

我心想，这恐怕不行吧，可外界和媒体都没有反应，我于是按捺不住了。10月21日，我写了篇新闻资料，把这个事情捅给了媒体，其实我只发给了《北京晚报》的朋友。没想到我一下子捅了马蜂窝，而且炸窝了。必须注意这个时间点，1860年英法联军火烧圆明园是在10月18日，据说大火烧了三天三夜。

但必须承认，我当时确实做了标题党，我是这样写的——《叫价两亿：圆明园鼠首、兔首铜像将拍卖，中国公益组织意欲"劫杀"》，当然，这个公益组织就是抢救流失海外文物专项基金。我在文中表示，反对以商业拍卖的方式对待鼠首和兔首铜像这样被劫掠的不可移动文物，同时，希望积极与此次拍卖相关方面沟通，探讨更多层面的合作，以谋求一个皆大欢喜的结局。措辞很客套，也很程式化和按部就班，就是广而告之的意思。文中所提的所谓跟拍卖方沟通、探讨合作，在当时根本不知道找谁联系。

但必须承认，我用了"劫杀"这个词，是反复考虑过的，就像下围棋打劫，这是个缓一气的生死大劫，打输了满盘皆输，打赢了未必赢棋，可会形成转换，胜负难料。可能是提了五十个子而自损八十目，但它却为谋求一个皆大欢喜的结局埋下伏笔。我们后手提劫，对方还长一气，我得满世界找劫才行啊，起码得先紧他一口气。

媒体、舆论反对拍卖鼠首和兔首铜像的声音风起云涌，可拍卖方压根儿不在意。我在10月26日写了封信给贝尔热，发传真过去，结果如同石沉大海。其实我自己感觉也很没劲，我竟然写道："拍卖鼠首和兔首铜像的初衷是用拍卖所得建立一个基金会，开展慈善和事业，但基金会善款的来源必须是合法的、干净的。拍卖鼠首和兔首铜像来获取资金，显然违背了基金会运作的基本理念和道德准则。不管对卖方，还是对拍卖公司，不但会惹上'洗钱'的嫌疑，甚至会让拍卖战争掠夺品成为默认的商业惯例，从而洗掉当年英法联军劫掠、火烧圆明园的罪恶。不拍卖是底线也是前提，如果不拍卖，我们是可以有探讨的空间和商讨的余地，用一种大家都可以接受的方式，让这两件文物回到中国。"事后再看，这样的措辞简直毫无章法可言，太可笑了，但也可以理解，我很难把握此类英文表达的语境和节奏，况且据说法国人一贯骄傲，只看法文。

11月6日，抢救流失海外文物专项基金的特派员从美国纽约发回消息，鼠首和兔首铜像"如约"现身纽约佳士得，成为"伊夫·圣·罗兰与皮埃尔·贝尔热珍藏"拍卖预展上最"刺眼"的两件拍卖品。拍卖预展在纽约洛克菲勒中心佳士得6号展厅举行，整个展厅大约40平方米，鼠首和兔首铜像摆放在展厅左侧最显著的地方，进门时一眼就能看到，鼠首在左，兔首在右。可以感觉到两个兽首是作为重点展示对象对待的，不仅摆放位置明显，还在预展图录封底单独列出。观展的人不是很多，但工作人员很多，应该至少有6人，均严阵以待。我由此确定，这意味着鼠首和兔首铜像没有可能撤拍。而反对拍卖的目的就是实现回归，这是本分。

我知道，最终要解决问题，实现文物回归，还是要上升到国家层面，由政府出面通过外交渠道来完成。这是流失文物回归的唯一正道。

2008年10月24日，国家文物局表示反对回购鼠首和兔首铜像。11月下旬，国家文物局下发通知，要求国有的文物收藏机构以及登记注册的各类博物馆，不得购买被盗或非法出口的文物。意思是说，大家都不买，而且反对卖，您还拍个什么劲呢？但仅仅这样做，拍卖行觉得不痛不痒，事不关己，会置若罔闻的。时间不等人啊，转眼就到2009年了。眼看着就是拍卖会的正日子了。各种情绪似乎到了剑拔弩张的程度，可都停留在剑未出鞘、箭不离弦的状态，因为开弓没有回头箭，拔剑在手却没有后手招数。那种惶恐就像爱一个人却不懂表白。

在鼠首和兔首铜像的拍卖风波中，出现了中国律师的身影，并组成了"追索圆明园海外流失文物公益诉讼律师志愿团"。我与这个志愿团的首席律师在之前就有过交流和探讨，没想到又碰上了。关于如何通过法律诉讼追索鼠首和兔首铜像的问题，很快陷入到自我纠结的怪圈，谁是原告呢？媒体上出现了各种莫名其妙的观点，都扯到乾隆了。我的想法还坚定地停留在2003年的结论上，不过也有困惑，万一能成呢？必须得做个专题研讨。

2009年1月10日，抢救流失海外文物专项基金与中国人民大学法学院一起，开了个"抢救流失文物法理研讨会"，也请了律师团的首席律师参加，研讨的对象不只是鼠首和兔首铜像，还有唐鸿胪井碑（这是另外一个大课题，容后详叙）。研讨会毕竟是理论层面的交流，可归结到现实问题，还是有一记重拳打在棉花上的失落感。

1月15日，我作为听众参加了律师志愿团的发布会，我一言不发是害怕说出心里话招人不理解甚至怨恨，但我得谢谢律师志愿团，毕竟他们发出了很强的声音来抵制拍卖流失文物，关键是他们给了我提醒，如果被告不是拍卖行，而是鼠首和兔首铜像，或者说只要有个恰当的由头让鼠首和兔首铜像成为上法庭的一个诉讼请求，就可以成为拍而不买的理由，它们可以没有保存状况的瑕疵，没有传承记录的瑕疵，但有法律诉讼的瑕疵。其实这很致命：谁会花重金买一件上过法庭的而且在法律层面存在争议的"赃物"呢，无论判决结果如何？

不惧，我们至少有政府层面的法律支持。2月12日，外交部发言人姜瑜答记者问时说：众所周知，相关文物（鼠首和兔首铜像）是第二次鸦片战争期间被英法联军劫掠走，并流失海外多年的中国珍贵文物。中国对其拥有不可置疑的所有权，这些文物理应归还中国。拍卖战争中非法掠夺的文物，不仅伤害中国人民的感情，损害中国人民的文化权益，而且有悖有关国际公约。我们希望有关方面能够慎重予以考虑。

2月17日，国家文物局致函纽约佳士得，正式表明强烈反对其拍卖圆明园文物的原则立场，并明确要求撤拍有关文物，希望有关当事人能够理解和尊重中国人民的正当要求。

2月19日，欧洲保护中华艺术协会主席高美斯委托在巴黎的华人律师任晓红，以其协会的名义向巴黎大审法院提起紧急诉讼特别程序，请求法国法院准许禁止拍卖鼠首和兔首铜像。高美斯先生喜好中国文化，是个有流失文物情结的人，2004年"中法文化年"期间成立非营利机构欧洲保护中华艺术协会，与抢救流失海外文物专项基金办公室一直保持密切合作关系。2006年，高美斯与西安美都房地产开发有限公司董事长黄新兰，共同在法国购得一件战国宜阳铜鼎，并捐赠给陕西西安秦始皇兵马俑博物馆。

高美斯的诉讼被判失败，法庭判决拍卖行可以拍卖鼠首和兔首铜像。但诉讼让鼠首和兔首铜像在法律层面有了瑕疵，竞拍者多少会有所顾虑。同时，判决结果并没有反映民众的心声。据法国发行量最大的报纸《费加罗报》一项民意测验显示，4.1万的调查者中有83%的人认为应该把鼠首和兔首铜像还给中国。

2009年2月24日，国家文物局发布声明表示，近代以来西方列强在战争中掠夺的大量中国文物，包括从圆明园掠夺并流失出境的众多珍贵文物，应当归还中国。中国政府坚决反对拍卖圆明园文物等非法流失的中国文物，认为这种行为有悖于相关国际条约的基本精神，将严重损害中国人民的文化权益和民族感情。我们历来主张通过法律和外交手段，按照国际社会处理非法流失文物返还问题的法律框架和原则，依靠国际合作追索非法流失海外的中国文物。

同一天，外交部发言人马朝旭在记者会上表示：第一，保护文化遗产，促进文物返还原属国，是国际社会的广泛共识，也是文化财产原属国人民不容剥夺的基本文化权利。第二，近代以来西方列强在战争中掠夺大量中国文物，包括从圆明园掠夺并流失出境的众多珍贵文物，应该归还中国。第三，中国认为，拍卖圆明园文物有悖于相关国际公约的基本精神，将严重损害中国人民的文化权益和民族感情。

同时，从新闻得知，包括律师志愿团首席律师以及新闻媒体在内的各路人马，已经云集巴黎，但是否能够进入拍卖会，还不得而知，因为现场已经出现了示威者，拍卖方不得不加强安保，以防不测。此时，距离拍卖鼠首和兔首铜像只剩24小时。

虽然当时我已经预判到拍卖的最终结局。但千言万语，最终无语凝噎。全世界没有一个可诉说的地方足以容纳我的念想，我只能找一个陌生孤独的狭窄空间来压抑我的激动。

2月26日要在北京饭店的顶层举办《佛舍利五重宝塔》首发式，我要忙正事。25日从下午开始我都在操持现场的布置和各种协调工作，直到半夜12点，北京饭店的工作人员告诉我不能再待在那里了。我能去哪里呢？鼠首和兔首铜像的拍卖很快就要开始了。我想我应该去趟天安门广场，等待拍卖的消息。你可曾想象一个人站在凌晨的广场是何等豪情万丈的壮观？最后的结局证实了我当时的妄想，广场东侧的中国国家博物馆将是鼠首和兔首铜像漂泊的终点。缘分啊，不能也无需解释。

大概凌晨三点钟，我正在王府井麦当劳里前思后想、睡意蒙眬，突然手机响了。我知道了拍卖结果，突然产生了跑步的欲望，要像巴尔博亚那样飞一般地奔跑，跑过长安街，跑到人民英雄纪念碑前振臂高呼。

在鼠首和兔首铜像拍卖结束后两个小时（北京时间凌晨5点左右），国家文物局网站上发布了一则声明和《关于审核佳士得拍卖行申报进出境的文物相关事宜的通知》。看来大家都是夜不能寐，无法安寝。

声明提到，国家文物局有关负责人曾多次约见并致函佳士得有关负责人，敦促其撤拍圆明园文物。但佳士得方面一意孤行，坚持拍卖被劫掠的圆明园文物。国家文物局坚决反对并谴责所有拍卖非法出境文物的行为。此次拍卖造成的一切后果应由佳士得方面承担。

《关于审核佳士得拍卖行申报进出境的文物相关事宜的通知》进一步说道：近日，佳士得拍卖行在法国巴黎拍卖了从圆明园非法流失的鼠首和兔首铜像。佳士得拍卖行的这一行为违背了相关国际公约的精神和文物返还原属国的国际共识，严重损害了中国人民的文化权益和民族感情。鉴于佳士得拍卖行近年来已有多次公开拍卖从中国劫掠、盗窃、盗掘和走私文物的行为，所涉及的文物均为非法出境。为加强文物进出境审核管理，国家文物局现就相关事宜通知如下：各文物进出境审核管理处应当认真审核佳士得拍卖行及其委托机构、个人在中国申报进出境的文物。所有文物均应提供合法来源证明，未提供合法来源证明或证明文件不全的，不予办理文物进出境审核手续。各管理处经审核认为佳士得拍卖行所申报文物可予办理文物进出境审核手续的，应当书面报经国家文物局批准，并附申报文物的相关材料。另外，各管理处在审核佳士得拍卖行所申报进出境文物时，发现可能为被盗、走私文物的，应立即向国家文物局和当地公安、海关部门报告。

对于鼠首和兔首铜像的拍卖结果，舆论一片哗然、震惊和懵懂。拍卖会结束后没几个小时，《佛舍利五重宝塔》首发式在北京饭店召开。佛舍利五重宝塔是一件通过捐赠回归的流失文物。首发式前有记者问了我一个很到位的问题：鼠首和兔首铜像有可能回归吗？该如何回归呢？我说，我当然盼着它们回归，首先它们肯定不会再次被拍卖了，最好的回归途径就是持有者捐赠回来，似乎他并不愿意也不甘心。可谁会这么做呢？有如此境界和能力的人，可遇不可求。

《佛舍利五重宝塔》首发式结束，已是午后。我和李璇从北京饭店出来，走在王府井大街上，车如流水马如龙、吹面不寒杨柳风，一切都令人备感亲切、

65

温暖和从容。她问我:"昨晚那两个头卖了,谁买的?不是你们吧。"

我抬头看天:"不是。"

"你知道是谁吗?"

"不知道。"

"连我都不说啊。"

"真不知道。"我都忍不住笑了。

她感叹:"唉,那俩头什么时候才能回来啊?"

我苦笑:"这真的是不知道了。看缘分,等吧。守得云开见月明,反正它们是没跑了。"

回想起来,一语成谶。守得云开见月明,没想到等到最后,"开云"真的来了,决定了鼠首和兔首铜像的最终命运。巧的是当年拍卖马首铜像的拍卖会名称,叫镂月开云。

顶着一边倒的反对声浪,鼠首和兔首铜像被送上拍卖台,但未能成交。喧嚣过后,人们更关心鼠首和兔首铜像的最终归宿。

拍卖会后不久,高美斯得到卖家的授权,代理出售鼠首和兔首铜像,价格参照拍卖的"落槌价"(含拍卖佣金总共 3149 万欧元)。为此他专程来北京,希望找到中国买家。我直言相告:"这个事儿太大,我们做不了,最好找一个在中国开展业务的法国公司,买了捐回来,会有非常好的效果,而且这是唯一的办法,你想让中国政府或企业买单,想都别想,不可能。"

就像我想跟李璇说的,我们的生活经历过波折,有喜悦,也有痛苦,相爱也难免遭遇伤害,但初衷不改、依然相守,就没有过不去的坎儿。

1962 年,天才设计师伊夫·圣·罗兰离开克里斯汀·迪奥公司自立门户,与皮埃尔·贝尔热创立了以自己名字命名的时装品牌(YSL)。他们二人是圆明园鼠首和兔首铜像的持有者。这一年,弗朗索瓦·皮诺创办皮诺公司,其子弗朗索瓦-昂利·皮诺出生。

1994 年皮诺公司更名为碧诺(皮诺)-春天-雷都,转型发展零售业,迅速成为行业巨头。1998 年,皮诺家族控股的集团全资收购了佳士得拍卖行,也就是后来鼠首和兔首铜像的拍卖方。

1999 年碧诺-春天-雷都收购古驰集团 42% 的股权,开始投资奢侈品业务,并通过古驰购入 YSL 等品牌。2004 年,碧诺-春天-雷都持有古驰的股份达到

99.4%。2005年3月，弗朗索瓦－昂利·皮诺接班父亲，成为公司董事会主席和首席执行官。5月18日，公司更名为PPR，即原名的首字母缩写。

2013年1月，高盛集团发布的数据显示，2012年中国奢侈品全年消费460亿美元，其中国外消费271亿美元，国内消费189亿美元。2008年金融危机以来陷入低迷的奢侈品行业大幅复苏，新兴的中国市场成为主要推动力。有预测说，中国在五年内会成为全球第三大奢侈品市场。实际在2013年中国市场就迅速上升为全球第三，可见对奢侈品的消费欲旺盛、购买潜力巨大。

从2012年开始，国际奢侈品公司都开始把中国市场作为主要的业务增长点，PPR自然不能落于人后。不妨对2012年和2013年PPR和皮诺家族的相关数据做一个对比。2012年，PPR集团的营业收入为97亿欧元（约合122亿美元），38%的收入（约46亿美元）来自新兴市场，此后两年的营业收入均维持这一水平。而在福布斯（Forbes）全球富豪榜上，皮诺家族以130亿美元净资产排名第59位，2013年排名上升至53位，净资产为150亿美元。

2013年3月22日，弗朗索瓦－昂利·皮诺宣布将公司名称PPR更改为Kering（开云）。

4月初，佳士得宣布成为首家在中国获得拍卖执照且独立开展拍卖业务的国际艺术品拍卖公司，但未获得国家文物局发放的文物拍卖许可证。一年后，佳士得进驻毗邻上海外滩、圆明园路上的安培洋行大楼。这所建于1907年的建筑，跟圆明园海晏堂有着非常相类的风格，只是楼前没有喷泉。

4月26日，陪同法国总统弗朗索瓦·奥朗德访华的弗朗索瓦－昂利·皮诺在北京向国家文物局表达了无偿捐赠鼠首和兔首铜像的意愿。据称，皮诺家族从原持有人手中买下这两件兽首铜像，并宣布无偿捐赠给中方。但也有人认为，不是捐赠，应该是归还。有区别吗？

6月18日，PPR股东周年大会批准使用新名称Kering（开云）。6月28日，"皮诺先生捐赠圆明园青铜鼠首兔首仪式"在北京中国国家博物馆举行。

从2013年4月底开始，有多少家媒体报道了皮诺捐赠鼠首和兔首铜像以及后来的捐赠仪式呢？又有多少新闻捎带提到了开云集团及其旗下的品牌呢？就像流失文物的数量一样，难以胜数。而且是那么密集、广泛地报道传播，不惜版面、不厌其烦。如果换算成对应的广告费和公关费以及活动成本，买那两个兽首铜像的钱甭管多少都无足轻重了。更何况，这还是一件载入史册的义举，身后是一片赞誉。事后看来，此等策划高人，如此成功的广告公关，是必须写进市场营销教科书的。仅举一例：2015年5月初，在百度搜索"开云集团"，相关结果约756万个，而同一年稍晚上市的工业设计时代的最后经典手机iPhone5S，相应的搜索结果为749万个。

　　圆明园十二生肖兽首铜像中，还有五件不知下落，或许它们就埋在海晏堂的废墟之下，谁知道呢？或许在一个不为人知的荒岛上，就像成龙电影《十二生肖》演的那样？也可能早就不存在了吧，或许没有或许。就像我手上的一道伤疤，会引发无尽的遐想，也会触动敏感的神经。一看到，哪怕一想到，就思绪如潮，一波还未平息，一波又来侵袭，流失的文物会回来，圆明园早已不在。

　　每个人心里都有一座圆明园，那不是皇帝的享受和虚荣，而是历史的伤痛和阴影。圆明园的兴废，正是一个王朝的沉沦史。皇帝的品味可以成就经典，但劳民伤财、大兴土木，更滋生自上而下的假公济私、营私舞弊、中饱私囊的腐败之风。一时的繁盛终成明日黄花。随着圆明园的兴建，支撑帝国的架构已如朽木。

　　一个政权的崩塌，只需一记重拳。这记重拳来自西方，确切地说，是英法联军，甚至不用击中要害，而是打在脸上，就足以让它瘫倒在地，再也无力起身。同治光绪年间，重修圆明园更像一个王朝的回光返照，苟延残喘不过是春梦一场，在强房环伺下，圆明园又经强盗土豪肆无忌惮地木劫、石劫、土劫，终于成为一片废墟。

　　圆明园之外还有另一个圆明园，就是园中曾经的珍藏，而今散失在世界不同的地方。拥有过什么，失去了什么，失去又让我们拥有什么？

　　浮光掠影看不尽沧桑，是非恩怨春梦一场。

反对拍卖流失文物

　　圆明园十二件生肖兽首铜像，是中国文物流失的见证，凝聚了中华民族的斑斑血泪。流失后的颠沛流离，也使国宝多处损伤。里里外外仔细审视这历经劫难、回归故土的国宝，可确知它们当年曾经与下面的石质像身牢固地接合在一起，铜像口中还用锯齿状箍与铜管固定。当年，英法侵略者将它们粗暴地砸下，锯齿状箍的许多叶片都翻卷起来。猴首铜像的右颊至今还保留着当年枪托砸击的一个明显的凹痕；虎首铜像内部原来连接喷水管的榫卯处已经残破，左眉弓上也有一个明显的凹坑，两侧外张的胡须如今仅剩下短短的一根；猪首铜像的顶部有一处凹坑，也是侵略者用枪托将铜像砸下的罪证。正因如此，每当传出拍卖圆明园生肖铜像或被掠文物的消息，有正义感的各国人士无不拍案而起、口诛笔伐，并进而寻求流失文物回归的人间正道。

在马首铜像拍卖风波中，抢救流失海外文物专项基金办公室明确了一个反对拍卖流失文物的基本观点，既与国际上的普遍态度一致，也遵循国家政策，还符合中国大众的情感与诉求，那就是：我们尊重拍卖公司的商业规则和艺术品收藏市场的运作机制，认同拍卖在促进海外藏中国文物回流中所发挥的平台作用。但必须强调的是，"圆明园"绝对不能变成一个商标。一个有职业道德和文化良知的拍卖公司，不应拍卖历史上因战争抢掠、盗掘、盗凿而流失的文物，否则就是对文化遗产保护国际公约基本理念的亵渎，也将严重伤害流失文物原属国人民的情感。如果有违情理法则，公然对一个被抢掠的文物标高价叫卖，打着国宝回归平台的幌子牟取无德暴利，这跟当年光天化日纵火抢劫没有区别。

抢救流失海外文物专项基金办公室对每一次拍卖流失文物的行为都予以坚决反对和谴责，不管是拍卖中国的流失文物，还是拍卖其他国家的流失文物，这是维护流失文物的主权尊严。

拍卖流失文物将产生极其恶劣的后果，首先是对文物的二次劫掠和破坏；其次，经过拍卖后，非法流失的文物将披上合法商品的外衣，这也导致拍卖流失文物将成为有"案例依据"的商业惯例；第三，竞价的刺激和商业利益的诱惑，会引发新一轮的文物盗掘、走私等非法行为，严重危害文化遗产的保护和传承。

或许有人会质疑，在拍卖会上可追溯为圆明园流失文物的拍品众多，为何你们对十二生肖兽首铜像系列紧咬不放？盖因它们是建筑体系的一部分，它们的流失首当其冲意味着对文化遗迹的破坏，这符合流失文物的基本特点。另外应该着重反对拍卖的，还有那些无法诉清来路和传承关系的古代艺术品。时至今日，谁想承认自己是战争掠夺文物的继承者呢？事实上，自 2012 年后，再无明目张胆打着英法联军或八国联军或圆明园旗号叫卖的拍卖行了。这是持续反对拍卖流失文物的结果，争议的呼声和日趋规范的管理，迫使拍卖行改变了通行一个多世纪的游戏规则。

2012年12月17日，一枚清代"御书房鉴藏宝"玺印在法国巴黎艾德拍卖行以93万欧元落槌，但围绕此玺印的争议并未就此烟消云散，反而愈演愈烈，尤其是这枚玺印的"合法身份"存疑。

拍卖行手册上说，这枚乾隆或嘉庆玺印高2cm、长4.45cm、宽3cm，整体呈深绿色，上刻"御书房鉴藏宝"。据业内人士称，该玺印被认为是中国清朝皇帝专用的印章，并且只能存放在紫禁城（皇宫）或圆明园等皇帝的行宫。面对舆论的质疑和反对呼声，该拍卖行还挑衅道：我们明知道那是抢来的也要拍卖，就是要让中国人高价买回去。

拍卖这枚"御书房鉴藏宝"的消息甫一传出，抢救流失海外文物专项基金办公室即声明，作为一家公益组织，我们将一如既往地坚决反对拍卖中国流失文物，并希望在拍卖场上再也不要出现任何国家的流失文物。中国国家文物局表示，中国一贯反对并谴责拍卖非法流失文物的行为，对于任何确定为非法流失的中国文物，将保留追索的权利。

关于该玺印的来路和传承，一直都是疑云重重。自19世纪晚期该玺印被法国私人收藏后，从未公开展出和出版过。该收藏者如何得到此玺印，也没有书面合法文件的证明，这成为有关此件拍品最大的"瑕疵"或"污点"。一方面，这可以成为法律诉讼的依据，即对其合法来源申请调查和投诉；另一方面，有业内人士对这件横空出世的拍品已经提出真伪质疑，其中一个理由就是来源不清、传承不明。

在拍卖会前，艾德拍卖行曾把其网站上此玺印的估价（15万至20万欧元）撤销，表现出对是否上拍的犹豫，但该拍卖行顾问的一番所谓"世界著名印玺专家"言论，使撤销估价的举动在今天看来只是障眼法。这个名叫龙乐恒的顾问说：该文物并非圆明园流失。这成为艾德拍卖行有理由拍卖该印玺的依据。显然，此言论是无稽之谈。此前，该拍卖行还声称：我们明知道那是抢来的也要拍卖，就是要让中国人高价买回去。此番挑衅无异于火上浇油。据了解，"世界著名印玺专家"的头衔源于龙乐恒在2004年加入西泠印社，是该印社第一位欧洲籍社员。鉴于他在此次拍卖中的行为和表态，有业内人士希望西泠印社取消龙乐恒的会员资格，不管是他此次表现出的"专业素养"，还是鼓吹拍卖流失文物的立场，完全是给西泠印社抹黑。

"御书房鉴藏宝"玺印以93万欧元落槌，除非拍卖行做局自拍自买，极有可能事实上流拍，没有人会买个"雷"揣入自己怀里。实际上没有"除非"，我们在现场都看到了。

2013年2月7日，鉴于"拍卖在中国激起的负面情绪"，艾德拍卖行启动法律程序着手撤销这一交易。其发言人表示："由于中方提出异议，该拍卖交易变得极其复杂，因此艾德拍卖行方面决定撤回本次拍卖。"他还称，在目前形势下，取消这一拍卖交易"是一个比较合理的决定"。

撤销拍卖流失文物是大势所趋。此前，在2012年11月8日，英国宝龙拍卖行（邦瀚斯）"中国艺术品专场拍卖"，原定参加拍卖的两件圆明园文物——"清嘉庆白玉镂雕凤纹长宜子孙牌"和"清乾隆青玉雕仿古兽面纹提梁卣"，遭到中国文博界和媒体的广泛质疑和反对，拍卖行及时作出撤拍决定，两件拍品被持有者收回，没有出现在拍卖现场。拍卖行对拍卖圆明园文物给中国人民带来的伤害表示道歉，并且声明今后会避免出现类似事件。

可以预见，拍卖流失文物或经由拍卖行交易流失文物，拍卖行、卖方、买方都将面临商业利益和声誉的风险甚至损失。拍卖公司是非常好的信息平台和交易平台，应建立中国古代艺术品交易和收藏的良性机制，特别应加强对上拍品是否为流失文物的判断，拒绝流失文物上拍。有拍卖行想利用流失文物制造舆论来博取关注度，此举意义不大，因为没有人愿意跟有道德污点的拍卖行合作。

反对拍卖流失文物，已成为一个国际通行的自觉意识，并在文物艺术品交易领域，建立了国际新秩序，迫使拍卖行做出改变，阻断洗白赃物的出货渠道。如今，各拍卖行已经达成共识，对于20世纪50年代之前没有著录和清晰传承记录的古代艺术品，均不能上拍。

叁 紫禁城的黄昏

1860年8月，英法联军攻陷塘沽，水陆夹攻大沽口北炮台（俗称"石头缝炮台"）。守台清军在直隶提督乐善指挥下抗击。炮台失陷，乐善殉国，谥"威毅"。1884年在大沽口立"乐威毅公祠"，并铸铁钟悬于北炮台。钟高65cm，口径58.5cm，重约105kg，钟上铸铭文"风调雨顺""国泰民安""大清光绪十年立海口大沽乐威毅公祠""皇图巩固保定府练军官兵全人公立"等文字。

1900年6月17日，八国联军攻陷大沽口炮台。此铁钟被英军掠获，1902年放置在英国军港朴茨茅斯的维多利亚公园。2005年，经过中英双方协商，朴茨茅斯市议会通过提案，无偿将铁钟返还给中国，由天津大沽口炮台遗址博物馆收藏。

乐威毅公祠铁钟为纪念抗击英法联军侵略的将领而立，在八国联军侵华时又被英军作为战利品掠走，是两次外敌侵略中国的证物，是典型的流失文物。在流失百余年后，乐威毅公祠铁钟通过政府间外交和法律渠道重归原址，合情、合理、合法，是最恰当的追索流失文物、实现文物返还的方式。

跨越百年，乐威毅公祠铁钟串联古今。

循着钟声，让我们回到紫禁城风雨飘摇的黄昏。

1. 毁于战火的孤本

1900年6月21日，清廷以光绪帝名义对列强宣战，清军和义和团在北京围攻使馆区。英国公使馆与翰林院仅一墙之隔，且各国使馆人员、家眷以及很多在京外国人、教民等皆在此避难，翰林院因而成为战场。

6月23日，清军在翰林院放火，以期火借风势延烧英国公使馆，结果把翰林院烧毁，殿中收藏的《四库全书》底本化为乌有，本来就剩余不多的《永乐大典》又遭涂炭。

为什么要用火攻呢？

实际上，清军奉慈禧旨意，并未猛攻使馆区，多以炮击、放火战术威慑，一来希望逼迫使馆区内的洋人投降，二来怕造成重大人员伤亡，而招致列强的严厉报复和制裁。否则，以清军和义和团人多势众，面对使馆区内几百人的武装，不可能一个使馆也打不下来。为了给慈禧演戏看，结果导致珍贵典籍灰飞烟灭，这样的损失是无法弥补的。在翰林院交战中，幸免于火的残存典籍又被双方拿来搭建工事。

关于翰林院被焚之情形，当时在"大清国海关总税务司"任职的英国人伯特拉姆·辛普森在其《庚子使馆被围记》中记录道：

昨日（6月23日）有一放火者，伏行如猫，用其灵巧之手术，将火种抛入翰林院，只一点钟间，众公使居住之地英使馆，顿陷于危险之域。

如谓此地可以放火，吾欧人闻之，度未有不笑其妄者。然今竟何如？在枪声极猛之中，以火具抛入，人尚未知，而此神圣之地，已烟焰上腾矣。

……英国水手志愿兵均已成列，其往外线者亦皆闻信赶来，破墙而至院中，跨越许多障碍物，上面木屑纷纷下落，有时止放步枪一排，将院之内外搜查肃清。敌人所遗之铜火药帽约有半吨之多……此时火势愈炽，数百年之梁柱爆裂做巨响，似欲倾于相连之使馆中。无价之文字亦多被焚。龙式之池及井中，均书函狼藉，为人所抛弃。无论如何牺牲，此火必须扑灭。又有数十人从英使馆而来……人数既加，二千年之文字遂得救护。

有绸面华丽之书（《永乐大典》），皆手订者；又有善书人所数之字，皆被人随意搬移。其在使馆中研究中国文学者，见宝贵之书如此之多，皆在平时所决不能见者，心不能忍，皆欲捡选抱归，自火光中觅一路，抱之而奔。但路已为水手所阻。奉有严令，不许劫掠书籍。盖此等书籍，有与黄金等价值者。然有数人仍阴窃之。

明代洪武二十一年（1388年），朝廷商议"编辑经史百家之言为《类要》"，未成。明成祖即位后，"凡书契以来经史子集百家之书，至于天文、地志、阴阳、医卜、僧道、技艺之言，备辑为一书，毋厌浩繁"。至永乐五年（1407年）定稿，命名为《永乐大典》，全书缮写成22877卷，成书11095册。永乐年间修订的《永乐大典》原书只有一部，已不存于世。现今存世的皆为嘉靖年间抄本。

乾隆三十八年（1773年）修《四库全书》，发现《永乐大典》已缺失2422卷约千余册。四库馆臣从《永乐大典》中辑出大量佚书，其中有385种收入《四库全书》，以为"菁华已载，糟粕可捐，原（书）可置不复道"。自此《永乐大典》不被重视，官员监守自盗，散失严重。至光绪元年（1875年）修缮翰林院时，清查得《永乐大典》不足5000本，光绪二十年（1894年）光绪帝师、军机大臣翁同龢入翰林院清查时，仅剩800余本（图3-1）。

火烧翰林院时获得《永乐大典》者，比如当时受法兰西远东学院派遣到北京搜购古籍、被困于使馆的伯希和，或许获得了四册《永乐大典》。

时任英国驻华领事翟兰思保存了一本《永乐大典》，他著有《北京使馆被围日记》。翟兰思把这本《永乐大典》送给了他的父亲翟理斯。翟理斯曾在英国驻华领事馆任职，1897年成为英国剑桥大学继威妥玛之后第二位汉语教授。威妥玛曾参与两次鸦片战争，并曾担任英国驻华公使，曾发明拼读汉字的威妥玛拼音。翟理斯在1892年编著 Chinese-English Dictionary（《中英词典》）时，改进了威妥玛拼音。

英国人白卡斯，得到了六本《永乐大典》。当时白卡斯配合英国《泰晤士报》首个在华常驻

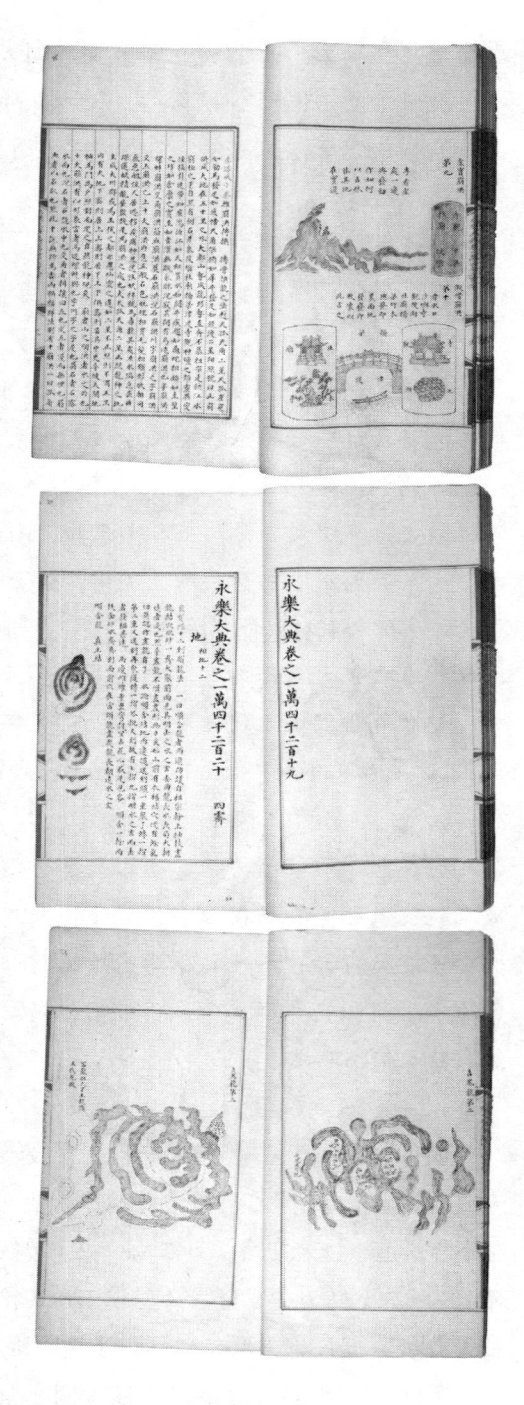

图3-1 《永乐大典》
50.5cm×30cm，现藏于英国大英图书馆

记者、澳大利亚人莫理循工作。因莫理循不能读写汉语，白卡斯负责为他将汉语翻译成英文。1913—1922年间，白卡斯向英国牛津大学博德利图书馆捐献了包括这六本《永乐大典》在内的17000余册、重达八吨的书籍文献，目的是获得一个教授衔，但他未能如愿。购买这些书籍，令白卡斯深陷债务之中。

在使馆区被围期间，莫理循受伤并被误传战死。他后来在回忆当时的情景时写道："……灰烬中的大堆残骸、书本与残枝败叶一齐飞散，装点着这个帝王中国的辉煌书馆（翰林院）的废墟……"

莫理循在华20年，游历深远，交际广泛，是近代中国很多大事件的亲历者，被称为北京的莫理循。他在北京王府井的住所，是很多外国人到京的第一站，王府井大街也因此被称为莫理循大街。在华期间，莫理循在其住所建立了私人图书馆——莫理循文库。1917年，莫理循将其文库以35000英镑售与日本"第一财阀"、三菱的第四代掌门人岩崎小弥太，包括书籍两万四千余册、地图和照片一千余张，其中有《永乐大典》三本。

1924年，岩崎小弥太以莫理循文库为基础建立了东洋文库，总计收藏有《永乐大典》34本。在莫理循死后，其遗孀还卖给岩崎五六本《永乐大典》。在1930年代，东洋文库曾知会中国各地书店：如有卖《永乐大典》者，请最先通知。通过这种方式，东洋文库得到了更多的《永乐大典》。1948年，东洋文库成为日本国立国会图书馆的分馆。

岩崎小弥太的父亲岩崎弥之助，是三菱的第二代掌门人，他从明治二十五年（1892年）前后开始搜集中国和日本的古籍。1907年，岩崎弥之助以12万大洋购得清末藏书家陆心源皕宋楼、十万卷楼藏书4146部43218册。售卖陆家藏书的，是陆心源之子陆树藩，其售书的背景是在八国联军侵犯时，他为了营救滞留于途和困于京津的南方籍官商和平民，导致亏欠巨款约10万金，紧接着陆家经营的缫丝厂受外来资本冲击破产，又欠了一大笔债务。

以陆氏藏书为基础，岩崎小弥太于1924年建立静嘉堂文库。1948—1970年间，静嘉堂文库是日本国立国会图书馆的分馆，后改为独立机构，收藏有《永乐大典》七本（或九本），其中四本是昭和三年（1928年）花费1300日元从私人手中购买。

在清军火烧翰林院时，使馆区的统领、英国公使窦纳乐通过专线给清廷总理衙门发出急电，告知他们曾试图抢救图书馆（翰林院），要求清政府收拾残剩书稿，并在后来交还部分典籍。

与之相对应的，如金梁《光宣小记》记述："永乐大典藏翰林院内，自庚子后经外务部向各国联军索回者，不足二百本，分装二箱。光（绪）、宣（统）之际，章一山（章梫）同年曾见有乾隆年御题者。后连图书移购习所，遂多散失。陆文端公（陆润庠）时为掌院，令清秘堂追查，始缴上六十余本，今存图书馆。"

另外，还有个别官员私藏了数本《永乐大典》。据胡怀琛《清季野史》载，"庚子间，《四库》藏书残佚过半，都人传言，英、法、德、日四国运去者不少。又言洋兵入城时，曾取该书厚二寸许、长尺许者以代砖，支垫军用器物。武进刘葆真太史拾得数册，视之皆《永乐大典》也"。

《清季野史》所说的"《四库》藏书"，即清乾隆时从各地搜集的古籍，以此为底本编修的《四库全书》。众所周知，《四库全书》在编修时对原书进行了大量篡改，底本因而尤显重要。除了刘葆真拾得数册《永乐大典》，翰林院编修吴怀清与同僚瓜分了英国使馆送还的《永乐大典》若干册。吴怀清是陕西山阳县董家沟人，字莲溪，光绪十六年（1890年）进士。后来他总共搜罗、私藏了百余册《永乐大典》，在宣统年间均高价转售给海内外藏书家。此事伦明在《辛亥以来藏书纪事诗》中记述道："山阳吴莲溪给谏怀清，为余言庚子国难，洋兵入城，有英兵入翰林院，大掠器物外，《永乐大典》若干册在焉。事为主将所闻，勒令送还，英兵索收据，而掌院已逃。守门役乃邀集诸翰林留京者商处置，既发遣英兵去，众议瓜分《大典》，人得若干册。事后未有究者，而《大典》亦无售处。嗣莲溪于同事家，又收得若干，共百余册。宣统间，值骤贵，莲溪因以致富。夏屋渠渠，而书亦垂尽矣。"

1900年美国传教士约瑟夫·怀定获得一本《永乐大典》，后带回美国，曾一度出借给欧柏林学院。这本《永乐大典》包括两卷：卷10270《教世子》及卷10271《文王世子篇》，主要讲述了皇室家族应当怎样教育皇子，其中大量引用了《礼记》等12部文献，包括4部现已完全失传的文献。1968年约瑟夫·怀定去世，他女儿将这本《永乐大典》赠与美国加州圣马力诺亨廷顿图书馆。

风云跌宕，历史更迭，《永乐大典》原书不存于世，现存明代嘉靖抄本400余册、800余卷，还散落在30多家机构和私人收藏者手中，仅为原书数量的4%，真是寥若晨星，异常珍贵。

中国国家图书馆通过海外送还、政府拨交、藏家捐赠、员工访求等途径入藏222册《永乐大典》，包括1951年苏联列宁格勒大学赠还中国政府的11本，1954年苏联国立列宁图书馆赠还原藏日本满铁图书馆的《永乐大典》52册；1955年苏联科学院通过中国科学院图书馆移赠1本、德国莱比锡大学图书馆赠还3本；1964年周恩来总理批出巨款80万元，收购香港藏书家陈清华所藏22部精本，有四本《永乐大典》，其藏书印有"陈印清华""郇斋""祁阳陈澄中藏书记""陈澄中收藏印"等印记。

2020年7月7日晚，两册《永乐大典》在巴黎博桑-勒费福尔拍卖行上拍，分别为"六模"韵"湖"字部一册（卷2268/2269）；"十八阳"韵"丧"字部一册（卷7391/7392），以破纪录的超800万欧元（人民币6400万元）成交，被中国收藏家拍得。

据了解，中国国家图书馆收藏"湖"字部七册13卷，"丧"字部四册16卷。"湖"字部独缺此次拍卖的这一册。如这二册《永乐大典》回归，能实现"湖"字部完璧、"丧"字部补缺，堪称奇迹之大观。

1900年8月14日，八国联军在京津一线混战后乱打乱攻，侵入北京。次日晨，慈禧、光绪帝及皇室由德胜门离京，逃往西安，美其名曰"西狩"。其狼狈不堪的情状，堪比40年前咸丰帝在英法联军兵临城下时"北狩"逃往避暑山庄那一次。只是这一次，八国联军在北京的祸害远甚于当年的英法联军。

八国联军攻入北京城后，解除了义和团对使馆区和北堂（西什库教堂）的围攻，他们名义上出兵的目的已经达到。但联军并不善罢甘休，他们在北京划分占领区，实行军事管理，大肆烧杀掠夺。

法国传教士樊国梁是北京天主教北堂主教，曾与义和团作战。八国联军占领北京后，他牵头发"布告"，容许天主教徒抢夺生活必需品，规定抢夺不满50银两的，不用上缴；超过50银两的，应负责偿还，或交教堂处理。法国报刊曾刊登回国士兵的陈述："从北堂我们开向皇宫，教士们跟着我们去……他们怂恿我们屠杀、抢劫……我们抢掠都是替教士干的。我们奉命在城中为所欲为三天，爱杀就杀，爱拿就拿，实际抢了八天。教士们做向导，我们进一家就随便拿东西，抓店掌柜当仆役，把抢来的东西背着运到北堂去……"

2. 颐和园二度遭劫

1900年8月17日晚，日军骑兵第五联队占领了颐和园，在锁闭宫门、悬挂旗帜后于次日撤出。随后俄军进驻，进行了有组织的抢劫。8月下旬，俄军撤出颐和园——俄军自8月31日起撤出北京城，因为沙俄的重点是侵略中国东北。随即英军接管颐和园，一片散乱。

1860年10月，英军也曾进入颐和园抢劫、纵火。当时，颐和园叫清漪园。当时，英法联军劫掠、烧毁的，不止圆明园，而是三山五园，即北京西北郊清朝康乾时代陆续修建的皇家行宫苑囿：香山、万寿山、玉泉山，依三山而建的静宜园、清漪园、静明园以及相邻的畅春园和圆明园。暴源清《卜竹斋文集》记："（咸丰十年）九月初（1860年10月），夷人焚五园三山，圆明园内外胜景，悉成微烬矣。"

清漪园最初为乾隆帝为生母崇德皇太后六十大寿而建，在乾隆二十九年（1764年）建成，以昆明湖、万寿山为基址，以杭州西湖为蓝本，仿建江南园林山水。清朝道光年后，清漪园逐渐荒废。

清廷内务府有《陈设清册》对清漪园陈设归档管理，咸丰五年（1855年）时实有陈设三万七千五百八十三件。咸丰十年（1860年）英法联军劫掠后，清册载清漪园各处陈设物品只剩有五百三十件，而且多残破不整，而且园内多处建筑被烧毁。例如，万寿山自山底依山而建的大报恩延寿寺，仅有智慧海（无量殿）是砖石结构无梁建筑而免于火，其余皆毁（图3-2，彩图9）。

图3-2 菩萨头像
清代，18世纪中期。琉璃，29.50cm×8cm×15cm，出自北京万寿山大报恩延寿寺（1860年被英法联军烧毁），奥古斯塔斯·沃拉斯顿·弗兰克斯爵士捐赠给大英博物馆

清漪园在光绪十四年（1888年）改称颐和园。因为清漪之名，暗含清朝波动之意，不妥。颐者，养也，颐和之名取义颐养冲和，修身养性，内外兼修，和合诸夷，平和安乐，大吉。这一年是鼠年，而慈禧属羊，所谓鼠羊一旦休，这并不是好兆头。光绪帝即将18岁，按照慈禧划定的时间表，这是光绪帝亲政的年纪，虽说亲政从来只是名义上的。次年正月（1889年2月）光绪大婚，皇后是慈禧的内侄女，年长光绪帝三岁，即后来终结清朝的隆裕太后，但她并不得宠。慈禧没有打破幼帝一经大婚便要亲理朝政的祖宗之法，于二月初三归政，搬出紫禁城到颐和园去"颐养天年"。

甲午战争中清军完败于日本，北洋水师覆灭，被归咎于慈禧挪用海军经费重修颐和园。有人讽刺说：昆明湖可以操练水师——最初乾隆帝以汉武帝挖昆明池操练水军的典故，将清漪园湖面定名为昆明湖。梁启超为了反慈禧，硬说修园挪用了3000万两白银。其实不然。

据考证，挪用军费应在500万至600万两白银之间；另一说法是，一共挪用了7年，每年30万两，占全部修复费用的1/3以上。光绪十一年（1885年）九月，清廷开始设置海军衙门，任命奕譞为总理，节制各地水师。据说奕譞曾以海军军费为由向沿江、沿海省份的总督、巡抚筹集白银260万两，一部分用于修建清漪园（颐和园），剩下的建设铁路。与之对应的说法是，慈禧从私房钱里拿出了300万两贴补海军。

光绪二十一年（1895年），慈禧六十大寿，颐和园重修工程宣告完工。这一年，清政府与日本签订《马关条约》，割地赔款、开放口岸。接踵而来的是，列强各国援引对清朝既往不平等条约中"利益均沾"的原则，依照《马关条约》肆意妄为，有恃无恐，这直接导致了中外矛盾在1900年升级为八国联军的侵华战争。这是中国文物大规模流失的主因。

宝云阁铜门窗

颐和园万寿山佛香阁西侧有宝云阁，又称铜殿，通高7.55米，重207吨，是中国尚存的工艺最精致、体量最大的古代铜铸建筑，建于乾隆二十年（1755年），匾额用汉、满、蒙、藏四种文字书写。

宝云阁仿中国传统木构，通体使用高丽国王进献的上好铜材，当时造价折银

65000余两，几乎是乾隆朝国库储备银的千分之一。阁内东、西坎墙上刻有监造官员和工匠姓名，其中有拔蜡匠、铸匠、凿匠、镟匠、锉匠、木匠40人，由此可知宝云阁各部件使用中国传统失蜡法（熔模法）铸造。铸成的部件为榫接构造，精工细作，严丝合缝，装卸两便，较之木构更为细密、壮观，远看宛若仙山琼阁，斗拱翘檐风姿俊秀，韵致玲珑，仪态万方，即所谓金阙是也。宝云阁建成后，逢初一、十五日，喇嘛在此念经为帝后祈福求寿（图3-3）。

图3-3 宝云阁
约翰·汤姆森摄于1874年

然风雨沧桑，世道多舛，宝云阁曾屡遭劫难，阁上铜门窗更是经历了失而复得的悲喜剧。

1860年，英法联军劫焚三山五园，宝云阁首遭劫难。因宝云阁是铜铸而逃过火劫，但阁内供奉的佛像、七层雕漆佛塔和掐丝珐琅供器等陈设全被掠去，仅剩一张铜桌。此铜桌于1945年被日军盗运到天津，抗战胜利后才运返颐和园。

1900年颐和园再遭兵灾，宝云阁上门窗在此之后忽然失踪。铜窗每扇重约二百来斤，门窗总重量超过一吨，如此体量，运走并非易事。这些门窗又是如何流失海外，几十年间音讯全无的呢？至今也无人说得清。因缺门少窗，宝云阁远看如亭，俗称"铜亭子"（图3-4）。

无独有偶。遭遇类似的，还有泰山"铜亭子"。此铜亭造于明代万历四十三年（1615年），原在泰山岱顶碧霞祠内，清代初年移于山下泰安城内西南灵应宫（碧霞元君下庙），1972年移入岱庙。此"铜亭子"原本是阁式造型，门窗被日本侵略者抢走，乍看也会误以为是亭。可谓两处金阙，同样悲伤，伏笔皆是虔诚心愿背后的一段凄凉。

1975年，从法国传来宝云阁门窗的消息。巴黎某古玩店致函故宫博物院，称有颐和园铜窗出售。若此事属实，在当时状况下也难以促成。事情真正出现转机，是在1983年冬，法国驻中国大使夫人，受一个朋友之托去颐和园测量了宝云阁门框、窗框尺寸。经与她这位朋友收藏的铜门窗比对，规格尺寸与实测数据完全吻合。之后不久，巴黎的这位收藏者通过中间人传来消息，说铜门窗是花巨资购得，希望中国有关部门能把它们买回去。好事多磨，这一等又是十年。

1992年，美国人鲍威廉在新加坡听说了宝云阁铜门窗的事，遂动员格林伯格出资购买。格林伯格当时是美国国际集团（AIG）的董事长，他以斯塔基金会名义出资51.5万美元购得宝云阁铜门窗，并决定无偿捐回颐和园。

图3-4　宝云阁（门窗已失）
唐纳德·曼尼摄于1910年代，《北京美观》1920年上海出版

1993年7月2日，在法国巴黎巴雷尔艺廊，中国驻法国使馆文化参赞张文民接收了宝云阁铜门窗。1993年12月2日，捐赠仪式在颐和园举行。铜门窗完璧归回原位，宝云阁终又恢复原貌。

女史箴图

庚子国难中，自颐和园流失的文物难以统计，不过名气最大者，莫过于《女史箴图》，它是现存最早的绢本绘画。

《女史箴图》是《女史箴》的图解，宣讲道德伦常。据《晋书·张华传》记载，晋惠帝司马衷昏弱，皇后贾南风暴虐、擅权，委任张华总摄朝政。张华尽忠匡辅，海内晏然，他担心皇后一族势大酿祸，于是在元康二年（292年）"作《女史箴》以为讽"。讽，是劝诫之意，以贤淑女史为范例，谏言女子尚德守贞、规矩人伦。后来，顾恺之根据《女史箴》作长卷，绘成与箴言相对应的场景来作形象诠释。

后世称此长卷为《女史箴图》，画风动静相宜、神态自然、细密洒脱、姿容富丽、色泽鲜艳、神气完足（图3-5，彩图10）。

《女史箴图》之上钤印众多，可以据此来追溯历代收藏者。就年代而言，最早的鉴藏印是唐代弘文馆"弘文之印"（存疑），然后是"睿思东阁"印。睿思宫是宋神宗的宫殿，收藏有王羲之兰亭集序石刻。之后，根据米芾的记录，同时期的太监刘有方曾收藏过此图。很快，经米芾之手，此图成为宋徽宗赵佶的收藏品，钤盖"政""宣""御书"印，《宣和画谱》著录此图，这在此图的收藏史上是非常重要的一个节点。

《女史箴图》卷后有一段瘦金体书写的《女史箴》，虽然瘦金体是赵佶所创，但这段文字是极其崇拜赵佶的金章宗完颜璟所书，而且应该是在明代晚期才跟画心装裱在一起的，包括他的钤印。《女史箴图》并未在金人占领汴梁后被掠去，但其下落一度成谜，直到被南宋晚期权臣贾似道收藏。

宋亡后，王恽整理南宋宫廷收藏，没有提及《女史箴图》，但从图上一个八思巴文"阿里"鉴藏章可知，此图在元代是一个蒙古官员的收藏品。

《女史箴图》在明朝中期由王鏊、严嵩相继收藏。严嵩被查办后，此图在抄家时没收，但旋即流入私人手中，经何良俊、顾从义后，被项元汴收藏。项元汴在《女史箴图》上盖了50个印章，并题跋："宋秘府所藏，晋顾恺之小楷书女史箴图神品真迹，明墨林山人项元汴家藏秘珍"。

明末清初，《女史箴图》经董其昌、张丑、张孝思、笪重光、梁清标、安岐递藏后，在乾隆时纳入内府。最晚在此时，《女史箴图》已经有缺损，画上题写的《女史箴》文字缺少了四段，对应的画面缺少了三个场景，只剩下九个场景。

乾隆帝在香山静宜园来青轩首次见到《女史箴图》，欣赏之余画了一枝兰花，并题"长夏几余，偶阅顾恺之女史图，因写幽兰一枝，取其窈窕相同之意云尔。来青轩御识"。

在清宫，《女史箴图》先是存放在御书房，乾隆十一年（1746年），乾隆帝把《女史箴图》和宋代李公麟绘《潇湘卧游图》《蜀川胜概图》《九歌图》并称四美，专门存放在紫禁城建福宫静怡轩，并作文曰："晋顾恺之善丹青，自言传神正在阿堵间，是知非深入三昧者不能到。此卷女史箴图流传千数百余年而神采焕发，意态欲生，非后人窥测所可涯涘。董香光跋李伯时潇湘图云，

图 3-5 女史箴图（片段）

东晋，公元 5 世纪，顾恺之绘。绢本设色，手卷，纵 24.37cm，横 343.75cm，清宫旧藏。1903 年入藏大英博物馆

顾中舍所藏名卷有四,以此为第一,信哉。是图向贮御书房,继得李画蜀江、九歌、潇湘诸卷,适符董跋中名卷之数,为移置建福宫之静怡轩,颜曰四美具,以志秘赏。千古法宝,不期而会,正复不可思议,率记数言,亦为是卷庆剑合也。乾隆丙寅夏至前五日,静怡轩御笔。"

移置静怡轩后,乾隆帝命人重新装裱《女史箴图》,御题:"顾恺之画女史箴并书真迹 内府珍玩神品""彤管芳"——彤管者,古时女史记事用笔也,笔杆漆朱。另外,拖尾有乾隆帝绘兰花、跋文,不知为何还接了一张太常寺少卿邹一桂绘绢本水墨《松竹石泉图》。乾隆帝前后在《女史箴图》上共盖了37个戳子。

光绪十五年(1889年),慈禧移驾颐和园,带去《女史箴图》。1900年8月,英军第一孟加拉骑兵团进驻颐和园,上尉克劳伦斯·K.约翰逊得到了《女史箴图》。不过,他并不知道那究竟是何物。据称此图是一位贵妇赠送,感谢他出手相助。这个说法经不起推敲。

1903年,大英博物馆花费25英镑(当时约合150两白银,约合现今3000英镑),从约翰逊手中买下《女史箴图》。当时,约翰逊把《女史箴图》拿到大英博物馆,给画轴上的玉扣估价,绘画部管理员西德尼·科尔文和助手劳伦斯·比尼恩鉴定后认为画的价值更高,遂买下。

为避免长卷褶皱和断裂,在1914至1918年间,大英博物馆修画师斯坦利·李特约翰将《女史箴图》分成三个独立的部分:原画、历代题跋、邹一桂画作,分别装裱在镶板上,但始终没有找到理想的保护和展示中国古画的方式。因而在此后一百年间,《女史箴图》极少展出,而且开裂和掉粉情况日渐严重。从2013年开始,来自上海博物馆、自1987年即在大英博物馆工作的邱锦仙对《女史箴图》进行了修复。2016年2月,"新颜旧貌"的《女史箴图》被平放在特制的展柜中展出,此后每年限定展出六个星期。

1900年冬,狄葆贤由日本经朝鲜、辽沈到北京,看到八国联军在北京大肆杀伐掳掠后的景象,写有《平等阁笔记》,他叙述道:

颐和园内各处,皆一空如洗。佛香阁下排云殿内什锦橱数十座,高接栋宇,均存空格,可想见当时。其中陈列之品,盖不知凡几。各国游客,皆争取一二物,谓留为纪念品,遂至壁间所糊之字画,窗间雕刻之花板,亦瓜剖豆解矣!惟余后（慈禧）常临幸之一院，为某国统兵者所居，游人不得入内，其中陈设，尚留存未携去也。前明所遗之重器宝物，本全储大内，高宗时常幸三海，乃择所喜之各物移列三海各处。凡本朝所收聚之物，大都在是。其中美术、书画、碑册、金石不可以数计。颐和园中，则碧犀、宝石、翡翠、珠宝等件居多。近数十年，各督抚臣工，搜剔民间宝物，悉入此中矣。圆明之劫，继以颐和，是何异欤！全国之精粹，聚而歼之，较之杀人盈野者，其惨益剧，其痛弥久矣。

又有东风拂耳过，任他飞絮自蹉跎。

3. 三海子备忘录

1900年8月7日，德皇威廉二世任命瓦德西为德国赴中国远征军总司令。威廉二世是英国维多利亚女王的长外孙，与欧洲多国皇室和贵族有亲缘关系，比如他的二舅妈是沙皇尼古拉二世的小姑。威廉二世首先与尼古拉二世达成一致，后与侵华各国斡旋，瓦德西遂成为侵华联军的总司令，同时威廉二世还下令德国海军也归瓦德西指挥。此时，联军已经攻占北京，德国方面只有不到三百名水兵侵入京城，而瓦德西尚远在德国。

瓦德西于1900年10月17日抵达北京，这时联军在京城内的烧杀掳掠已渐渐平息。作为联军总司令，瓦德西对此前联军的"战果"进行了调查。据《陆军元帅瓦德西回忆录》，亦有译本译作《瓦德西拳乱笔记》所记：

联军占领北京之后曾特许军队公开抢劫三日——8月16日至18日，德国军队则系8月18日及21日始到北京，瓦德西当时尚在德国，甚至尚未落实联军总司令一职——其后更继以私人抢劫。北京居民所受之物质损失甚大，但其详细属目，亦复不易调查。

在英国方面，关于此类行为，却曾采用一种特别方式，即所抢之物均须缴出，一起堆在使馆大屋之内，加以正式拍卖。如是者累日。由此所得之款，按照官级高低加以分派，其性质略如战时掠获金。因此之故，无一英人对于抢劫之事视为非法行动。而且英国军官曾为瓦德西言曰：印度军队——英军士兵几乎全系印度人——对于战胜之后而不继以抢劫一事，实绝对不能了解。所有此地各国军队无不一致公推印度士兵最善于寻出各处密藏之金银宝物。

在日本方面，则对于掠夺之物照例归于国家。由此所得之款，其数至为不少。据日本某将军之报告，只天津一处抢劫所得者，即有二百万两之多。

至于美国方面，对于抢劫之事，本来禁止。但美国军队颇具精明巧识，能破此种禁令为其所欲。

俄国军队抢劫之方法，似乎颇称粗野，而且同时尽将各物毫无计划地打成粉碎。

此外，法国军队对于各国军队之抢劫行为，亦复绝对不曾落居人后。

所有中国此次所受毁损及抢劫之损失，其详数将永远不能查出，但为数必极重大无疑。

紫禁城虽被列入"保护区"，但也不可避免有"观光者"进入，顺手牵羊者不在少数。狄葆贤《平等阁笔记》记：

庚子之役,京师千百年所聚,尽为外人所得。大内为日兵所守,其中列代重器,尚得无恙,其小件易携之物,各国人之入内游览者,往往窃之出,计所失过半矣。

三海子为各国分据，北海子仙人掌下之北圆廊一带，为法兵据守；其东北各处则为英据；中海子玉虹桥西南一带，如紫光阁等处，皆为德据，仪鸾殿为日据。三海物荡然无存矣！

三海子即紫禁城西面的北海、中海、南海，统称西苑，建筑有仪鸾殿、紫光阁、瀛台等。光绪十一年（1885年）九月，慈禧命人修缮西苑三海，在中海西岸建殿作为她"撤帘归政"后的颐养之所。施工时该殿称为两卷殿——殿顶为两搭式卷棚，接近完工时改称仪鸾殿，光绪十四年（1888年）六月初八挂匾额。此时颐和园的重建也接近完工。慈禧计划夏季住颐和园，冬季居仪鸾殿。可能是这个缘故，洋人一般把颐和园称为夏宫，把西苑称为冬宫，圆明园则成了旧夏宫。

早年乾隆帝常游幸西苑，很多明朝遗留的宝物和清代皇家收藏被分置于此，另外以慈禧的性情做派，西苑尤其是仪鸾殿内的陈设想必极尽豪华。据记载，仪鸾殿内有铜器、玉器、瓷器、琉璃器、漆器等近千件，还有各式珠宝和珍玩，很多来自大臣的进贡，如袁世凯曾献给慈禧一件"四季花镜"，上面镶有墨玉、蓝宝石和54颗珍珠，可能取意54颗佛珠代表菩萨修行的五十四阶位。

瓦德西的司令部就设在仪鸾殿。俄军在进入北京后首先占据这里。从8月31日起，俄军陆续撤离北京，日军随即将这里接管。瓦德西在进驻仪鸾殿之前，那里一片狼藉，显见遭受了掠夺和破坏，这主要应归咎于俄军，不过在这里依然清理出很多有价值的东西，瓦德西亲见的摆钟就有几十个。

1901年4月17日夜，距瓦德西到北京正好六个月，仪鸾殿及其配殿被火烧毁，起因是食堂着火。有观点认为这场火灾是为了毁灭掠夺证据，食堂的中国仆役成了替罪羊。狄葆贤《平等阁笔记》记录："辛丑夏六月，某帅请于日人，借此殿避暑，日人难于却之，其月即被焚。当时杀华人之为仆役者多人，谓其盗物纵火。据日人告余云，其中重物，早为人移去。移物者纵火灭迹。然则被杀之华人，可谓冤矣！"

这里的"此殿"就是仪鸾殿，没有指明某帅是何人，是为了避嫌，实际就是瓦德西。狄葆贤还有意把火灾时间写在夏六月，当时瓦德西已离开北京——他于1901年6月3日离开北京去天津，次日经大沽口离开中国前往日本。

瓦德西的日记显示，焚毁仪鸾殿是早有预谋，只是其动机匪夷所思。瓦德西在1900年11月12日曾记："只有余之驻所，尚藏许多实物，一切犹系无恙。倘若我们一日撤出，则势将落于中国之手，最后当然加以焚毁。1860年之夏宫（圆明园）其情形正复如此。所有当时英法军队之未曾携去损毁者，一自彼等撤出之后，旋被本地居民焚毁。"

瓦德西之所以这样认为，原因可能在于英法联军回国后散布谣言，称当地居民在英法联军撤出圆明园后进园抢劫，并纵火毁灭证据。显然，这是种行凶灭迹后甩锅的做法，也被八国联军效仿。

烧毁作为政权象征的仪鸾殿，或许有着更深层面的指向和诉求：当时各国正就签署"和约"与清廷谈判，核心是各国提出的要求清廷赔款的数目。借口失火导致仪鸾殿焚毁是个不能过分指责的意外，但这种意外视清廷的态度也将可能发生在别的地方，比如紫禁城或颐和园。这与1860年英法联军火烧圆明园、在安定门城墙上架起大炮对向城里来要挟清廷签署不平等条约，并无本质的区别。

仪鸾殿附近的紫光阁，也曾被德军占据。狄葆贤《平等阁笔记》描述道："紫光阁内，书籍狼藉遍地，壁间尚张挂左文襄（左宗棠）平回、李文忠（李鸿章）平捻等图。至楼上之列代功臣像则不知尚存否。因梯已毁，无从登视。"

紫光阁曾是清朝皇帝殿试武进士和检阅侍卫大臣较射之所，内有乾隆帝为嘉奖功臣所绘图像。据考证，二楼的绢本功臣像为"平定西域准、回部"前后功臣各五十（图3-6，彩图11）、"平定大、小金川"前后功臣各五十、"平定台湾"五十功臣、"平定廓尔喀"三十功臣，总计二百八十幅，由宫廷画师金廷标、传教士艾启蒙、潘廷章等绘制。目前可知存世不到30幅，散入世界各地博物馆及私人收藏。例如天津历史博物馆藏二幅；加拿大多伦多安大略皇家

图3-6　平定西域紫光阁次五十功臣像赞
头等侍卫固勇巴图鲁伊萨穆诗堂字："头等侍卫固勇巴图鲁伊萨穆，援兵虽来，画堠相望。执骑而呼，为告无恙。维尼图鲁，偕往趣师。其冲贼队，如分水犀。乾隆御览之宝印，乾隆庚辰春（1760年）。臣刘统勋、臣刘纶、臣于敏中奉敕恭赞。"绢本设色，立轴，纵151.5cm，横95cm。原在北京中南海紫光阁。1902年某德国军士在北京购买，其后代继承，收藏于德国海德堡。2007年10月9日，香港苏富比拍卖，拍品号1314，成交价12647500港币（含买家佣金）

博物馆藏二幅；德国柏林东亚艺术博物馆藏三幅；德国汉堡民族学博物馆藏二幅；德国科隆东亚艺术博物馆藏一幅；美国纽约大都会博物馆藏一幅；捷克兹布拉斯拉夫城堡博物馆藏一幅；美国黄蕙英藏四幅；香港私人藏二幅等等，近年也有散见于拍卖会者。

瀛台为南海中之一岛，明代时称"南台"。清顺治十二年（1655年）在岛上修筑殿阁，取"人间仙境"之意改称瀛台。乾隆帝作皇子时曾在此读书。乾隆六年（1741年），瀛台主体建筑香扆殿改称涵元殿，殿外大门称涵元门。据狄葆贤《平等阁笔记》记载，"瀛台在南海子东南角，池水环绕，堤边有大柳数株，有平桥可通。时驻守之某国兵撤移他所，偕日友得入内拜观。正屋两进有楼，四面环廊房围抱，满地皆西兵残毁之迹。欲认德宗燕寝之屋（戊戌政变后光绪帝被囚禁于此），无从知之，惟见纸壁间有'万念俱寂，惟闻鸟声'八字。此时西兵移出未久，相非游人所书也"。

2005年11月8日，"涵元门"匾额（图3-7）在伦敦佳士得上拍。拍卖资料显示：该"涵元门"匾额原本悬于涵元门上，由汉、满两种文字书写，乾隆六年（1741年）御笔题写。1901年，联军总司令瓦德西从涵元殿取下该匾额，并将它运往欧洲。对此，笔者坚决反对拍卖"涵元门"匾额，因为它是在战争中被掠夺的不可移动文物。拍卖当天，媒体报道了笔者的观点：中国流失海外的文物，国家可以讨还，包括战争中被抢掠的文物，以及不可移动文物，如雕刻、壁画、建筑构件等。由于在抢掠、盗凿过程中，文物

图3-7 涵元门匾额
乾隆御笔篆书款，金漆铸铜。高132cm，宽127cm。侵华联军总司令瓦德西旧藏

造成了破坏，并脱离了原有的环境，最终导致了文物所代表的特有的历史延续性和文化艺术完整性遭受不可挽回的损害。此次英国的拍卖会中，应该有部分是属于外销瓷器，也有部分是从国内卖出去的文物。但拍品中的中南海牌匾，一旦属于真品，则属于建筑构件，是不可移动文物，应该要求当地政府归还。

佳士得公共关系办公室伦敦区负责人在接受采访时表示，"涵元门"匾额的背面有四个环，可以从建筑物上取下来。她认为这不属于严格意义上的不可移动文物，她强调说，这块匾"从中国出口是非常正当的"。这简直是无理狡辩。最终，"涵元门"匾额流拍。另外，2006年7月12日伦敦苏富比拍卖一对"大清乾隆年制"篆书款青花折枝花果纹六方瓶，注明是瓦德西旧藏，成交价702400英镑。

日军司令部设在北海北岸的万佛楼。乾隆三十五年（1770年），为庆祝孝圣宪皇后八十寿辰而建万佛楼，楼面七间，楼高三层，楼前左面树宝幡，右面立石幢，幢北面镌刻乾隆"御制庚寅万佛楼瞻礼诗"，当时他六十岁。诗云："六旬庆诞沐慈恩，发帑范成两足尊。数计万因资众举，层看三此建楼骞。香花卜日瞻礼始，福德被民愿力存。设日遐龄祈寿算，胼诚还以祝徽萱。"

万佛楼内壁上密布佛龛，每龛内有鎏金佛像一尊，为王公大臣百官献寿供奉。据说大者重588.8两，小者重58两，号称万尊，故名"万佛楼"。底层楼联曰："十住引千光，佛力不可思议；一成该万有，我闻如是吉祥"。

据民国十九年（1930年）京城印书局印行适园主人《三海见闻志》记载：

前万佛楼佛座尚在，佛则于庚子年遗失。守者云，日本军运回本国，无一余者。今楼下之大佛，只余佛首卧在地上，不知由何处迁来，非本来面目也。

适园主人张石铭是清末民初藏书家，西泠印社发起人。张家乃浙江湖州南浔巨富，张石铭有个堂弟，正是国民党元老张静江，清末在法国巴黎开办通运公司，经营古玩。公司里有个伙计叫卢芹斋，后来成为走私贩卖中国文物的大鳄。

万佛楼东有阐福寺，为喇嘛庙，建成于乾隆十一年（1746年），内有《乾隆御制阐福寺碑》，文曰："宝坊杰竖，香刹双标，用如幻金刚三昧造大法像，高丈者三倍之而赢，具慈愍性，有大神威，构层檐以覆之。珠网璇题，金碧照耀，冠于禁城诸刹。上为慈圣祝釐，下为海宇苍生祈佑。"

碑文所述大佛殿内大法像，如《三海见闻志》载："相传该佛有千手千眼，其高大于旃檀佛相同，人立升机上，高于佛肩齐，其佛已毁。"

据说大法像佛身所饰珍宝，在庚子年时被盗抢一空。1919年，由袁世凯卫队改编的消防队在大佛殿内做饭时引起火灾，将阐福寺烧毁。

1901年9月7日，清政府与列强签署了《十一国与中国关于解决1900年动乱的最终协定》，即《辛丑条约》。这是根据慈禧"量中华之物力，结与国之欢心"的原则与各国达成的一致，丧权辱国换来一时安定，以便重拾旧日虚荣。

1902年1月8日，"西狩"已久的慈禧回到阔别近17个月的北京。她首先在仪鸾殿旧址新建西式洋楼，于光绪三十年（1904年）十月竣工，慈禧为之定名"海晏堂"，堂前依旧如圆明园西洋楼海晏堂一般设水池和十二生肖兽首人身像。此楼用于接待、宴请外国公使夫人，以示与列强自始至终并无敌意。辛亥革命后，备受慈禧提携的袁世凯成为民国首任大总统，他以海晏堂为办公会客之所，更名居仁堂。时光流逝，居仁堂渐成危房，在1964年被拆除。

在修建海晏堂的同时，慈禧还在海晏堂西北重修仪鸾殿，于光绪三十年（1904年）十月二十六日再次移驾于此，恰逢她七十寿辰。辛亥革命后，此新建仪鸾殿被袁世凯改名为怀仁堂，在此接见外宾，接受元旦朝贺。怀仁堂至今犹存，见证了近现代众多大事件的发生。

4. 古观象台之劫

北京建国门桥西南角有古观象台，是明清时代的国家天文台。八国联军占领北京后，天文台被划入德界，法国使馆和法军师长先后向联军总司令瓦德西提出要求，将天文台上的几件仪器运往法国。瓦德西最终决定，天文台上的十件仪器由德法两国均分。1900年12月4日，瓦德西专门写了一个报告，详细记述此事：

当余到京不久，即已使余目光注及中国国家天文台。因法国使馆人员曾访余之参谋长，并请其代为禀余，允准该使馆将天文台之几种仪器，运往法国。此项体积甚大、古铜所制之仪器——天球之直径为两米，以及四分仪、六分仪等等——系第17世纪末叶，康熙在位时，由比利时牧师韦尔比斯特（中文名南怀仁）所制设。

此项仪器立在东面城墙之上，露天之下，已有二百余年。在科学上固已无甚价值，而在美术上则具有极大价值。因承载此项仪器之伟壮龙架，其雕刻工夫极为完美，故也。又，法国方面谓该项仪器之一部分，系在法国制成；或者系由路易十四赠送中国。如果此说不虚，则亦只限于该项仪器中之某一种，其形式及制法显与其他各种不同者。

对于法国使馆此种请求尚未回答以前，在十一月初间，法国师长沃顿将军又复递来一函，要求允许其运去此项天文台仪器。余对此事之定夺，系以下列数点为前提。第一，此种仪器确是中国国有之物。其次，此种仪器存在德军所占市区之内，依照此间通行习惯，应作德军战时捕获品看待。最后，预料将来德军提出战事赔款数目之时，其势恐难全部得偿，因此该项仪器至少可以当作赔款之一小部分代价看待。

由上述种种原因之故，余遂以为如果运取此项仪器之举成为事实，则德军当首先有此权利。但余在他方面又以为对于法国方面之希望，只要可以实行者，亦不妨让步承认。因此，余遂决定该项仪器一部分归于德国，一部分归于法国。

至于分配之事，系由余之参谋长与法国军官马钱德中尉会商而行。对于法国方面，首将其中一件，或者来自法国、毫无美术价值之仪器归之。但该中尉对于此件却自愿放弃不要，而在德国方面则亦早已允将该件留置北京，绝不携去。此外天球仪一件，系为德国方面保有，其余仪器八件之分配，则对于法国方面希望多所迁就。

对于瓜分天文仪器之事，美国将军查飞提出了抗议，瓦德西置之不理。庆亲王奕劻听说此事，派荫昌向瓦德西请求撤销搬走仪器之议。荫昌曾留学德国，与当时的皇太子威廉二世是同班同学，颇有些私交。瓦德西依然置之不理。

天文关乎历法，天文台也是主权或政权的象征。上古时代的天文观测，即所谓"仰则观象于天，俯则观法于地，观鸟兽之文与地之宜，近取诸身，远取诸物，于是始作八卦，以通神明之德，以类万物之情"。(《周易·系辞》)即通过观天象来测方位、授时令、定尺度，来决定生产和政治制度，是最高权力的象征。最初的天文观测者被认为可以沟通天地万物，他往往也是最高统治者，比如传说中的伏羲和黄帝。一个国家的官方天文台仪器被掠夺，意味着主权沦丧、国家象征被践踏。这是探讨观象台天文仪器流失和回归更深层面的内涵。

北京古观象台最早可溯源到元代的司天台，其位置在古观象台北侧（现已不存），由当时掌管天文观测和历法推算的太史令王恂和同知太史院事郭守敬设计督建，建成于至元十六年（1279年）。这一年南宋军队与元军在崖山海战，全军覆没，宋朝灭亡，华夏文明的古典时代就此终结。

明朝正统七年（1442年），在元大都城墙东南角楼旧址上修建观星台，新造浑仪和简仪置于台上。浑仪，即以浑天说为理论基础进行设计、制造，中国最早的浑仪始于西汉的落下闳，唐代李淳风设计了更为精密完善的浑天黄道仪。因浑仪结构繁复，不便于观测，郭守敬将浑仪革新简化，创制了简仪，这在当时世界上是一项先进技术。欧洲的同类仪器较郭守敬晚了三百余年，是由丹麦天文学家第谷·布拉赫在16世纪晚期发明的。

当时第谷在德国任宫廷数学家，找了一个年轻的助手叫开普勒。开普勒根据第谷精确严密的星象观测数据，发现了行星运动的三大定律：轨道定律、面积定律和周期定律，使他赢得了"天空立法者"的美名。第谷是望远镜发明之前最后一个伟大的天文学家，1609年意大利人伽利略造出有史以来第一架天文观测望远镜，天文学由此进入望远镜时代。开普勒则对伽利略式望远镜进行了改进，现在的天文望远镜仍在沿用开普勒式。

伽利略曾担任过"基督精神的神学院"罗马学院教师，并在演讲中展示了他的望远镜，备受钦慕。学生中有个德国人叫约翰·亚当·沙尔·冯·贝尔，于1619年作为传教士来到中国，1623年1月来到北京，那时他已经改了一个中文名字——汤若望，字道未，取义《孟子·离娄下》"文王视民如伤，望道而未之见"。道即天文观测之原理，望的本意是观测天象，他的任务是研究中国的语言文字与儒家学说，当然也念念不忘治民之伤的基督理想。

汤若望带来第谷的天文理论，他称誉郭守敬是中国的第谷，他还用中文写了一本介绍伽利略望远镜的书《远镜说》，将欧洲的最新发明介绍给中国。他因此在明代崇祯三年（1630年）由礼部尚书徐光启疏荐进入钦天监，这是朝廷掌管察天象、算节气、定历法的机构。

此前一年，因钦天监推算日食失准，崇祯帝同意由徐光启主持开局修历。徐光启于万历三十一年（1603年）在南京受洗加入天主教，获教名保禄（Paul），次年他中进士，此后他与意大利传教士利玛窦合作翻译了《几何原本》和《测量法义》，也是个天文狂热者。

汤若望利用在钦天监的职务，于崇祯十一年（1638年）奏请御赐"钦褒天学"，并制匾分送各地天主堂悬挂，以谋取天主教在各省的合法地位。这是他的本职工作，天文是其探路的问路石，但没想到最后成了他的主业。

崇祯十七年（1644年）明朝亡国、清军入关，汤若望用西洋新法准确预测了农历八月初一丙辰日食时刻，表达了明亡（天狗食日）的内涵，恰逢当时顺治帝移驾北京，阴阳际会或迷信使然，汤若望得以掌事钦天监。他将崇祯七年（1634年）与徐光启编修的《崇祯历书》删改为《西洋新法历书》晋呈清廷摄政王多尔衮，被定名为《时宪历》颁行天下。清朝改观星台为观象台，汤若望升任钦天监监正，相当于国家天文台台长。

传说顺治帝因患天花而崩，临终议立嗣皇，曾征求汤若望意见。当时朝廷中只有汤若望一人知道天花病因，他遂谏言，一定要找一位得过天花的皇子来继承皇位，于是便有了后来的康熙帝，这也是孝庄皇太后心仪的皇帝人选。可是在康熙年间，汤若望并不得志。

因教徒猛增并引发冲突，康熙三年（1664年）汤若望被弹劾潜谋造反、邪说惑众、历法荒谬，被判凌迟处死，《时宪历》随即被废止。他的助手，传教士南怀仁亦被羁押。南怀仁与汤若望一样在技术上擅长天文、测绘、火炮铸造。顺治十七年（1660年），南怀仁被从西安诏至北京，协助汤若望完成了一件相当困难的事情：把一口重达12万斤的大钟悬挂在钟楼里。钟鼓楼的功能与观象台是协调对应的，根据观象台的测定，鼓楼定时，敲鼓知示钟楼，钟楼敲钟报时全城。

也是机会巧然，康熙四年（1665年）三月初二日，北京地震，余震连绵，狂风骤起，横扫全城，灰尘遮天蔽日，城内房屋倒塌不计其数，城墙也有百处左右塌陷。上至皇帝，下至百姓走卒，皆惊恐万状，争相逃奔。汤若望因此再次逃过一劫，获孝庄太皇太后特旨释放。当时他年事已高，已经瘫痪且说话困难了。

康熙五年七月十五（1666年8月15日），行走在科学和迷信之间的汤若望病死在南堂——他在北京城内建立的第一座大教堂中。康熙八年三月初一（1669年4月1日），南怀仁被授以钦天监监副；初九日（4月9日），礼部再奉旨，"历法天文，概第南怀仁料理"。经他谏言，汤若望被平反。是年十一月十六日，康熙祭文，称颂汤若望"鞠躬尽瘁，臣子之芳踪。恤死报勤，国家之盛典"。次年，复行《时宪历》。

康熙八年至十二年（1669—1673年），南怀仁参考了第谷的设计，将欧洲的机械制造和中国铸造工艺相结合，监造了六件大型天文仪器：赤道经纬仪、黄道经纬仪、地平经仪、象限仪、纪限仪和天体仪，装置在观象台上（图3-8）。明代的浑仪和简仪则被弃置于台下。康熙十七年（1678年），南怀仁编撰完成《康熙永年历法》，将《时宪历》预推到千年之后。

康熙五十二年（1713年），德国传教士纪理安制地平经纬仪，经两年铸造完成后，安放在观象台上开始使用。此仪器将地平经仪和象限仪的功能合二为一，在结构造型上采用欧洲文艺复兴时期法国式装饰艺术，嵌入象限环面的表尺用黄铜制造，刻度使用阿拉伯数字，不用汉字。在这期间，郭守敬所造简仪被熔铜用于新仪器的铸造。

乾隆九年（1744年）十月二十七日，乾隆帝御驾观象台，见台上仪器都是西洋制式，遂令钦天监按中国传统的浑仪制度造一架新仪器，由德国人、传教士戴进贤监制，历时十年完成，乾隆帝命名为"玑衡抚辰仪"（图3-9），但其刻度仍使用西方360度制。

图3-8 观象台上的清代天文仪器
托马斯·查尔德摄于1875年

图 3-9　观象台上的玑衡抚辰仪和天体仪
约翰·汤普森摄于 1874 年。玑衡抚辰仪，重 5145kg，高 3.379m；天体仪，重 3850kg，高 2.735m

至此，十件天文仪器都已在观象台上就位，它们被视为皇朝礼器、国之重器。1900年经会商，德军分得明代浑仪、清代的天体仪、玑衡抚辰仪、地平经仪和纪限仪；法国则分得明代简仪、清代的赤道经纬仪、黄道经纬仪、地平经纬仪和象限仪。

明清时代在中国开展天文工作的传教士中，利玛窦、汤若望、南怀仁、纪理安、戴进贤，都死在中国，葬在北京城西的传教士墓地。庚子年间，他们的坟墓被义和团平毁，根据《辛丑条约》，清廷花费一万两白银重修。而今，利玛窦、汤若望、南怀仁墓碑在原地犹存，列入北京市文物保护单位。

1902年，法国迫于舆论归还了所掠夺的天文仪器，当时那些仪器还放置在法国驻北京的使馆内。1901年8月，德军大部撤离中国，其所掠天文仪器被运回德国，经不莱梅港，于1902年4月运往波茨坦，按威廉二世旨意，被安放在皇家花园前的橙园草坪。

第一次世界大战，德国是战败国。1917年8月14日，北洋政府站在协约国一方对德国宣战，并派20000名劳工奔赴欧洲战场，中国因而成为战胜国。1919年1月18日，战胜国在法国巴黎召开"和平会议"，并于6月28日在凡尔赛宫签署《协约国和参战各国对德和平条约》，即《凡尔赛和约》。中国因巴黎和会对于中日青岛问题无法解决，进而爆发全国反帝的五四运动，没有签署《凡尔赛和约》，但与德国另签了和约。

《凡尔赛和约》于1920年1月10日正式生效，根据第131条，所有1900年及1901年德国军队从中国掠去的天文仪器，在本和约施行后12个月内概行归还中国。所有施行此项归还之举，所需费用，包括拆卸、函装以及运送北京建设之费用在内，亦由德国担负。

1921年4月7日，德国将掠去的五架天文仪器运抵北京，4月14日由荷兰公使作为中介移交，并按原先的布局安装。至此，1900年散失的十架天文仪器重新集合在观象台上。

1911年辛亥革命后，观象台改名为中央观星台。1927年，南京紫金山天文台建立后，观星台不再作观测研究，于1929年改为国立天文陈列馆。1931年"九一八"事变后，日本侵略者进逼北京，为保护文物，将观象台下的浑仪、简仪、漏壶等七件天文仪器运往南京。1937年12月日军占领南京，它们遭战火荼毒，所幸没有被劫掠到异国他乡，但浑仪、简仪上的弹痕至今仍醒目地存在。今天，这七件天文仪器分别陈列于南京紫金山天文台和南京博物院。

今天在北京古观象台院内陈放的浑仪，是明代原大的复制品，简仪则按元代制式按1:3复制，台上的八件天文仪器为清代原作，是历史的纪念和见证。

5. 康乾盛世的写真

据瓦德西1900年11月29日记，"今日余带多数随从乘马而出，以访余到现在尚未游过之祖庙（太庙）。三个大殿之中，均无佛像，乃系专用以崇敬先人者。余等行入神圣屋子之中，此处当从来未为欧人足迹所辱；或者除了皇室人员以外，只有少数华人曾经到此。几个龌龊守庙之人屈于威力，初甚惊愕，继而乃将门户开放。每个大殿之中，皆设有壁龛，以位全体亲属，其陈列次序系以尊卑为准。在壁龛之中，置有美丽匣子以藏族谱家史。在壁龛之前，置有椅子，并配以刺绣甚美之丝质坐垫，当其致祭之时，则虔想已故祖先似乎坐在椅上一样，因此间人士皆相信死者魂灵故也。此种崇拜祖先祀典，为一切华人所奉行，实有一种极美之思想为其基础，由此以使民族团结并用以补充该国仅仅限于伦理学说之宗教思想"。

太庙是供奉皇族祖先牌位、祭祀祖先之所。类似的地方还有紫禁城神武门外景山后的寿皇殿,是供奉清代历朝皇后画像(皇帝后妃御容)之所,计有康熙帝以降至同治帝七位皇帝肖像、印玺、书画等供奉之物。根据光绪九年(1883年)《寿皇殿东库存收书籍等项目》,东大龛(柜)供奉有帝后藏书、御笔书法、御制文集、御制诗集等。据《寿皇殿西龛供奉陈设档》,西大龛(柜)供奉有帝后肖像、印玺、御制画卷等(图3-10)。据《钦定大清会典图》,逢每年除夕,寿皇殿内放置七座大插屏,悬挂清朝历代帝后朝服像供祭拜,清太祖努尔哈赤像居正中,以下至嘉庆列帝、后像分昭穆居左右,南向一字排开;道光帝起始的列位帝后像,悬挂于寿皇殿东西两面,正月初二撤下收贮。

庚子国难时,寿皇殿是法军司令部所在地。路易–玛丽–朱利安·维奥所著《北京末日》(1902年),其中记有庚子年法军作乱北京时,涉及寿皇殿之情形。路易–玛丽–朱利安·维奥长期在法国海军服役,但他更为人熟知是他游历各国时写下诸多异域风情的自传性质的小说,被誉为文学领域的伟大画师,其作品于1892年入选法兰西学术院(法兰西学院之一)收藏。相比而言,他的海军正差则相对暗淡,直到1906年才晋升上尉。《北京末日》是路易–玛丽–朱利安·维奥在1900年秋随军到北京后所写,属于纪实作品。他写道:

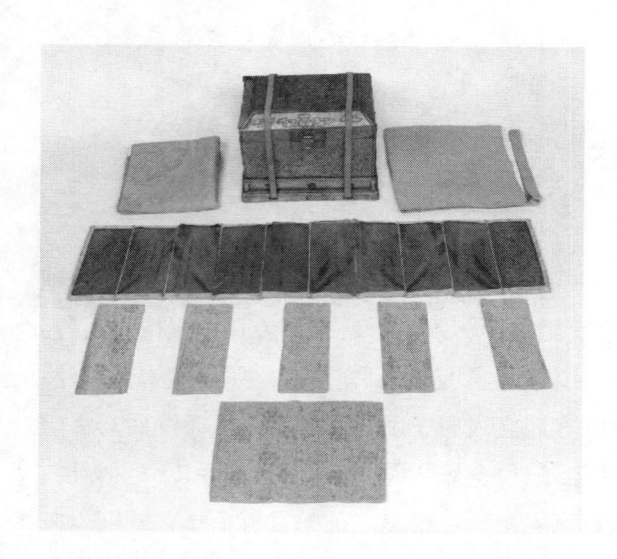

1900年10月23日,星期二,北京。在最后面的一个庭院里,通过一个设置不少青铜母鹿的汉白玉丹陛后,我们见到了寿皇殿……还有一些像房间一样巨大的漆器抽屉里面,盛着卷在紫檀木或象牙轴上、包在黄绸子里的皇帝画像。其中一些十分壮丽,

图3-10 玉册
清代,顺治五年(1648年)。每片(板)碧玉为29.5cm×13.6cm×1.3cm,原在北京太庙,1979年入藏美国宾夕法尼亚大学博物馆。此玉册由十片玉板组成,金线连缀,黄绫包装,放置在贴金木盒内。玉册镌刻汉、满文,记顺治五年十一月八日(1648年12月21日),福临追谥清兴祖直皇帝(爱新觉罗·福满)直皇后

它代表着一种在西方根本看不到的艺术，一种虽然与我们不同但足以与我们平起平坐的艺术。画面上的是皇帝独自在林中狩猎或散心，都是一些野外地点，给人一种恐惧和对以前没有人迹只有林木和岩石的大自然的怀念感觉……还有的画特别长，在石板上摆开有六至八米，画的是宫廷接见使节、骑兵和军队旌旗招展的场面。上面有上千个小人，他们的服饰、武器细节要用放大镜才能看清。……在它们小格子和夹层里，是这个皇帝在他生前各种场合用过的御玺，有玛瑙的、玉的、金的；这些样式相同的艺术品，都是在皇帝死后不能动用的无价之宝，在这里沉睡了已经有200年……10月24日，星期三……同往常一样，我在昏暗的长廊尽头的小紫檀木桌上吃饭，一位上尉陪伴着我。白天他又找到了新的玩意儿，暂时放在这里，以便至少可以玩一通宵……一件一件地欣赏这些收藏品，这将是最后一次。明天就要将这些奇特珍品的绝大部分分类贴上标签，收入将军的储藏室。

这位将军便是弗雷，曾任法国远征军司令官，1900年9月华伦将军到达北京担任法国远征军司令后，弗雷负责指挥法国远征军先遣旅。1925年，弗雷把他在寿皇殿的掠获品捐出四件给法国巴黎吉美博物馆，例如《乾隆皇帝像》《哈萨克贡马图》等。

同样的《乾隆皇帝像》，在吉美博物馆有四幅，他们可能是根据另一幅同样的画像在同时期摹绘的，这幅母本画像落款的年份是乾隆元年（1736年），于1928年12月18日在法国巴黎——据传可能是德鲁欧拍卖行——拍卖。据称其作者是郎世宁。

清康熙五十四年（1715年），郎世宁作为天主教耶稣会的修道士来中国传教，随即入宫成为宫廷画家，历经康雍乾三代，将西洋画法与中国画传统技法相融合，其画艺日渐精进。尤其到了乾隆时代，一幅长卷往往由多个宫廷画师合作完成，但画中最重要的部分，比如乾隆帝，多是郎世宁的手笔。

《哈萨克贡马图》中，乾隆帝身穿黄袍，在圆明园中雍容自在地接受哈萨克族进献的骏马。乾隆的面容、周边的官员和三匹骏马，均出自郎世宁之手，除了细腻的写实风格之外，整体接近几何式的规矩构图，以及鲜明的层次感，都极具欧洲画风特色。尤其是图中的高头大马，造型写真，呼之欲出。画中其余部分则由中国画家金廷标补画，岩石，树木，青苔，水墨线条犀利，着色错落，无疑是国画的表达方式。

《哈萨克贡马图》卷首，为乾隆御题"西极云驰"四字，并在卷尾题跋记述此画创作由来。"西极云驰"四字内涵极深，哈萨克贡马之背景，是乾隆二十二年（1757年）平定准葛尔之事。康雍乾三朝，大清历时70年为统一西北的战事尘埃落定，乾隆的战马终于将驰骋在西域的大地上，如云般舒卷自如，哈萨克与清朝的交通恢复，献马以示归附之心。此后两年间，连续平定大小和卓叛乱，乾隆帝的武功业绩达到极盛，他也因而对此画卷用情极深，钤印"五福五代堂古稀天子宝""古希天子""八徵耄念之宝""太上皇帝之宝"等多方印玺，亦可见他在暮年甚至退位做太上皇之后，曾多次赏览此画卷，怀念战功盖世、四海归顺的峥嵘岁月。此画卷曾于1935年至1936年，在英国伦敦"中国艺术国际展"上展出。

弗雷死后，其遗孀也曾向吉美博物馆捐赠，其中不乏《康熙南巡图》、《雍帝正祭先农坛图》下卷（《亲耕图》）、《木兰图》这样的长卷，均是弗雷自寿皇殿掠获。

康熙二十三年（1684年）到康熙四十六年（1707年）间，康熙帝曾六下江南，巡视各地，视察河防，体察民意。关于皇帝南巡的情形，从《红楼梦》中王熙凤与赵嬷嬷的一段对话可见一些端倪。说的是第十六回《贾元春才选凤藻宫　秦鲸卿夭逝黄泉路》的一段。

凤姐笑道："若果如此，我可也见个大世面了。可恨我小几岁年纪，若早生二三十年，如今这些老人家也不薄我没见世面了。说起当年太祖皇帝仿舜巡的故事，比一部书还热闹，我偏没造化赶上。"赵嬷嬷道："唉哟哟，那可是千载希逢的！那时候我才记事儿，咱们贾府正在姑苏扬州一带监造海舫，修理海塘，只预备接驾一次，把银子都花的淌海水似的！说起来……"凤姐忙接道："我们王府也预备过一次。那时我爷爷单管各国进贡朝贺的事，凡有的外国人来，都是我们家养活。粤、闽、滇、浙所有的洋船货物都是我们家的。"赵嬷嬷道："那是谁不知道的？如今还有个口号儿呢，说'东海少了白玉床，龙王来请江南王'，这说的就是奶奶府上了。还有如今现在江南的甄家，嗳哟哟，好势派！独他家接驾四次，若不是我们亲眼看见，告诉谁谁也不信的。别讲银子成了土泥，凭是世上所有的，没有不是堆山塞海的，'罪过可惜'四个字竟顾不得了。"

凤姐道："常听见我们太爷们也这样说，岂有不信的。只纳罕他家怎么就这么富贵呢？"赵嬷嬷道："告诉奶奶一句话，也不过是拿着皇帝家的银子往皇帝身上使罢了！谁家有那些钱买这个虚热闹去？"

曹雪芹的祖父曹寅，曾管理江宁织造和任职巡视两淮盐漕监察御史，任内连续五次承办康熙南巡接驾大典（四次南京接驾，一次扬州接驾）。康熙二十八年（1689年）第二次南巡结束后，康熙帝命由曹寅之弟曹荃任"《南巡图》监画"，由王翚领衔主绘，冷枚、王云、杨晋等参与，历时三年方告完成。曹氏是汉人，也是满人，南巡时如此受赏识抬举，亦暗含和缓满汉矛盾之深意。康熙帝曾高调祭祀明太祖朱元璋孝陵，也是笼络人心之举。

《康熙南巡图》，绢本，重设色，共12卷，每卷纵67.8cm、横1377至2612.5cm不等，总长或超过230m，构图繁复，绘制精细，气势宏大，形象生动。然庚子国难后，《康熙南巡图》不复完整，第一、九、十、十一、十二卷现藏于北京故宫博物院，其中第一、九、十、十一卷一直保存在寿皇殿之中，约20世纪20年代末期转入故宫，第十二卷在20世纪50年代由金保升捐献给文化部后入藏故宫；第二、四卷现藏吉美博物馆，1934年由弗雷遗孀捐赠；第三卷现藏美国纽约的大都会艺术博物馆；第七卷曾是桑迪和塞茜尔·麦克塔格特夫妇旧藏，2005年捐赠给加拿大阿尔伯塔大学。

第六卷在流失后的传承颇为复杂，也令人觉得感伤。1938年，某法国将军立下遗嘱，将其所收藏的《康熙南巡图第六卷：从瓜州渡江登金山经常州府》裁成四段，分给四个继承人。次年，该将军去世，第六卷四散。后来，又因为继承的原因，第六卷的残卷可能不止一次地再被分割。2010年4月香港苏富比春拍，第六卷卷首残卷（长362cm，包括包首、题签和每卷均只出现一次的康熙帝形象），以3650万港元拍出。2013年4月，法国波尔多阿兰·布里斯卡迪厄拍卖行，以336万欧元拍卖了第六卷紧接卷首部分的残卷（长247cm）。2014年3月8日，阿兰·布里斯卡迪厄拍卖行又拍卖了第六卷的一段残卷，这段残卷曾被分成三份，拍卖前重新装裱在一起，但因分属于两个所有人，被算作两件拍品分别拍卖：21号拍品（长258cm）以25万欧元起拍、117万欧元拍出；22号拍品（长328cm）起拍价为20万欧元，以72万欧元成交。上述第六卷残卷，均被香港近墨堂书法研究基金会竞拍获得，2015年在上海龙美术馆"康雍乾宫廷艺术大展"上展出。

2016年9月14日，纽约苏富比"罗伊与玛丽莲·派普夫妇珍藏中国绘画"专场拍卖，长475.3 cm的绢本《康熙南巡图》第六卷卷尾一段：从奔牛镇经大运河至常州府，以954.6万美元成交（含买家佣金）。此前，这段残卷的收藏者是罗伊·派普夫妇，他们在1988年11月30日纽约佳士得拍卖会上购得。该残卷曾长期寄存在美国凤凰城艺术博物馆，20世纪90年代曾在美国多个博物馆展出。这一段可以与2014年阿兰·布里斯卡迪厄拍卖行拍卖的那段相接。

罗伊·派普在二战时曾接受轰炸机尾炮手训练，但未及参战，战争便结束了。20世纪50年代在获得宾夕法尼亚大学MBA后，他加入一家投资公司并成为高级合伙人。1975—1977年，由福特总统提名，他成为总部设在菲律宾的亚洲发展银行的美国代表。任期结束返回美国后，他在凤凰城建立了一家投资公司，高峰时管理的资产高达10亿美元。在20世纪80年代，他开始投资艺术品和房地产，尤其热衷中国古代绘画，曾收藏有大约500幅中国古画，其中有些藏品陆续捐赠给博物馆。2016年9月14日，与《康熙南巡图》卷尾残卷一同拍卖的，还有他收藏的120多件中国古画，总成交价3200多万美元。

根据历次拍卖会上现身的《康熙南巡图》第六卷各段残卷推断，当初在1939年它似乎被分割为500至600cm左右大约均等的四段，后来又因继承原因，其中两段又被分割成300cm左右长短不等的五份。就目前看，总长超过1700cm的三段已经了然，只剩下中间一段下落不明。这一段的内容是从丹阳到常州，沿途似无名胜，又隐藏着什么秘密呢？期待第六卷合璧、大白于天下的那一天吧。

另外，《康熙南巡图》还有第五卷、第八卷下落不明。

《康熙南巡图》有正本的绢本长卷，还有纸本的稿本，即定稿前呈奉皇帝御览定稿的草稿，制式同正本，但内容有所不同。据说稿本在正本完成后即被带出宫外，而今也是四散分离。例如，据说北京故宫博物院里收藏有康熙南巡图稿本的第十卷，沈阳故宫博物院有稿本第十一卷，南京博物院有稿本第七卷、第八卷和散页三幅，未考。也有稿本散见于私人收藏者和拍卖会。

康熙帝六度南巡，乾隆帝亦曾效仿，并在南巡后绘图明志，俗称《乾隆南巡图》。乾隆十六年（1751年）初，乾隆帝"奉圣母皇太后銮舆巡幸江浙"，这是他的第一次南巡，这一年也是皇太后钮钴禄氏的六十大寿。而南巡的另一重含义，与康熙帝南巡检点河防、省方问俗、察吏安民、阅武视文、祭祀山川先贤并无本质区别。

乾隆第一次南巡全程五千八百余里，历时一百一十二天，乾隆帝途中总共写诗五百二十余首并从中选出十二首，"以御制诗意为图"命宫廷画师徐扬依前后次序分卷描绘。徐扬在乾隆帝第一次南巡途经苏州时，以自作画册进贡而受到赏识，继而入宫，乾隆二十九年（1764年）奉命绘《乾隆南巡图》。当时，皇太后已过七旬庆典（1761年），乾隆帝亦于次年（1762年）携皇太后进行了第三次南巡。《乾隆南巡图》耗时六年完成，凡十二卷绢本，图卷诗、书、画三结合，采用中国画传统写实手法和西洋焦点透视法，人物建筑铺陈细腻，但较之《康熙南巡图》则显得中规中矩，刻画有余而生动不足。

如今，绢本《乾隆南巡图》第九、第十二卷藏北京故宫博物院，第三卷藏法国尼斯市魁黑博物馆，第四卷藏美国纽约大都会艺术博物馆，第十卷藏法国巴黎吉美博物馆，另有一卷收藏在法国某私人手中。其余亦不可考。

康熙和乾隆之间隔着雍正。雍正帝在位时间只有十三年。这是承前启后的十三年，清朝由强及盛。从雍正朝的器物看，雍正帝于隐忍中除旧布新，他似乎是个十分低调内敛而韬光养晦的皇帝。关于雍正帝"圣容"画卷，有《雍正帝祭先农坛图》共两卷，描绘春季二月，雍正帝率领王公大臣到京师外城的先农坛祭祀并亲自扶犁耕田的场面。其中，反映祭祀场景的上卷藏于故宫博物院，而体现亲耕场面的下卷（《亲耕图》）则藏于吉美博物馆，它是来自弗雷遗孀的捐赠。

《亲耕图》为绢本设色长卷，纵63.5cm、长459cm，画面最右边松柏成林，祥云缭绕，中间是一偏殿，殿前台上置宝座，台下文武官员云集，雍正着黄袍，扶犁耕田，仪式气氛肃穆，画面左侧又以松柏祥云结束。此卷无款，画风工整，色彩鲜艳华丽。画中的雍正皇帝专心推犁，富态雍容，与其常可见到的消瘦肖像大相径庭。画作完成时间应该是其执政晚期，据说出自宫廷画家陈枚或金昆之手。

康雍乾三帝皆重武备，往往通过行围狩猎检阅王公贵族和八旗将士的骑射本领，以示不忘马背上夺取天下的艰难。在承德"避暑山庄"以北有一片很大的森林丘陵，称为"木兰围场"，乾隆皇帝常在每年秋季都要到此狩猎，所谓"秋狝"。《木兰图》画的就是乾隆帝一次狩猎活动的全过程，现藏于吉美博物馆，也是弗雷在寿皇殿的掠获品。

《木兰图》共四卷，长宽各约为1600cm和50cm，分别以"行宫"（乾隆帝出行，百姓跪拜的场面）、"下营"（坐于黄幔屏风旁的乾隆帝观赏蒙古刀士相扑之戏）、"筵宴"（乾隆帝坐马观看蒙古贵族驯野马的场景）和"合围"（乾隆帝驰马张弓围猎一头奔逃的公鹿，是木兰活动的高潮）为主题。画面结构严谨，场面宏大，动静灵活，笔致工细，色彩鲜明，狩猎的每个细节都表达得极为真实细致，同时以纪实的手法描绘了车骑、仪仗、衣冠、佩饰和兵器等清朝礼典和狩猎规条，使之具有了"皇家狩猎实录"的效果，实属难得。此卷由郎世宁和金昆、丁观鹏、吴桂、余熙璋、程志道、李慧林、程超等十余人合绘，其中乾隆的肖像和坐骑均出自郎世宁的手笔。

弗雷及其遗孀的捐赠，都得到了时任法国总统的政令，以国家名义并要求博物馆接收。也就是说，这些源自寿皇殿的遗珍，除非推翻这些政令，只能永远保存在吉美博物馆。即便是弗雷也曾表态："（它们）来自于北京祭祀先祖皇帝诸殿之一的寿皇殿正殿——法国远征军司令部所在地……如果有专家学者们基于国家历史利益，提出将其中的一些画作退还给中国政府，我绝不反对。"但这些捐赠并非弗雷在寿皇殿掠获的全部，他的后人亦曾陆续将一些掠获品送给拍卖行拍卖。

2001年9月23日，在巴黎皇宫酒店的拍卖中，法国多勒美术馆使用国家优先购买权获得纸版油画"（乾隆帝）嘉妃朝服像"。可能因为这幅画的作者是法国传教士王致诚。他出生在多勒，虽然这幅画更多被认为是郎世宁的作品。王致诚在清乾隆三年（1738年）来到中国，后受诏成为宫廷画师。其画风与郎世宁类似，以中国传统笔绘结合西洋画法，别开生面以迎合皇帝的审美观。

同场拍卖上，同样尺幅、画风的纸本油彩"（乾隆帝）纯惠贵妃朝服像"（图3-11）亦被拍出，后于2003年5月在香港苏富比春季拍卖上以2360万港元议价成交。2012年5月27日，邦瀚斯拍卖

图3-11　纯惠贵妃半身朝服像
54.5cm×41.5cm，纸本，油彩，郎世宁绘

行举办"纯惠贵妃半身朝服像专场",这幅画像最终以约合人民币3240多万元成交。

拍品注明是源自弗雷的收藏,即出自寿皇殿。寿皇殿中存放故去帝后的肖像画,见于《国朝宫史》一书记载:"景山后为寿皇殿,殿旧为室三,居景山东北,乾隆十四年上命重建……既落成,敬奉圣祖仁皇帝、世宗宪皇帝御容……并自体仁阁恭迎太祖高皇帝、太宗文皇帝、世祖章皇帝暨列后圣容,敬谨尊藏殿内。"

经过庚子国难的一番离乱,殿内供奉的帝后画像四散而去。1926年至1929年,"清室善后委员会"对寿皇殿正殿、东西配殿等处物品进行清点,列入《故宫物品点查报告》,计有由故宫博物院分三次将殿内"圣容""御容"等绘画共计一百四十九轴取走保管。1955年,寿皇殿交由北京市少年宫使用,原存神龛、家具等物品移交故宫,殿内拆改。清代皇室在元日祭拜诸先帝先皇后的场所,实际早已成过眼云烟。

前文所述"乾隆帝朝服像"以及"嘉妃朝服像""纯惠皇贵妃朝服像",均属同样尺幅和画风的油画,而与画像中同样相貌的乾隆帝及其纯惠贵妃和嘉妃,则出现在另一幅"乾隆帝后与妃嫔像"中,即美国克利夫兰艺术博物馆所藏《心写治平图》(图3-12,彩图12)。图中人物排序,从右至左分别为:乾隆、皇后(孝贤)、贵妃(慧贤)、纯妃、嘉妃、令妃、舒妃、庆嫔、颖嫔、忻嫔、敦妃、顺妃、循嫔。本来图中应该还有继后乌拉那拉氏,时为娴妃的她位置应在贵妃

图3-12 心写治平图(局部)
清乾隆时代,公元18世纪中期,绢本设色,手卷,全卷53.80cm×1154.50cm,郎世宁等绘。现藏于美国克利夫兰艺术博物馆

之后、纯妃之前，但她惹恼乾隆，几乎被废（只是没下明诏，实际被收回了从妃至皇后的所有册宝），所以她的画像应该被抹去了。

《心写治平图》所涉人物是在不同年代绘制，通卷经多次装裱而成，据传流出自圆明园，当然也有失自寿皇殿的可能。画卷上钤有乾隆帝印玺"五福五代堂古稀天子宝""古希天子""八徵耄念之宝""太上皇帝之宝"等九方，诸如此类钤印，亦见于前文所述之《哈萨克贡马图》等彰显文治武功的画卷之上，可见他在年华老去时，常常展卷御览，孤芳自赏，回想青春岁月。可叹可惜的是，这盛世的写真，难逃流失离散的命运，一如晚清的乱世，文治武功化作一场春梦。

2011年3月26日，在法国南部城市图卢兹举办的一场拍卖会上，《乾隆大阅图》第四卷《行阵》（图3-13），被不愿透露姓名的中国买家以创纪录高价拍走。《行阵》起拍价为400万欧元，共有八位买家参与竞拍，当叫价达到1400万欧元时，仍有三位买家竞逐，最终以1780万欧元落槌，加上佣金和税费，买家将共计支付约2205万欧元，刷新了亚洲艺术品在法国的拍卖价格纪录。

《乾隆大阅图》共有《幸营》《列阵》《阅阵》和《行阵》四卷，描绘了皇帝于乾隆四年（1739年）在京郊南苑举行阅兵式时的情景。当时乾隆帝29岁，正是初登大宝、意气风发、励精图治、意欲开创一番伟业的画风。其第一卷《幸营》至今下落不明，第二卷《列阵》为故宫博物院收藏，第三卷《阅阵》为私人收藏。第四卷《行阵》，图中所绘人物多达9000个，

图3-13 《乾隆大阅图》第四卷《行阵》（局部）戎装乾隆帝
绢本设色，手卷，全卷69cm×2400cm，郎世宁绘

人物形象描绘细腻，场面有很强的写真感，属清朝宫廷绘画中价值最高的纪实作品。《行阵》在乾隆时期存于紫禁城重华宫，据说是在1900年八国联军侵占北京时的乱局中流失的，被拍卖前由巴黎某家族持有。

重华宫在弘历作"和硕宝亲王"时名为"乐善堂"，弘历登基后更名为重华宫。重华之名出自《尚书·舜典》，意在颂扬乾隆帝有舜之德，实现尧舜之治的盛世荣光。

乾隆帝晚年，将重华宫改造成一个纪念馆，按照年轻时与富察氏一起居住时的原貌进行布置，陈列康熙、雍正两代先皇赏赐的珍宝，借以缅怀人生中最美好的一段岁月。谁承想一百多年过去，帝国已是日薄西山，文治武功化作春梦一场。

6. 乱世乱市

光绪三十年（1904年），康有为游历欧洲十一国，在《法兰西游记》中，他述及所见：

干那花利博物院（法国巴黎卡纳瓦莱博物馆，又称为巴黎历史博物馆），此院一千八百七十九年开，亦伤心地也。院为园式。内府珍器，陈列满数架，凡百余品，皆人间未见之瑰宝，精光射溢刻镂精工。有碧晶整块，大五六寸。一白玉大瓶，高尺许。一白玉山，亦高尺许，所刻峰峦阁楼人物精甚。其五色玉盘、玉池、玉屏、玉磬、玉罗汉、玉香橼，精绝，亦多有刻字者。玉瓶凡十一，大小不一，皆华妙。有玉刻《绮春园记》十简，面底皆刻龙，精绝。一白玉羊大三寸许，尤华妙。如意亦百数，以红玉镶碧玉及白玉者佳；有一纯白玉者，至清华矣。其他水晶如意、磁如意，亦极清妙。其铜铁如意尤多，不可数。其刻漆、堆蓝、雕金之屏盘杯盂百器甚多，皆非常之宝也。其御制瓷有字者甚多。有御书《印心石屋》墨宝六幅，金纸《印心石屋图》三幅，亦刻龙，斋戒龙牌一。封妃嫔宝牒一。其他晶石漆瓶盘、人物无数。皆中国积年积世之精华，一旦流出，

109

可痛甚哉！

康有为对乾隆玉玺尤其感慨："呜呼！高庙（乾隆帝）雄才大略，每日必作四千言。想下此印时，鞭笞一世，君权之尊，专制之威，于是为极，并世无同尊者……岂意不及百年，此玺流落于此。昔在北京睹御书无数，皆盖此印文，而未得见，又岂意今日摩挲之！"

乾隆帝附庸风雅，也是拥有各种玺印最多的皇帝，而他的玺印也最多地出现在各种拍卖会上。1998年11月3日佳士得拍卖中，乾隆帝登基前皇子时期有三枚印章"宝亲王宝""长春居士""随安室"上拍，此后这类玺印更是屡见不鲜，但都至为珍贵。

2016年10月5日香港苏富比"龙游帝苑"专场拍卖，清乾隆御宝青玉交龙钮方玺"太上皇帝之宝"以9148万港币成交（含买家佣金）。这是2003年10月26日香港苏富比秋拍 "清乾隆御帝组玺"五件中的一件，当时总共以2918万港元拍出。

无独有偶，此类成套系的清朝皇帝玺印，在2003年7月7日香港佳士得拍卖会上也曾出现，"佩文斋康熙御用十二宝玺"以2100余万港币拍出，原收藏者是法国某家族。佩文斋为康熙帝晚年书斋，位于圆明园畅春园内。此"十二宝玺"是康熙帝御用闲章，应是在乾隆年间归拢收纳于寿皇殿。将故去帝后印玺存于寿皇殿在乾隆年间成为制度，乾隆帝曾敕印《宝薮》，著录先帝及其宝玺。此"十二宝玺"均见于《宝薮》，而故宫博物院仅存三枚《宝薮》著录的康熙玺印。

文物流失是殖民侵略的一环。印玺、宝牒是皇权象征，却在国外被当成玩意儿展卖，着实凄凉。连同那些内府珍玩，或恐皆是庚子国难时自禁苑坛庙等处被抢掠而去。这是乱世与乱市的一个缩影。据柴小梵（柴萼）《梵天庐丛录·庚辛纪事》载："自元明以来之积蓄，上至典章文物，下至国宝奇珍，扫地遂尽。"

与之相对应的，如八国联军总司令瓦德西1900年11月12日记："此间买卖当时抢劫所得各物之贸易，极为隆盛。各处商人，尤其是来自美国者，早已到此经营，获得巨利。其出售之物，以古铜、各代瓷器、玉石为最多；其次则为丝绸、皮货、铜瓶、漆器之类。至于金银物品则不多见。最可叹者，许多贵重物件横遭毁坏，其中常有无价之木质雕刻在内。"

庚子国难后，中国深陷内忧外患的乱世，在这样的乱局中，抢掠、盗墓等不法行径则催生了一个混乱的古董市场（图3-14、图3-15）。

一方面，因战乱所导致的文物流失，有国家层面的行为，比如在1895年甲午战争后，日本宫中顾问官兼帝国博物馆总馆长九鬼隆一，向政府和陆海军高级官员发送的《战时清国宝物搜集方法》中规定：对被占领国的图书文物的搜集必须服从陆军大臣或军团长（军司令官）的指挥，收集的图书文物一旦送到兵站，立刻运回日本，然后入藏帝国博物馆作为收藏品。日本在之后的历次对华战争中，都执行了同样的策略。对于欧美国家，则一直存有战利品政策，驱动将战时的抢劫行径合法化。

另一方面，庚子年间的文物流失，更多是因八国联军的劫掠暴行，导致了一种变态的古玩交易。对于八国联军的普通士兵而言，他们所追求的不是古玩收藏，而是专注于抢劫金银珠宝等细软，或者在当时就地把有价值的"战利品"变现。毕竟，他们没有贵族出身的高级将领的艺术鉴赏眼光，更没有收藏意识，也没有将大批量的掠获品运回国内的能力，只能就地销赃或拍卖，而各国的古董商则伺机大捡便宜。

例如山中商会1901年时，便已在北京设立了办事处，在中国与日本、欧美间建立了中国古董文物的购销网络，是当时弗利尔等美国大收藏家和波士顿美术馆等知名收藏机构的供货商。清朝末年，山中商会倒卖的中国文物，已不仅是战争流散的民间藏品，相当比例是来自于华北、中原一带的佛造像和出土青铜器。

弗利尔受惠于美国铁路的兴建热潮，因火

图3-14 凤柱斝
殷商时代，公元前13世纪，铜器，祭酒器，41.8cm×21.5cm×22.3cm，出自长江中上游一带。此斝为二凤柱、一出戟鋬、三足，器身饰神面纹。1907年弗利尔购自日本藤田，1920年入藏弗利尔美术馆

图3-15 鋞
西周，公元前10世纪前后，铜器，祭酒器，29.1cm×20.3cm×14cm。器盖和器身饰鸟纹，盖内铭文"亚矣作母辛彝"。1909年弗利尔购自北京瑞珍斋，1920年入藏弗利尔美术馆

111

车制造而暴富，于1906年向史密森学会捐赠其收藏的2000多件艺术品，并捐款100万美元在华盛顿建立以他名字命名的博物馆——弗利尔美术馆。弗利尔立志捐出全部收藏品，他的进货渠道非止山中商会一家，也有来自日本和欧洲经营中国艺术品的古董商，同时他也亲自来中国采购古物，直接与北京琉璃厂和上海的古玩店打交道进货。起初，弗利尔并不重视以佛、道造像为主的中国古代雕塑，1909年，波士顿古董商、日本人松木文恭准备将一批中国佛道造像交给弗利尔用以抵偿债务，其中有一尊出自西安宝庆寺的十一面观音菩萨立像（图3-16、图3-17）。这尊造像打动了弗利尔，他也从那时起，就开始关注中国古代的佛教雕刻。

在清末民初的乱局中，美国波士顿美术馆则派出冈仓觉三这样熟悉中国历史文化的人来中国搜购古物。从1904年至1913年，冈仓觉三曾任波士顿美术馆中国·日本美术部、东亚部主任，他通过收藏中国顶级文物来建立东亚艺术品展厅。在这九年中的大部分时间里，他都在外甥早崎幸吉的陪同下在中国收购古物。

1912年，冈仓觉三第三次来中国搜集古物，从盛昱后人手里买到一件盛昱旧藏青铜器（图3-18）。盛昱，爱新觉罗氏，字伯熙，亦作伯羲，光绪二年（1876年）进士，授编修、文渊阁校理、国子监祭酒，性喜典籍。冈仓觉三在其《九州·中

图3-16 十一面观音立像
武周，长安三年（703年），石灰岩高浮雕，108.8cm×31.7cm×15.3cm。最初原位在长安光宅寺七宝台，出自陕西西安宝庆寺，现藏于美国弗利尔美术馆

图3-17 十一面观音像
武周，长安三年（703年），石灰岩雕刻，残件，77.8cm×31.5cm×18.8cm。最初原位在长安光宅寺七宝台，出自陕西西安宝庆寺。1914年弗利尔购自巴黎德籍古董商埃德加·沃奇，1920年入藏弗利尔美术馆

国旅行日志》中记录说："最近得到了三十五件左右古代青铜器，其中包括十件著名的盛伯熙的收藏品。盛氏生前是最有地位的满洲人，在收藏青铜器方面，他是端方的前辈。"

据说冈仓觉三在华期间，结识了著名书画家吴昌硕。吴昌硕十分欣赏波士顿美术馆收藏中国艺术品的行为，1912年专为波士顿美术馆题写了一块匾额："与古为徒"，相应的题记为"波士敦府博物馆藏吾国古铜器及名书画甚多，巨观也"（图 3-19）。

图 3-18 父乙神面纹尊
商代晚期，公元前12世纪，铜器，祭酒器，32.8cm×27.6cm。盛昱旧藏。1912年5月冈仓觉三在中国购得，同年入藏美国波士顿美术馆

另外，在殖民战争的促动下，西方探险者已不甘于仅从中国西部边疆掠获古物，开始将触角深入中国内地，例如当时沙畹在中国北方的考察图录，日后成为了欧美古董商和收藏者搜寻中国文物的指南。同期，日本的考古学者开始深入调查中国东北和华北的古代遗址，他们都是为其外务省或南满洲铁道株式会社等特务机构服务，其目的不言而喻，就是阴谋攫取中国最有价值的文物，割断中国文化传承，在中国推行奴性文化。

在战争征服、经济控制的同时，灭绝其文化，是各国殖民者和资本势力的意图，因为只有灭绝本地历史，灌输外来文化，才能实现完全的征服和彻

图 3-19 佛像
北魏，公元5世纪中晚期，石灰岩雕刻，73cm×43cm。这尊佛像头光和火焰纹背光间遍刻坐佛，背光后壁雕刻七佛，底座前面遭破坏，图像无存。底座后面铭文待考。底座两侧面线刻菩萨像、浅浮雕狮子，狮头缺失。1906年冈仓觉三在中国购买，1907年11月21日入藏美国波士顿美术馆

底的殖民化，才会有合法化的战争掠夺，才会有政策指导下的文化劫掠。毁灭古迹、盗卖古物是文化灭亡政策的一个重要手段，殖民者在北美、南美和非洲已经屡试不爽，中国成为弱肉强食的下一个目标，一个个丑恶的面孔打扮成考古家、学者、收藏家、古董商，粉墨登场了。

雁过拔毛，贼不落空。这个变态的市场一直延续至民国初年，北京南城的琉璃厂，成为中国文物流失的策源地，各地被盗掘、掠获的古物也汇聚于此，经转卖后流失出国。据罗振玉所记，"近欧美人之研究东方学者日增，故中国古物，航载出疆者，亦岁有增益，而我国国学乃日有零落之叹。无识之商民，又每以国宝售诸外人，以俟一时之利，殊令人叹惋无已"。又曰，"京师人海万方百物所萃，世家旧藏与齐鲁晋郑卫燕秦古物所出者，时于肆中遇之，尽倾俸钱购之"。而他购买的只是零散片段而已。这零散的片段，就包括出自殷墟的甲骨。

甲骨遗书，所谓神的预言。

最早认识到甲骨文化和历史价值的人是金石学家王懿荣。此前甲骨被视作龙骨入药，据说王懿荣是因好奇而发现"龙骨"蹊跷，后买入山东潍县商人范寿轩、范维卿等人收购的"龙骨"，对上面的刻符进行研究，断代为商代，刻符被认为是商王占卜吉凶在其兽骨、龟甲之上记事的文字，一般称作甲骨文，时在1899年。这在文化上是开天辟地般的发现，这个结论，后来在20世纪20至30年代，运用科学方法在殷墟进行的考古发掘中得到证实。

商代灭亡后，占卜之法在周代发生了变化，记录商代大事的甲骨湮没于史，后世不得而知，从而导致了历史的空白，王懿荣的发现将学术的视野放眼到一个真实的上古时代。此"龙骨"，实为中国历史、文化以龙为图腾之脊梁。

庚子年，时任国子监祭酒的王懿荣被任命为京师团练大臣，城破，王懿荣偕继室夫人及守寡的长媳服毒后投井自杀殉节，一代大师的苦心孤诣付水东流，然甲骨研究并未中断。王懿荣殉难后，其子为还旧债而出售家中所藏古物，他所收藏的千余片甲骨，在1902年大部分转归其好友刘鹗——他被人熟知的是写了个话本《老残游记》——加上刘鹗另外的收集，其所藏甲骨有5000多片。在罗振玉的建议和帮助下，刘鹗于1903年11月拓印《铁云藏龟》一书，将甲骨文资料第一次公开出版，由此经中国学者发展为一个专门的学科：甲骨学，将中国文字系统记录的历史向前追溯了一千年。相比而言，它的文字学意义不是那么明显，毕竟刻符文字的历史，可以追溯到更久远的年代，并早已建立了文字书写体系。

罗振玉从1906年起收集甲骨，总数近两万片。另外他还亲自访求，判明甲骨的真实出土地是河南安阳小屯村（殷墟遗址），他在1911年写的《洹洛访古游记》记载：

> 此地埋藏龟骨，前三十余年已发现，不自今日始也。谓某年某姓犁田，忽有数骨片随土翻起，视之，上有刻画，且有作殷色者，不知为何物。北方土中，埋藏物多，每耕耘，或见稍奇之物，随即其处掘之，往往得铜器、古泉、古镜等。得善价……且古骨研末，又愈刀创，故药铺购之，一斤才得数钱。骨之坚者，又购以刻物。乡人农暇，随地发掘，所得甚夥，拣大者售之。购者或不取刻文，则以铲削之而售。

甲骨未必有龙骨疗效，后人叹息甲骨入药是"人吞商史"。甲骨学的兴起也招致国外文化侵略者的注目。据甲骨学家胡厚宣统计，共计出土甲骨154600多片，中国收藏127900多片，中国国家博物馆、中国国家图书馆、上海博物馆等收藏97600多片，台湾有30200多片，香港有89片；另外在日本、加拿大、英、美等国共收藏了26700多片，比如日本京都大学文学部大约收藏有20000片甲骨；英国大英图书馆收藏了3000多片甲骨。加拿大皇家安大略博物馆收藏的数十枚甲骨，主要来自克罗夫茨和传教士怀履光的搜购（图3-20、图3-21）。

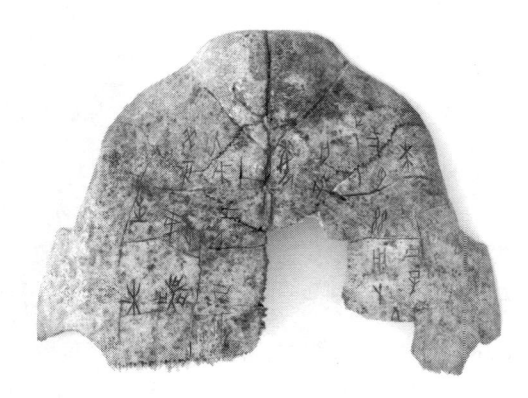

图3-20 甲骨文
殷商时代，公元前12世纪前后，龟甲，7.6cm×9.7cm。1934年毕绍普探险队购得，现藏于弗利尔美术馆。毕绍普，又名毕安祺，1918年至1920年曾兼任美国驻华使馆海军副参赞。后担任弗利尔美术馆副馆长，分别于1923年至1927年、1929年至1934年两度带领考察队来华考古

115

图 3-21　甲骨文
殷商时代，公元前 12 世纪前后，牛骨，4.1cm×3.3cm×0.5cm。20世纪30年代，瑞士人、加拿大铝业公司代表弗里茨·毕费格尔在中国购得三块甲骨，后由保罗·辛格收藏。现藏于美国赛克勒美术馆

值得大书一笔的是，王懿荣曾上《请重申旧章封禁天下古墓疏》，建议清廷加强对历代帝王陵寝及先王、先贤、忠臣、烈士墓葬，以及方志所记述的著名古墓或无名墓等古墓葬的修葺和保护，对那些私挖古墓、开棺盗宝者，一经查获，严刑治罪。旧章述及雍正帝、乾隆帝圣训，然而，不管是有"先见之明"的乾隆帝，还是王懿荣时当朝主政的慈禧，他们的陵墓最终还是被盗掘了。

皇室器物和收藏被劫掠，是庚子国难时文物流失最典型的案件。文物的流失，从庚子年侵略军"有序抢劫"后，很快进入内外勾结、无视法纪、盗掘盗卖、肆意走私的无序的混乱状态。在微薄的钱财面前，很多人丧失了守护中国文化的良心，这是主权沦陷后的道德崩溃。在这样的乱局中，慈禧守不住皇室的典藏，也落得她死后 20 年也守不住祖陵和她自己的陵墓，甚至尸骨无存。

1928 年 7 月，时任国民革命军第六军团第十二军军长的孙殿英，率部以剿匪或军事演习为名，盗掘了清东陵的乾隆帝裕陵和慈禧定东陵。据清内务府的《孝钦后入殓、送衣版、赏遗念衣服》册，可知慈禧的随葬品数量巨大，价值连城。民间传说，慈禧最宠信的太监李莲英临死前口述，由其侄子李成武执笔，写下一本《爱月轩笔记》。此书现已不存，早期的一本《佛学大辞典》中，有一段《爱月轩笔记》的摘录："慈禧尸体头顶荷叶，脚踩莲花，寓步步生莲之意。衣服上穿缀着大珠 420 颗、中珠 1000 颗、一分小珠 4500 颗，大小宝石 1135 块。"奢华隆重的厚葬之风可见一斑。

关于乾隆陵，据后来孙殿英回忆说，"乾隆的墓堂皇极了，棺材内乾隆尸

体已化，只留下头发辫子。陪葬宝物不少，其中最宝贵的是颈上的一串朝珠，一百零八颗中最大的两颗是朱红色，和一柄九龙宝剑，剑鞘面上嵌了九条龙，剑柄上嵌满了宝珠……"

这九龙宝剑和朝珠以及不少陪葬的宝物，被孙殿英用来行贿以摆脱盗墓罪责和谋求晋升。据说，1939年，孙殿英将九龙剑托戴笠转送蒋介石。当时正值抗战，戴笠把宝剑暂由其军统特务马汉三保管。马汉三贪心，就私藏了宝剑。1940年初，他被日本人俘虏后献出宝剑以保命，宝剑落入川岛芳子之手。抗战胜利后，1945年10月，川岛芳子在北平被军统逮捕，马汉三又把宝剑搜走据为己有。戴笠到北平第一监狱提审川岛芳子时，川岛芳子提到了宝剑一事，戴笠遂调查马汉三，宝剑才重归戴笠。1946年3月17日，戴笠携宝剑由青岛乘专机飞往南京，飞机失事，宝剑化作一柄残铁。事实也好，传说也罢，贯穿两百年的一场春梦就此黯然收场。

东陵盗墓案的主犯孙殿英，虽然逃过审判且不误前程，乾隆陵和慈禧陵中难以计数、价值无法估量的珍宝却四散飘零了。1928年8月14日，天津警备司令部在海关查获企图外运的东陵文物，计有35箱，内有大明漆长桌1张，还有金漆团扇及瓦麒麟、瓦佛仙、瓦猎人、瓦魁星、描龙彩油漆器、陶器等，系由北平吉贞宦古玩铺张月岩委托通运公司出口运往法国的，但那些未被查获而走私出口的又有哪些呢？至今都无从判断了。

但这并不是东陵盗墓案的全部。

清东陵自顺治十八年（1661年）首建顺治帝的孝陵开始，到光绪三十四年（1908年）建成慈禧的定东陵为止，营建活动延续了247年，陆续建成15座陵园，埋葬着5位皇帝（顺治、康熙、乾隆、咸丰、同治）、15位皇后、136位妃嫔、3位阿哥、2位公主共161人。1945年9月，伪冀东防共自治政府辖东陵的冀东军区15军分区情报队队长张尽忠，伙同王绍义、穆树轩、贾正国、赵国正、李树卿、刘恩、刘继新等人，明目张胆地开始盗掘东陵，周围不法之徒闻讯蜂拥而至参与盗抢，据说多达千人。经此一劫，除顺治帝孝陵外，所余陵寝皆被盗掘，陪葬品无数，被坐地分赃、瓜分四散，下落无据可查。盗掘陵墓的主犯多被枪决或判刑，空空的陵墓，惨变作荒唐岁月的恶果，引发了无尽的遐思。

庚子国难前后，长期湮没于历史的成系列的古代遗物，因为偶然的出土而被认知，比如殷墟卜辞甲骨和唐三彩，这为后世追溯历史提供了重要的实证。

　　它们都出自河南。1905年，在修建开封至洛阳的汴洛铁路时，在洛阳邙山的一批唐代墓葬中，发现了大量作为随葬品的三彩陶俑。史籍中关于唐三彩的记载甚少，唐代以后渐渐被遗忘于尘世。出土的唐三彩被运往北京贩卖，引起王国维、罗振玉等学者的重视和美誉。自古有多个朝代定都洛阳，那时王侯将相、达官贵人死后多葬在洛阳北面的邙山，正如诗中唱的那样："北邙山头少闲土，尽是洛阳人旧墓。"（唐代王建《北邙行》）"北邙山上列坟茔，万古千秋对洛城。城中日夕歌钟起，山上惟闻松柏声。"（唐代沈佺期《北邙山》）正所谓"贤愚贵贱同归尽，北邙冢墓高嵯峨。古来如此非独我，未死有酒且高歌。"（唐代白居易《浩歌行》）随着邙山一带更多唐墓被盗掘，三彩作为唐代最典型的器物，引来收藏者的注目，并随即流失海外（图3-22、图3-23、彩图13、图3-24）。

　　以上这三件唐代三彩釉陶俑，犹如一家三口，在经历了一番离散后，最后在美国纽约大都会艺术博物馆这个异地他乡又惊喜地重逢了。实际上，这三件唐三彩并不是出自同一个地方（包括产地和墓葬），散失异域以及入藏大都会艺术博物馆的时间也不相同，只是把它们组合起来的时候，有一种穿越时空的

图3-22　男子骑马俑
三彩釉陶器，唐代，8世纪早期，高38.1cm、长33.7cm、宽10.8cm。现藏于美国纽约大都会艺术博物馆

图3-23　仕女骑马俑
三彩釉陶器，唐代，8世纪前后，高44.5cm。现藏于美国纽约大都会艺术博物馆

图3-24　小童牵马俑
三彩釉陶器，唐代，8世纪，高13.7cm。现藏于美国纽约大都会艺术博物馆

戏剧感。并不是所有的人生都如此幸运,离合聚散,两两守望,是考量流失文物时最常见的画风。

7. 惊梦小白楼

1924年,一个法国商人在天津获得一座龙椅和配套的屏风(图3-25)。当时的文件显示,它们是皇家御用之物,出自盘山(今天津蓟州区)的皇家行宫。盘山毗邻清东陵,也是清朝皇帝前往承德避暑山庄途中的驻跸之地。盘山行宫位于盘山南麓,本名"静挹山庄",乾隆九年(1744年)动工兴建,历时十年竣工。

1924年在第二次直奉战争期间,胡景翼部军队为筹军饷,以斥卖官产为名,在"静挹山庄"伐松拆屋、计亩卖地。同时,看守园官也争相抢夺,"静挹山庄"由此被毁。这座龙椅和屏风,应是在这样的背景下流出行宫,后来失落异域,于1972年入藏德国柏林亚洲艺术博物馆。

当时胡景翼为直系援军第二路司令,率部驻防京东,策应冯玉祥所率第三军在古北口的防御。1924年10月23日,冯玉祥、胡景翼倒戈,发动"北京政变"占领北京。政变后,冯玉祥授意摄政内阁通过了《修正清室优待条件》,废除帝号,驱逐清废帝溥仪出宫,这也为后来溥仪私携出宫的清宫旧藏埋下了流失的伏笔。

1922年,溥仪以"赏赐"之名将大批清宫旧藏运出,

图3-25 龙椅及屏风
清乾隆时代,公元18世纪中期,红木,金漆。龙椅105cm×105.5cm×73.5cm,重约60kg。现藏于德国柏林亚洲艺术博物馆

以书画法帖占大多数，盖因便于夹带，免得被警卫发现。但他从一开始就不能决定自己的命运，也导致运出的珍宝跟自己的下场一般如孤魂野鬼，不知所终。

溥仪自己供述："盗运活动几乎一天不断地干了半年多的时间，运出的字画古籍都是出类拔萃、精中取精的珍品……运出的总数大约一千多件手卷字画，二百多种挂轴和册页，二百种上下的宋版书……这批东西移到天津，后来卖了几十件。伪满成立后，日本关东军参谋吉冈安直又把这批珍品全部运到东北，日本投降后，就不知下落了。"

1924年11月，溥仪被"撵送"出宫并于次年2月潜至天津，住在日本租界内的张园。其间售出书画珍品几十件，还"赏赐"经手人，即其师父陈宝琛的外甥刘骏业，以资酬答。据杨仁恺著《国宝沉浮录》说，其中有《历代帝王图》卷（图3-26，彩图14）。然而，这种说法是存疑的。

《历代帝王图》，又名《列帝图》《十三帝图》《古列帝图卷》，描绘了西汉、魏晋、南北朝至隋代十三个皇帝的形象，入列者并非都是开国皇帝、圣贤王者，亦有昏聩之君、亡国之人，创作意图难以揣测。原作恐有缺失，抑或有补绘。画家以刻画表情神色来表现历代帝王的内涵与气质，细致入微，栩栩如生，寓意褒贬，令人联想其帝王生涯，功过成败宛若眼前。

《历代帝王图》卷上有宋以来历代名家、藏家题跋、钤印，并多有著录。最早的跋为北宋嘉祐五年（1060年）富弼所题。富弼时任同中书门下平章事等要职，其题跋有"阎立本……正（贞）观中时为主爵郎，图此列帝像，大特妙观……王金吾家……"等文字。这是后世认为《历代帝王

图3-26 历代帝王图（局部）
绢本，设色，尺寸51.3cm×531cm，据传为唐代阎立本绘。现藏于美国波士顿美术馆

图》是阎立本作品的源头。

《历代帝王图》最早的著录见于米芾《画史》："王球，字夔玉，有两汉而下至隋古帝王像，云形状有怪甚者，恨未见之，此可访为秘阁物也。""王球夔玉家古帝王像，后一年余于毕相孙仲荀处，见白麻纸不装像，云杨褒尝摹去，乃夔玉所购，上有之美印记。"这些文字在《历代帝王图》的题跋中也可见到。

不过，富弼和米芾都未提及他们所写的"帝王像"是何情形。那么，《历代帝王图》上究竟画了几个帝王呢？之所以有这样的提问，是因为古画本身以及古画与题跋，都在传承中经历了不止一次的拼接装裱。另据李光《庄简集》卷十七《跋阎立本列帝图》云，"阎立本《列帝图》，王贽家物"，但"或疑其非真"。由是我们也可知"帝王像"在1060年后的收藏者是王贽家族，王球（夔玉）是王贽的孙子。那么，在1060年之前又是什么情形呢？

《历代帝王图》最早言及帝王有十三位的，是周必大题于南宋淳熙十五年（1188年）的跋文（亦收录于《周益国文忠公集》与《益公题跋》），文曰："阎立本画《列帝图》，凡十三人，嘉祐名胜杨之美褒藏之"。杨褒，一般的认为，他就是被波士顿美术馆资料显示的《历代帝王图》最早的11世纪中期的收藏者，与米芾《画史》所云"杨褒尝摹去"者是同一人。杨褒（生卒不详），王辟之《渑水燕谈录》记："华阳（今属四川成都）杨褒，好古博物，家虽贫，尤好书画奇玩充实中橐。"据米芾《宝章待访录》所记，杨褒曾任国子监直讲，"外舅王安国"。妻之父为外舅（《尔雅·释亲》），王安国的胞兄是宋神宗熙宁年间主持变法改革的宰相王安石。"妻之父"并非指妻子的父亲，而是伯父或叔父。那么杨褒的岳父就是王安石。《宝章待访录》成书于元祐元年（1086年）八月，即王安石去世后四个月，书中为何不提王安石而拿王安国说事呢？可能因为米芾与苏轼交好，而苏轼对王安石的新法持不同政见，因此米芾提到王安石就一肚子不痛快？我们不得不说，这种说法太有想象力了。事实上，在《历代帝王图》题跋中，富弼以及后来曾赏析并在卷上留名的韩琦、章衡、蔡襄等人，都与苏轼一样，属于反对王安石的政治团体。由此可见，宋代还是足见开明的，并不避讳奢谈前朝历代帝王故事和风流过往。

言归正传。不排除杨褒售予王球的《历代帝王图》中有他的摹笔，应是在宋室南渡后完成的，《历代帝王图》归吴开家族（吴珏仪仲、吴祖忠）所有。据周必大淳熙十五年（1188年）的跋文，"吴氏子孙今寓赣，贫质诸市，过期不能赎。予兄子中为守，用钱二（卷上题跋写作五）十万，鬻以相示。初展视，而断烂不可触，亟以四万钱付工李谨葺治，乃可观。十三人中，惟陈宣帝侍臣两人，从者并执扇各两人，挈舆者四人，笔势尤奇，绢亦特敝，是阎真迹无疑。余似经摹传，故稍完好。"可见从吴氏后人手中买下《历代帝王图》的不是周必大，而是其兄周必正。次年（1189年），宋孝宗禅位给宋光宗，《历代帝王图》可能被作为贺献之物归入内府，卷上钤"中书省印"五方。这一年，周必大被任命为左丞相，进封许国公。

南宋灭亡后，《历代帝王图》归入元朝内府。王恽《秋涧先生大全集》及《书画目录》著录："至元十三年（1276年）丙子春正月，江左平。冬十二月，图书礼器并送京师。敕平章太原张公兼领监事。寻诏许京朝官假观。予遂与左山商台符叩阁披阅者竟日，凡得书画二百余幅，今列于左……阎立本画古帝王一十四名：汉文昭帝、光武皇帝、魏文帝丕、蜀昭烈皇帝、吴孙权、晋武帝炎、陈宣帝、陈文帝、陈废帝、后主叔宝、陈文帝、周武帝宇文邕、隋文帝、炀帝。前宋杨褒家藏，后入秘阁，富弼、韩琦题识其后。"这里有两位"陈文帝"，所以《历代帝王图》上是十四位帝王。想必不应是统计的失误，而是被周必大加装了一张吧。为什么？可能是因为陈文帝是从叔父手中继承皇位的，宋孝宗亦然，而且陈文帝和宋孝宗也被认为是其时代最有成就的皇帝，虽然都只是囿于江南的统治。如果真是这样，这加装的一张"陈文帝"新作后来被撤出了《历代帝王图》的序列。但这不重要，重要的是，今天有一幅宋画便一生可知足矣。我在这里为什么耗费大篇文字来讲传承与变迁？因为这是有资可循、能够复原的历史，不是演绎故事、贻害观众的纪录片和架空历史的穿越剧。

明代正统六年（1441年），大学士杨士奇等人编纂官修文献目录《文渊阁书目》，便载有"历代帝王图一幅"，可未知其详。明末，《历代帝王图》自内府散入民间，汪砢玉《珊瑚网》"名画题跋"有"项氏所藏帝王图"一说，项氏即收藏鉴赏家项元汴，浙江嘉兴人。清初顺治二年（1645年，又为南明弘光元年），清兵破嘉兴，项氏收藏散失。

与《历代帝王图》题跋对应的，还有清初孙承泽《庚子销夏记》（顺治十七年，即1660年）所记，阎立本《历代帝王图》"在李吉安梅公家。图中仅十三帝。汉昭文、光武、魏文帝、吴大帝、汉先主、晋武帝、陈宣宗、陈文帝、陈废帝、陈后主、周武帝、隋文帝、隋炀帝。肖貌皆如生。后题跋大半灭没。惟韩魏公蔡忠惠数人尚可辨。是周益公（周必大）家物"。

同时代的著录者，还有曾奉敕编纂《石渠宝笈》的沈初，他在其《西清笔记》中曾记曰："余尝于江南见阎画历代帝王图卷，其气韵深厚。"清道光初年鉴赏家吴修《青霞馆论画绝句》载："阎立本《历代帝王图》，自汉至隋，仅十三帝，绢本淡色，用笔浑穆，冕服之古，所不待言，览之使人心容俱肃……图载孙退谷《庚子销夏记》，藏金陵人家，乾隆间为宦游者购去。""金陵人家"是谁？购去《历代帝王图》的"宦游者"又是谁？与之相对应的，是同时代的孙星衍《平津馆鉴藏书画记》："唐阎立本十三帝图，此图今在吾乡蔡友石太仆家。"

蔡友石是清代嘉庆、道光年间的书画家和鉴藏家，《同治上江两县志》记载："《白下琐言》：（南京）鸡鸣寺之阴，近台城处，有胥家大塘，蓄水冬夏不涸，环塘有田近百亩，蔡友石观察购为屋舍，名之曰晚香山庄，今废。"其子蔡小石是道光年间进士。《历代帝王图》有咸丰乙卯（1855年）三月二十二日李恩庆题跋："昔与小石同在都门时，每相访辄出此图，恣其玩赏，自中外分辙，六七年来，梦寐之间，不忘名迹。今年春去甘凉，东至潼关，以疾乞退，待命两阅月，小石适以去秋观察此地，留余衙斋，急索观累日，并详记图内之状貌冠服及跋文款识，自诧奇缘，且谓主人曰：公家世宝，余乃分携而去矣。"并钤"臣庆私印"白文印一方。李恩庆是道光十三年（1833年）进士，或与蔡小石同科，他"详记图内之状貌冠服及跋文款识"载于《爱吾庐书画记》。同时期的鉴藏家李佐贤，在其《书画鉴影》中也转述了李恩庆的记录，他还写道："阎右相历代帝王图卷。绢本，尺寸失记，浓著色，兼工带写，共十三幅，人高尺余。汉文帝、晋武帝、后周武帝形差大，陈文帝、陈废帝差小，汉昭文帝、陈宣帝、文帝、废帝、后主、隋文帝、炀帝貌甚文，余多威猛，衣饰各异，侍从较小，多元冠绯衣，或朱衣素裳，各幅皆有标题，而无款。"

据《历代帝王图》上题跋可知，"同治丙寅（1866年）九月朔，棣儿生之日，购得此卷，他日长成，其知宝藏否。林寿图识于西安藩署"。林寿图，闽县（今属福建福州）人，时任陕西布政使，他应该是从蔡小石或经李恩庆之手买下了《历代帝王图》。1917年，上海商务印书馆以画册形式完整出版了"闽中林氏收藏"的《历代帝王图》卷。其后，《历代帝王图》是否曾由林氏后人献给溥仪不得而知，是否委托刘骏业转卖也不得而知。最晚在1925年，《历代帝王图》成为梁鸿志的收藏，梁鸿志与刘骏业以及林氏是福建同乡。

梁鸿志出身官宦世家，清末曾中秀才。民国后，梁鸿志拥护袁世凯称帝。袁世凯死后，梁鸿志投靠段祺瑞。1924年段祺瑞任临时执政，梁鸿志任临时执政秘书长，还任日本主办的东方文化事业总委员会中国委员。1925年11月梁鸿志辞职，寓居天津。据《历代帝王图》上梁鸿志"共和乙丑（1925年）秋日""爱居阁无上珍秘"的题识，以及朱文"众异珍藏"、白文"梁鸿志"钤印推测，似乎正是他刚到天津寓居后购得了《历代帝王图》。

1929年，《历代帝王图》在日本东京展出，日方曾有意购买，但因价格没有谈拢而作罢。1931年，梁鸿志将《历代帝王图》卖给山中商会。同年，山中商会的纽约分店将此画卷卖给波士顿美术馆，9月3日正式入藏。实际上，是美国画家、收藏家登曼·沃尔多·罗斯与波士顿美术馆共同出资购买了《历代帝王图》，资金据说是"数千美元"，按照英文的表述，可能是数十千（数万）甚至高达数百千（数十万）美元。登曼·沃尔多·罗斯是波士顿美术馆的董事，与该馆交集密切，《历代帝王图》可视为他的捐赠。

1931年九一八事变后，溥仪自天津经旅顺至奉天（今辽宁沈阳），次年在日本的扶持下建立伪"满洲国"，他从宫中盗运出的珍宝也随即运到，书画、挂轴存放在长春伪皇宫东院图书楼，俗称小白楼。此小白并非源自皇太极的坐骑小白，而是因面积不大、外墙灰白斑驳而得名。1945年日本战败，溥仪仓皇出逃。兵荒马乱中，小白楼遭到守卫的伪满军兵盗窃、抢劫，大批书画珍品或毁于抢夺，或不知所终，或四散流出，几经转手，各自流落天涯。

在这些流失的文物中，就有《职贡图》。有说1922年梁鸿志避居天津时，半骗半买收获了唐代《四夷朝贡图》，传为《历代帝王图》的作者阎立本所绘，后转手卖给一个叫岩崎的日本富商，从中赚得30万银元。这个岩崎，或恐是附会日本三菱财阀第四代社长的岩崎小弥太。

但《四夷朝贡图》一事，有待考究。该画作描绘的应是藩邦属国觐见朝贡的情形，一般称作《职贡图》。传阎立本及其兄阎立德，均有《职贡图》传世，且都在长春"小白楼风波"中被盗抢而去。

传阎立本所绘《职贡图》，鉴定为宋人摹本，原为奉天行宫（沈阳故宫）旧藏，绢本设色，绘藩属之众26人各持朝贡宝物，与故宫博物院台北分馆藏阎立本绘

《职贡图》相类，但有宋徽宗赵佶题签，清乾隆帝题："画则神气英爽、结构精严，即非立本真迹，亦必在五代以上之作。"1947年，天津古玩商靳蕴清从监守自盗小白楼的伪满军兵何义、王恩庆手中购得此图，后转售给北京韩某。

传阎立德《职贡图》，绢本设色，系南朝梁元帝萧绎所绘《职贡图》的摹本，此见于《石渠宝笈初编》著录。萧绎原本已不存，该摹本有残缺。此图从小白楼流出后，被时任东北保安副司令长官的郑洞国从古玩商处购得。20世纪50年代，郑洞国夫人经手转让此图，上海市文管会代南京博物院收购，20世纪60年代调入中国历史博物馆，现藏于中国国家博物馆，一般认定此图为宋人摹本。

自古藏品多聚散，乱花渐欲迷人眼。小白楼风波中散失的清宫旧藏古代书画珍品多达千件，能回归故宫或入藏国内博物馆，实至名归，适得其所，何其幸哉。

不幸者，又何其不幸。参与盗抢小白楼的伪满军兵王恩庆，颇有生意头脑，他以天津为据点，除了贩卖自己抢来的书画，还充当其同伙的捐客，而且他行事诡秘，只跟京津的个别古玩商和主顾交易，以免树大招风。他经手倒卖的书画有44件，也不乏三倒五转之后流失海外的传世名迹，比如《三世人马图卷》（图3-27，彩图15）。

赵孟𫖯，字子昂，号松雪道

图3-27 三世人马图卷（局部）

纸本，设色，全卷尺寸31.1cm×890.3cm，画幅30.2cm×178.1cm，元代赵孟𫖯、赵雍、赵麟绘，现藏于美国纽约大都会艺术博物馆

人，吴兴（今浙江湖州）人，宋太祖赵匡胤第十一世孙。南宋灭亡后入仕元朝，官至一品，卒赠魏国公，谥文敏。他家学渊博，书画造诣极高，被称为"元人冠冕"，且承上启下，开后世文人画之风尚。《三世人马图卷》为赵孟𫖯子孙三代所制，皆以一人牵一马命笔，藏家将三幅接裱合装成一卷，遂成大观。

第一幅为赵孟𫖯"元贞二年（1296年）正月十日作，以奉飞卿廉访清玩"，画白马一匹，丰满俏丽，不失动感。虽为写生玩赏之作，信手拈来，写真情态，小品之中见大手笔。此幅后被谢伯理收藏。谢伯理，又名伯礼，号履斋，祖籍陈留，居云间淞江淀湖里，移居泖上，元代末期曾任松江（今属上海市）同知。

第二幅为赵孟𫖯之子赵雍于至正十九年（1359年）八月画青斑马。此时他寓居杭州，谢伯理托人带去赵孟𫖯所绘《人马图》并请他续作一幅。赵雍年已七旬，慨然而作，所绘之马体态健硕，性情恭顺，欣悦和感怀之情流露画中。

第三幅为赵雍之子赵麟于至正十九年（1359年）十月画桃花马。谢伯理既已得到赵孟𫖯父子《人马图》，当时赵麟又在江浙任职，正是成就三代同画之佳构良机。谢伯理遂在赵雍成画后一个多月，就请赵麟续作。画中之马形态颇似赵雍之作，而右前蹄抬起，意在跃跃欲试。

三幅画中，马前皆有一人执缰，体态、相貌、服色、动作、神情各异，相同的趣味，不同的思想，各有千秋，彼此呼应，相得益彰。时空跨越六十年，祖孙三代丹青合璧，堪称奇迹，玉成此杰作的谢伯理，用心良苦，是个大雅。

谢伯理之后四百年间，《三世人马图卷》为历代藏家追捧，题诗、钤印众多，流传有序。明代僧人善住诗云："魏公三世写人马，紫燕青骢白鼻䭾。头络黄金趋伏枥，蹄翻碧玉踏飞花。奚官有若来沙漠，神骏无殊产渥洼。貌入丹青传世久，何当捧献帝王家。"

没想到此诗一语成谶。在清代，《三世人马图卷》被乾隆帝收入内廷，命之"宜子孙"，列入上等珍藏。后来嘉庆帝和溥仪均在画上用印，凑成三代御览之宝。然溥仪之后，此画卷不复有三，命若浮萍，随波逐流。

王恩庆以微小代价，从伪满军士兵李德林手中买进《三世人马图卷》，通过长春古玩店主李植甫和北京琉璃厂墨宝斋古玩店马保山，经伦池斋靳伯声转手卖往香港，又经周游、朱朴（朱省斋）、张大千递藏。

朱朴，字朴之，号朴园，江苏无锡人，1947年移居香港，改号省斋。据其

《书画随笔》中所记,流寓香港的书画收藏家谭敬,欲以黄金十条购入此画,却因突发车祸,未得如愿。谭敬1948年赴香港,不久后因车祸卷入人命官司,1950年回上海,此画卷遂为藏家周游购得。书中又记:"周游获此卷后,邀其与(张)大千前往共赏,复详录尺幅及历代题识等。"书中还记:"去年冬天,我(朱省斋)在东京获得周氏有将全部收藏出让的消息,当即告以大千,并深以无力得此念念不忘的名迹为恨。不意一月以后,我接到大千于赴欧途中于曼谷寄来的一信,其中有一段如下:'周氏所藏名迹精华,此次殆已全部为弟所得。尊赏《赵氏三世人马图卷》,亦已代为垫款购得,容当面奉。想吾兄闻之,必将浮一大白也!'"

1956年,张大千在日本东京办画展后赴欧洲,朱省斋请张大千垫款从周游手中购入《三世人马图卷》。不料此后两人失和,朱省斋对此事则有了另一番心情的描述,其《十年来在港所见书画十大名迹录》文中记述:"此卷原为清宫故物,为赵氏传世之一大剧迹。七八年前(1948、1949年间)流到香港,为周游所得。邀往观赏,为之击节。三年前(1956年)我在东京,听得周氏有将此卷出售的消息,喜出望外,当即以告张大千(因其时彼适将有香港之行),他答应为我垫款以购之。但是他后来购得了,随即瞒了我,一转手就以重价卖到美国去。从此国宝外流,重归无日,真是可惜!"

但是,不管朱省斋如何讲述张大千独闷儿了《三世人马图卷》,此画卷上有"梁溪朱氏省斋珍藏书画印",可见朱省斋是过了手的,但最终还是入了张大千的收藏。近代就画坛高峰而言,有"南张北溥"赞誉,即张大千和溥心畬。若视藏品如过眼云烟,二人亦有一拼,只是处境、心态不同。

自小白楼流散的书画珍品,张大千曾购藏若干,最知名者当属五代南唐顾闳中《韩熙载夜宴图》和董源《潇湘图》。此同时代的两幅杰作,一个工笔人物,一个写真自然,一个纵情声色,一个肆意山水,不同风格同样境界。一生中能见半张董源的画便可知足了,《潇湘图》乃董源真迹,张大千自北京琉璃厂玉池山房购得。有人说《韩熙载夜宴图》乃宋人摹本,岂不知此画中藏有天机不可泄露,非临摹者所能参透。1952年,经由"香港秘密收购小组"负责人徐伯郊,张大千将《韩熙载夜宴图》和《潇湘图》以低价转回国内,传为美谈。有人说张大千为移居南美筹措经费才脱手这两幅稀珍,那他如何没过两年就有钱了,能把周游所藏名迹精华悉数拿下?此权当托词,殊不知张大千别有一番良苦用心不便直白。张大千收藏的名作之上,可见钤有"鸿嫔""鸿嫔堂记""徐氏小印",此为徐雯波之印章。徐雯波,成都人,18岁嫁给年近五十的张大千,成为其第四任妻子,视张大千为偶像,也是其创作的主题和灵感。大师背后必有一精明佳偶,此话当真。

张大千往往在其收藏的名作上加盖闲章,以《三世人马图卷》为例,他钤有"不负古人告后人"、"南北东西只有相随无别离""别时容易""球图宝骨肉情"等印,不比乾隆帝"三希堂精鉴玺""乾清宫鉴藏宝"有章可循,却不失为悟透收藏之真知灼见,可供后世自省。

张大千购藏或经手清宫散佚书画,如北宋黄庭坚《廉颇蔺相如合传》草书长卷、南宋赵孟坚《梅竹谱三诗》、南宋传刘松年仿高克明《溪山雪意图卷》、传南宋初年赵伯驹《六马图卷》(图3-28)、元代赵孟頫《九歌图》等,以及历代名家书画,如宋徽宗赵佶《翠竹双禽图》、南宋李结《西塞渔社图》、元代盛懋《秋林渔隐图》、元代倪瓒《秋林野兴图》、元代唐棣《滕王阁图》、明代仿赵孟頫《草书湘帘疏织七绝诗》、清代朱耷(八大山人)《山水图》册页、清代石涛《秋林人醉图》、《山水人物图》册页,还有自己的画作,转售给美国人"汉光阁主"顾洛阜。

顾洛阜家境富有,无子女传代。在20世纪40年代东亚大局动荡中,他脱

图3-28 六马图卷
纸本,设色,尺寸47.1cm×647.1cm,画幅46.2cm×168.3cm。传南宋初年赵伯驹绘,张大千题跋,钤印九方;徐雯波钤印二方。顾洛阜捐赠美国纽约大都会艺术博物馆

颖而出，成为西方以巨资收购国宝级中国法书的第一人。顾洛阜还从香港收藏家处购得五代《别院春山图》、北宋郭熙《树色平远图》、北宋米芾《草书吴江舟中诗》、北宋李公麟《豳风图》、北宋《杂阿含经卷第二十五》、元代鲜于枢《草书韩愈石鼓歌》、元代吴镇《芦滩钓艇图》、明代文徵明《东林避暑图》等清宫散佚书画名作，除北宋乔仲常《后赤壁赋图》在 1983 年以 27 万美元转让给美国堪萨斯城纳尔逊 – 阿特金斯艺术博物馆外，其所藏宋元明清历代书画和其他文物艺术品，于 1988 年悉数捐赠给美国纽约大都会艺术博物馆。

自小白楼散佚的清宫旧藏书画，流失到海外者约百件，其中以美国博物馆入藏为盛，虽不及总数的十分之一，但均为历代名家传世收藏，进而成为宫廷珍赏，其艺术价值自不可估量。正所谓珍藏易主知多少，聚散春风何处寻？书画自古是最高品位的收藏，构成了帝王系雅好与收藏聚散的史话，是中国收藏史和文物流失史最具传奇色彩的篇章。怎奈神品一去杳如烟，纵有千言万语，总如浮云掠过。

肆 在漫长的古道上

自长安出发的丝绸之路，自古以来就是融合中外商贸和文化的通道。这条古道是漫长的，不仅在于经行的路程，更在于跨越的历史。

19世纪末，在英俄争夺中亚、列强自东南沿海侵略中国的大背景下，各国相继派遣探险队深入中国新疆，在古丝绸之路沿线活动，考察政治、经济、文化、宗教、人种、民族等社会状况，开展地质和地理测绘、绘制地图。这种类似间谍的情报工作，可以视为侵略中国西部的初步调查研究和对资料储备情况的调查研究。

当然，探险队给人留下的最深印象，就是发掘古代遗址和搜集古物。这种破坏遗址和掠夺文物的行为，也意味着文化传承的缺失以至国土的流失，因为文化上的切割，导致能够证明主权、领土、历史的文化遗址和文物的丧失，必将成为主权和领土被切割的借口。

1. 最先到来的俄国人

最早进入中国新疆涉猎文化遗址和古物的探险者，是俄国人。

普尔热瓦尔斯基是最早在中亚和东亚开展科考的俄国人。作为地理学家，他的考察成果为后来者奠定了基础、指明了方向，并争取到了来自国家层面的肯定和支持，毕竟这些考察和探险活动是为沙俄向中亚和中国扩张服务的。

普尔热瓦尔斯基，出生于沙俄斯摩棱斯克一个波兰裔白俄罗斯贵族家庭，早年曾在圣彼得堡军事学院学习，1864年成为华沙一所军事学校的地理教师。1867年，他向沙俄地理学会申请，被派遣到西伯利亚中部的伊尔库茨克，实际上他的目的是考察乌苏里江流域——1860年《中俄北京条约》签订后，乌苏里江成为中俄的界河，此前该流域的大片土地属中国所有，沙俄对那里尚缺乏清晰而详尽的认知。这是普尔热瓦尔斯基的首次重要考察，持续了两年时间。

此后，1870年至1885年，他在中国共进行了四次"旅行"，探险的最终目的地是西藏拉萨，但他从未能抵达那里，其中有客观困难，也有当地官员阻拦的原因。当时英国和沙俄正在中亚展开各种情报战，为实现殖民扩张的大博弈占得优势，中国的新疆和西藏也成为他们觊觎的目标。

普尔热瓦尔斯基的行动，不限于地理和物种考察，例如在第一次探险期间，他向沙皇的总参谋部提供了有关新疆"阿古柏之乱"的重要情报。这个情报，可能促使沙俄与已经基本占领新疆全境的阿古柏在1872年签订"俄阿条约"，承认其"洪福汗国"（又称"毕杜勒特汗国"），以达到控制新疆的目的。普尔热瓦尔斯基因此晋升为中尉，进入总参谋部任职。

就殖民扩张的准备工作而言，地理勘测完成后，就是文化考察和"获取古物标本"。普尔热瓦尔斯基的事业，被其门生科兹洛夫继承并发扬光大。

跟普尔热瓦尔斯基一样，科兹洛夫也出生在斯摩棱斯克，也曾在圣彼得堡军事学院学习。他父母希望他从事军事，但他选择参加普尔热瓦尔斯基的探险队，这就是所谓的缘分吧。

科兹洛夫是普尔热瓦尔斯基第四次探险队的成员。普尔热瓦尔斯基死后，科兹洛夫参加了其继任者佩夫佐夫和弗塞沃洛德·伊凡诺维奇·罗博罗夫斯基的探险队，在1893年至1895年间，考察了吐鲁番地区高昌故城、交河故城和吐峪沟，收集到一批汉文、梵文、维吾尔文写本和一件粟特文写本（图4-1，彩图16）。在这次探险中，他取代患病的罗博罗夫斯基成为探险队队长，由此走上了独立探险之路。在1899年至1901年，科兹洛夫考察了黄河、长江和澜沧江，并因此在1902年获得沙俄地理学会"康斯坦丁奖章"。

在考古或者说掠获中国文物方面，科兹洛夫最大的"成就"是找到了黑水城（哈拉浩特，黑城）。之后，我将通过一个独立的单元来详述黑水城的流失文物。

图4-1 礼拜者
公元6世纪，壁画，残片，42cm×31cm，出自新疆龟兹摩尼教寺院。现藏于俄罗斯艾尔米塔什博物馆

早在1879年9月至11月，植物学家雷格尔是首个前往新疆吐鲁番地区考察的俄国探险者，虽然他所关注的是该地丰富的植物物种，但也注意到了在一个叫哈拉和卓（高昌故城）的地方保留着大量古文化遗存。

1898年，沙俄圣彼得堡科学院重启雷格尔的考察，派德米特里·A.克莱门茨夫妇到新疆吐鲁番进行气象学和植物学考察，同时在高昌故城、胜金口石窟、柏孜克里克千佛洞、吐峪沟石窟收集写本和壁画，其成果在1899年被提交至罗马"东方学家国际会议"。吐鲁番在丝绸之路南道上，作为除龟兹（库车）之外的又一古代文化中心引起学术界的关注，这为后来各国探险队的纷至沓来埋下了伏笔，尤其是克莱门茨提及他在柏孜克里克发现的130个石窟。

沙俄在中国西部最重要、最丰富的考古收获，来自于奥登堡的两次探险。

第一次探险在1909年至1910年，奥登堡从乌鲁木齐出发经喀喇沙尔（焉耆）进入吐鲁番（图4-2、图4-3，彩图17），然后经库车（龟兹）、巴楚到喀什结

图4-2 菩萨头像
公元7世纪，泥塑，高38cm，出自新疆焉耆。现藏于俄罗斯艾尔米塔什博物馆

图4-3 菩萨像
公元8世纪，壁画，残片，144cm×101cm，出自新疆焉耆。现藏于俄罗斯艾尔米塔什博物馆

束。在吐鲁番，奥登堡的探险队在交河故城、高昌故城、胜金口、柏孜克里克千佛洞、木头沟、吐峪沟进行发掘。在此之前，日本大谷探险队和德国探险队已经"扫荡"过这些地方的遗址和石窟寺，奥登堡依然收集到众多古物和写本残卷。

1914年至1915年间，奥登堡进行了第二次探险，目标是敦煌，收获巨大。他得到了莫高窟藏经洞（第17号窟）大约10000件保存完好的写本。

奥登堡将两次探险的掠获品运回沙俄，存放在圣彼得堡，其中写本、文书现收藏在俄罗斯科学院圣彼得堡分部的东方研究所，壁画、艺术品等在1930年至1931年间由圣彼得堡人类学和民族学博物馆转入艾尔米塔什博物馆（冬宫）（图4-4、图4-5）。

顺便提及的是，芬兰在20世纪初曾是沙俄的一部分。1808年在芬兰战争中，瑞典与俄罗斯交战落败，芬兰被俄罗斯沙皇亚历山大一世的军队占领，此后芬兰脱离瑞典，成为俄罗斯帝国内的自治大公国，并由沙皇兼任大公直到1917年。在沙俄军队中服役的芬兰人马达汉，也曾在中国西

图4-4 罗汉
公元8世纪，壁画，残片，83cm×35cm。现藏于俄罗斯艾尔米塔什博物馆

图4-5 悉达（成就者）
公元9世纪，壁画，残片，151cm×102cm。现藏于俄罗斯艾尔米塔什博物馆

部探险。

马达汉曾参加在中国东北爆发的日俄战争，因在1905年奉天会战中作战勇敢，被擢升上校，带领一支当地红胡子（土匪）组成的非正规武装，在内蒙古一带探查。马达汉不久返回圣彼得堡接受了一项特殊任务，从新疆前往北京，沿途对清政府维新和现代化情况进行细致的实地调查，目的是为沙俄武力侵占中国西部（新疆和甘肃）提供情报支持。这是一项间谍工作。

经过深思熟虑后，马达汉在撒马尔罕（今属乌兹别克斯坦）"遇到"了伯希和带领的法国探险队。伯希和同意马达汉扮作人种学者随探险队同行，并表示他也可以为沙俄总参谋部提供情报。作为回报，伯希和要求在外里海铁路（中亚铁路）自由通行，并私下付给他10000法郎，让马达汉派哥萨克士兵护送——马达汉答应了，伯希和甚至获得了双倍的价钱。

1906年7月，伯希和探险队从安集延（今属乌兹别克斯坦）出发前往新疆喀什。路上，马达汉与伯希和在后勤保障问题上爆发争吵，两人遂分道扬镳。在新疆，马达汉首先到和阗（和田）查访英国和日本间谍，然后经喀什前往乌鲁木齐，再到吐鲁番和哈密。早在1898年，马达汉即受芬兰探险者奥托·唐纳之托，在古丝绸之路南道和北道沿线收集古物。所以在做情报工作、收集各民族资料的同时，马达汉在交河故城和高昌故城等地购买了各种古代文书，这些文书以汉文居多，亦包括维吾尔文、藏文、粟特文、波斯文写本。因他不懂考古，只能以购买的方式获得古物。

马达汉自敦煌进入甘肃，沿河西走廊调查了裕固族部落，后经兰州向南进入藏区，在甘南的拉卜楞寺，他被仇外的喇嘛扔了石头。之后，马达汉经西安、开封、太原、呼和浩特，于1908年7月到达北京。在北京，他完成了军情报告，内容涉及教育、军事、民族政策、矿产、工业、铁路、日本对中国的影响、鸦片等多方面的情况，给出了沙俄入侵新疆的路线图和中俄爆发战争情况下在新疆讨价还价的谈判策略。马达汉后来经过东北，经由西伯利亚铁路返回圣彼得堡。

马达汉在新疆获取的文书，现归赫尔辛基芬兰-乌戈尔学会所有，保存在芬兰赫尔辛基大学图书馆。1917年十月革命后，芬兰宣布独立。马达汉在1918年12月至1919年7月担当芬兰摄政，因在1919年6月竞选芬兰第一任总统中失利而去职。这一年，他和俄罗斯-塞尔维亚混血裔的富有而美丽的妻子在分居17年后离婚。第二次世界大战中，他任芬兰国防军总司令，是芬兰军事历史上级别最高的军人，其最终军衔为"芬兰元帅"。他还在1944年8月至1946年3月担任芬兰第六任总统，是二战军事史上的一个奇人。

德裔俄国学者拉德洛夫，在1884年至1894年是圣彼得堡亚洲博物馆负责人，参与了建立人类学和民族学博物馆，1894年至1918年任馆长。在他任馆长期间，1899年曾前往中国新疆考察，其探险队成员格伦威德尔，是后来德国吐鲁番探险队的组织者。

2. 收获最大的德国人

德国末代皇帝威廉二世，在热衷希腊文化的背后，更深的目的，是探讨德国人种和文化传承的正确性以及影响力，以确认德国对相关地区的占领在文化上的传统与合理性。比如，时任柏林民族学博物馆副馆长的格伦威德尔，在1893年发表了《印度佛教艺术》，认为犍陀罗佛教艺术源自古希腊。

1899年，格伦威德尔受邀参加了拉德洛夫探险队，由此来到中国新疆的北部。1902年冬，格伦威德尔作为柏林人类学博物馆馆长，亲自组织了一支探险队到达中国新疆吐鲁番地区。

在德国皇帝、普鲁士政府以及军火商克房伯等赞助人的支持下，德国探险队在20世纪初，接连四次对包括吐鲁番地区遗址在内的新疆多地的古城和石窟进行考察，掠获了数以千计的绘画和壁画等艺术品，以及超过40000件的写本和文书。在各国探险者中，德国人的收获最大。

1902年12月至1903年4月的第一次探险，由格伦威德尔带队，成员包括胡特博士和巴图斯，得到了博物馆赞助人詹姆斯·西蒙、军火商克房伯、普鲁士政府和一个民族学委员会提供的36000马克的资金。探险队经由伊宁到乌鲁木齐，转道进入吐鲁番，获得绘画、造像、写本等46箱，动物标本13箱（图4-6，彩图18）。格伦威德尔也成为近代第一个考察高昌故城（哈拉和卓）附近古代遗址的欧洲人（图4-7、图4-8，彩图19）。不过，根据光绪二十八年（1902年）新疆当局发给格伦威德尔（当时译名"旅威力"）的通行文件，规定他只能在

137

新疆境内游历。显然,他违规了。

深受第一次探险巨大成果的鼓舞,第二次探险在 1904 年 11 月至 1905 年 8 月展开,他得到德国皇帝威廉二世 32000 马克和克房伯 10000 马克的捐款,这次探险也因此又被称为"第一次皇家普鲁士吐鲁番探险"——实际上,探险的范围并不只在吐鲁番。因为健康原因,格伦威德尔不能成行,委托其助手冯·勒柯克(又译作雷科克、封礼格),带领巴图斯执行此次任务。冯·勒柯克与格伦威德尔同名,都叫阿尔伯特,他是个酒商,继承了在中欧和东欧数量可观的啤酒厂和葡萄酒厂。他认为中国受到了古希腊文化的影响,于是在 40 岁时开始研究考古。

冯·勒柯克和巴图斯经由乌鲁木齐进入吐鲁番,并沿塔克拉玛干沙漠古丝绸之路北线进行探险。这次探险,掠获的古物总计 105 箱,主要是柏孜克里

图 4-6　十一面观音像
隋代,公元 7 世纪初,木雕,38cm×11cm×4.5cm,重 1.3kg。出自新疆吐鲁番鄯善吐峪沟千佛洞,现藏于德国柏林亚洲艺术博物馆

图 4-7　供养人像
回鹘高昌,公元 10 世纪,壁画,彩绘,残片,59.5cm×62.4cm×4.8cm,重 25kg

图 4-8　菩萨像
回鹘高昌,公元 10 世纪,绢本设色,32cm×25.7cm。出自新疆吐鲁番哈拉和卓(高昌故城)5 号墟,现藏于德国柏林亚洲艺术博物馆

克千佛洞的壁画以及少量文书，这些文书出自高昌故城附近的摩尼教和景教寺院，价值不凡（图4-9、图4-10）。

德国人的第三次探险与第二次探险是连续的，在1905年12月至1907年4月实施，得到了德国文化部的资助。格伦威德尔赶到新疆与冯·勒柯克和巴图斯会合，但冯·勒柯克因患病于1906年年中提前回国。这次探险的线路先由喀什到图木舒克，然后由克孜尔到库车、库木吐喇，又经舒尔楚克—吐鲁番—乌鲁木齐—哈密—吐峪沟一线，然后返回，掠获118箱古物，包括石窟壁画和文书等（图4-11）。

时隔六年，1913年3月至1914年3月，在威廉二世和其他赞助人总共60000马克的资助下，冯·勒柯克带领巴图斯前往新疆开展第四次探险。这时，清朝已覆亡，民国初建。这次探险重复了第三次探险的线路，主要目的是把第三次探险中格伦威德尔在各地石窟中拍照的壁画"取走"。格伦威德尔只是希望记录这些壁画而不破坏它们，但冯·勒柯克倾向于将壁画用锯切割下来，把实物带回去，这种做法受到格伦威德尔的批评。这一次，冯·勒柯克掠获的古物装了

图4-9　摩诃迦叶
公元6世纪前后，壁画，残片，46.5cm×71cm×7cm，重40kg。原位于新疆克孜尔石窟第13窟，现藏于德国柏林亚洲艺术博物馆

图4-10　释迦说法图
公元6世纪，壁画，残片。左：298cm×346.5cm×4.3cm，重约1040kg；右：314cm×85cm×4.3cm，重约270kg。原位于新疆克孜尔石窟第84窟，现藏于德国柏林亚洲艺术博物馆

图4-11　佛坐像
唐代，公元7世纪，泥塑，彩绘，102cm×54.5cm×23.5 cm，重70kg。原位于新疆焉耆舒尔楚克麒麟窟第9窟，现藏于德国柏林亚洲艺术博物馆

156箱,是四次探险中收获最大的一次。

来自柏林民族学博物馆的巴图斯参加了全部四次探险,他的工作是切割佛窟、岩壁、遗址中的壁画。他使用狐尾锯,将尖头、细长的锯条扎入墙壁,反复推拉锯条,从而将壁画连同一定厚度的墙体锯下。这些壁画被切割成便于运输的方块运回国后,再进行拼装组合,但已经无法完整复合,断面处的壁画已经脱落,裂痕明显,无从识得全貌(图4-12、图4-13)。

德国探险队的掠获品最初保存在柏林民族学博物馆印度部(1963年改称印度艺术博物馆,1992年并入柏林勃兰登堡科学与人文科学院)。二战中,民族学博物馆遭到盟军数次轰炸,固定在博物馆墙上的大幅壁画无法拆走,遭到毁灭性破坏,包括28幅最好的壁画,例如最壮观的出自柏孜克里克千佛洞9号窟的佛教壁画,在1943年的空袭中灰飞烟灭了。一些小幅壁画,则被转移到掩体和矿井中而幸免于难。1945年,苏联红军攻入柏林后,在柏林动物园的一个掩体内发现了至少十箱德国探险队的掠获品,并把它们运回苏联,现藏于俄罗斯艾尔米塔什博物馆。2006年,印度艺术博物馆和东亚艺术博物馆合并为亚洲艺术博物馆,是德国柏林国立博物馆的一部分。

需要说明的是,各国探险队对很

图4-12 乐伎图
公元7世纪前期,壁画,残片,233cm×129cm×5cm,重约300kg。原位于新疆克孜尔石窟171窟,现藏于德国柏林亚洲艺术博物馆

图4-13 供养人像
回鹘高昌,公元10世纪,壁画,彩绘,残片,66cm×59cm×4.8cm,重约39kg。原位于新疆柏孜克里克千佛洞第20窟(格伦威德尔9窟,斯坦因v窟),现藏于德国柏林亚洲艺术博物馆

多古代遗址，不可能采取科学的方法抽丝剥茧般进行细致的勘探和发掘，甚至不乏雇用当地民工进行滥挖，这对遗址往往是不可逆的、毁灭性的破坏。同时，考察也导致文物的损坏，特别对壁画、佛像等那些不可移动的文物。

外国探险队在新疆的考察和发掘活动，并未得到中国官方的许可。探险队将发掘获得的古物运到国外，这在当时是违反政府规定和法律的，是一种偷运、走私行为。虽然在清朝末年、民国初期的混乱时局中，中国的法律和政令无法得到普及和贯彻，但并不能因执法力度的薄弱而忽略这些违法行为的事实。

位于新疆吐鲁番火焰山的柏孜克里克千佛洞，90%的壁画被斯坦因、奥登堡、德国探险队、大谷探险队等四个探险队切割下来，盗运出境，现收藏于德国柏林亚洲艺术博物馆、俄罗斯艾尔米塔什博物馆、日本东京国立博物馆、英国大英博物馆、印度新德里国家博物馆、韩国国立中央博物馆。

以柏孜克里克千佛洞4号窟为例，可以尝试结合原址的情况和探险队拍摄的壁画原貌，把分散在不同博物馆的壁画残片进行还原，但完成的复原作品是支离破碎的、没有质感，甚至是失真的图像。我们永远无法想象最初时的美感及其所传达的信息，同时，这也意味着有部分壁画早已不存于世了。

3. 被叫停的拍卖背后

2016年10月21日，中国国家文物局向日本横滨国际拍卖株式会社发出《关于停止拍卖中国流失文物的函》，要求停止拍卖相关非法流失的中国文物，并保留对有关文物的追索权利。相关涉案拍品——唐代天王敦煌壁画、唐代木质彩绘佛像人物故事壁画、唐代写经等，最终被退回给委托人。

国家文物局的函件指出，从中国非法劫掠这批文物的人，为首的是大谷光瑞。大谷光瑞，是日本佛教最大门派净土真宗本愿寺派第21代门主大谷光尊的长子，9岁剃度出家，1898年与九条筹子结婚。筹子的妹妹节子，在1900年与皇太子结婚——1912年大正天皇登基后，她成为皇后——大谷光瑞由此攀上皇亲，他本人也在1903年成为本愿寺派第22代门主。由此可知，大谷光瑞在佛教界和政界都有非比寻常的地位。

大谷光瑞非法掠夺中国文物，主要通过"大谷探险队"在中国西部，特别是在新疆的考察来进行。他最初组织探险队，可能跟他1899年在中国、1900年起在英国的经历有关，当时欧洲的探险者，已经在中亚和新疆进行了考察和考古发掘。例如1896年和1900年的两次新疆探险中，瑞典人斯文·赫定分别发现了丹丹乌里克遗址（和田）和楼兰古城。英籍匈牙利人斯坦因在其1900年的第一次中亚探险中，大规模发掘了和田遗址和尼雅遗址。1901年7月，斯坦因返回英国，很快出版了《去中国新疆从事考古和地形考察的初步报告》，从新疆带回的考古发掘成果存放于大英博物馆。而此时，大谷光瑞正在伦敦游学。

从1902年开始，大谷光瑞先后组织了三次大谷探险队前往中国西部，目的有数个：解明佛教东传的线路；巡礼佛教遗迹；在西域收集佛经、佛像、佛具等；通过考古研究佛教教义；开展地理学、地质学、气象学、植物学的研究等。

大谷光瑞在中国西部的探险活动并不是单纯地发掘、搜集古物，而是一种间谍性质的、侧重佛教的综合性考察。大谷探险队成员都是佛教徒，或者说是大谷光瑞门下的弟子。这三次探险的情况大概如下。

第一次大谷探险队的活动时间，是在1902年至1904年。1902年8月，大谷光瑞一行5人从伦敦出发，经撒马尔罕入境中国。其探险队在新疆喀什的塔什库尔干分为两路，大谷光瑞率本田惠隆、井上弘圆翻越明铁盖达坂，到达今巴基斯坦吉尔吉特、印度斯利那加。1903年1月，因其父亲大谷光尊圆寂，大谷光瑞回日本继职本愿寺派宗主；另一路，渡边哲信、堀贤雄两人沿丝绸之路南道进入塔克拉玛干沙漠，在和田、库车一带和克孜尔千佛洞等地进行"考察"（图4–14）。

第二次大谷探险队的活动时间，是在1908年至1909年。1908年6月，野村荣三郎和橘瑞超从北京出发，取道张家口、库伦等地进入新疆准噶尔盆地，调查吐鲁番周围遗迹。次年2月，两人在库尔勒分手，野村荣三郎在库车周围进行盗掘、调查，然后经阿克苏到达喀什（图4–15，彩图20）；橘瑞超则进入罗布泊，然后经若羌、和田抵达喀什，与野村荣三郎会合后，翻越喀喇昆仑山口进入印度河畔的列城，历时18个月。这次探险被认为是收获最大的一次，尤其是在1909年，未满20岁的橘瑞超在楼兰偶然发现了《李柏文书》。

《李柏文书》现存于日本京都龙谷大学图书馆，共有三件：一件为残纸，疑为初稿；另一件有 9 行文字，用墨丰润，为二稿；第三件有 12 行文字，纵 23.8cm，横 39.7 cm，墨色枯淡，全用笔尖书写，为第三稿，被定为日本重要文化财。

《李柏文书》是目前所发现的年代最早的中国纸本书信实物标本。李柏是在楼兰所发现的全部文书中唯一一位史籍有载的人物，他是前凉时的西域长史，文书是他于前凉建兴十六年（328 年）在罗布泊畔的海头城给焉耆王等几个国王发出信函而留的草稿，是前凉简牍资料中最为集中、内涵最为丰富的文书资料。

第三次大谷探险队活动的时间，是在 1910 年至 1914 年。1910 年，大谷光瑞带橘瑞超游览了欧洲各国，先后会见了斯坦因、斯文·赫定、伯希和、冯·勒柯克等著名的西域探险者，从他们那里得到了各种最新情况和知识。8 月，橘瑞超从伦敦出发，从俄国入境至塔城，经乌鲁木齐、吐鲁番，再次进入楼兰遗址，然后又从且末北上，横穿塔克拉玛干沙漠到库车，经喀什、和田进入西藏北部，再取道且末、若羌而归。

时局动荡，大谷光瑞长时间没有得到橘瑞超的消息，便决定派吉川小一郎前往寻找。吉川经上海、武汉、兰州，于 1911 年 10 月 5 日到达敦煌，首先拍摄了莫高窟，并得到了一些写经、文书和彩塑。此时，橘瑞超装扮成维吾尔族人，正由若羌向敦煌进发，在路上碰到了一位从敦煌回来的维吾尔族人，并带有书信，他因此得知吉

图 4-14　如来佛首
公元 3 世纪，铁胎鎏铜，高 17cm。此系第一次大谷探险队掠获品，出自新疆和田，现藏于日本东京国立博物馆

图 4-15　菩萨头像
龟兹晚期，公元 7 至 8 世纪泥塑，彩绘，高 22.9cm。出自新疆库车库木吐拉石窟，现藏于日本东京国立博物馆

川正在敦煌找他的消息。橘瑞超于1912年1月26日到达敦煌,与吉川会合。在莫高窟,王道士将自己私下藏匿的部分藏经洞文物卖给了橘瑞超和吉川。由于工作作风与习惯、个性等均不是十分合拍,橘瑞超和吉川决定分道行动。吉川前往吐鲁番,橘瑞超前往安西。

在安西,橘瑞超收到大谷光瑞的电报,要求他马上中止活动回国,于是他只好回头,赶上吉川一起经哈密到吐鲁番,吉川决定在吐鲁番继续发掘,橘瑞超则前往乌鲁木齐,取道西伯利亚回国。吉川继续留在吐鲁番,到1913年2月离开吐鲁番,经焉耆到库车,调查和发掘了库木吐拉石窟、苏巴什佛寺等地后,又西进喀什,南下和阗,北上伊犁,最后东返乌鲁木齐,经吐鲁番、哈密、敦煌、酒泉等地,于1914年5月经北京回国,从而结束了第三次大谷探险队的活动。

现藏于日本MOA美术馆的《树下美人图》(图4-16,彩图21)和东京国立博物馆的《树下男子图》(图4-17),均出自新疆吐鲁番阿斯塔那古墓,被认为是墓中装饰的六扇屏风中的两

图4-16 树下美人图
唐代,公元8世纪,纸本设色,纸板,139.1cm×53.3cm。现藏于日本MOA美术馆,日本重要文化财

图4-17 树下男子图
唐代,公元8世纪,纸本设色,纸板,138.6cm×53.2cm。现藏于东京国立博物馆,日本重要文化财

扇。贴背使用唐开元四年（716年）西州柳中县高宁乡（今新疆鄯善西南鲁克沁）的户籍纸。其中《树下美人图》是1914年大谷探险队盗墓获得，《树下男子图》据说是王树楠（王方伯）旧藏，王树楠在1907年至1911年间曾任新疆布政使。

发掘遗址时，与欧洲探险队只拣选价值高的古物不同，大谷探险队把发现的所有古物无论巨细悉数收集起来，当初毫不起眼的疑似残绢，如今也有极其重要的研究价值。大谷探险队三次行动总共攫取了多少古物，对此并没有确切的统计。根据第三次探险的记载，共获得文物86箱，重达6731公斤，其中在吐鲁番窃取的文物就有70箱之多。

大谷光瑞称，所得文物"在时代上可上溯至六朝，在种类上也多种多样，颇为丰富""出土文物予以区分的话，有佛典、经籍、史料、西域文字的文书、幡画、雕塑、染织、刺绣、古钱、印本等"。除了汉语文献，还有用印度婆罗米字母（梵文）书写的佛典以及粟特文、吐蕃文、西夏文、回鹘文等语言书写的佛经和摩尼教典籍等，如一件译成回鹘文的净土宗《观无量寿经》。另外，大谷探险队在新疆吐鲁番发掘高昌国墓葬遗址时，出土了干尸12具，其中成人11具、孩童1具。干尸上的覆盖物，绘有人首蛇身神像（女娲与伏羲）等形象。

第一次大谷探险队运到日本的古物，最初存放在京都西本愿寺，一部分曾寄放在京都帝室博物馆（今京都国立博物馆）。1909年，大谷光瑞在神户六甲山麓的别墅二乐庄建成后，第二次和第三次探险获取的古物便存放于此，并进行了整理和展示，美其名曰再现阿弥陀世界。然好景不长，1914年5月，由于财务危机和属下僧侣的疑狱事件，大谷光瑞辞去了教派门主和伯爵职位，无力继续探险，而三次探险获取的那些古物也开始四散零落了。

1914年11月，大谷光瑞到大连出席西本愿寺关东别院（地址在永和街，已拆）落成典礼，决定以旅顺为中心在中国和南洋活动，并买下一栋俄式建筑作为宅邸。1916年8月，他移居旅顺后，把二乐庄内别墅古代写经、十具干尸、佛像等部分文物也一并运来。1917年4月1日"关东都督府满蒙物产馆"对外开放，这些文物以"寄存"形式存放于此。该馆于1918年4月1日改馆名为"关东都督府博物馆"，1919年4月12日改称"关东厅博物馆"。1929年，这些文物以37161日元出卖给"关东厅博物馆"，即现在的旅顺博物馆。新中国成立后，其中的620件卷轴装敦煌写经被调拨至北京图书馆（今中国国家图书馆），佛画、版画等调拨至中国历史博物馆（今中国国家博物馆）。旅顺博物馆仍收藏有大谷探险队吐鲁番所获的 16035 片佛经断片、非汉语文献以及美术品等。

大谷光瑞离开日本后，其二乐庄别墅被转让给"矿山王"久原房之助（他也是日立和尼桑的创始人，二战后被列为甲级战犯嫌疑，晚年积极开展恢复日中邦交正常化的活动），二乐庄内保存的部分探险所获的古物，也一并转让给久原房之助。久原房之助将这些古物赠送给了其同乡寺内正毅。1916 年 10 月 9 日，寺内正毅任第 18 任日本内阁总理大臣兼外务大臣兼大藏大臣兼朝鲜总督，相关古物入藏朝鲜总督府博物馆（现韩国国立中央博物馆），现在仍藏有约 2000 件壁画等美术品。

1948 年，大谷光瑞在 73 岁时去世，次年在西本愿寺发现两个从旅顺运回的木箱，其中有探险队所获的 8000 多件古物，均被捐赠给日本京都龙谷大学。至今在龙谷大学图书馆，还有橘瑞超捐赠的 55 件探险所获古物和吉川小一郎收集的帛画以及照片等考古资料，包括有佛经、贝叶、木简、印本、帛画、染织品、植物标本、古钱币、拓本、考古资料等，共计 9000 余件资料。其中，世俗文书主要有吐鲁番地区土地制度文书（给地、欠地、退地文书断片）、经济文书类以及原本用于丧葬的纸本残片、官署废弃的行政文书等。代表性的文书除了《李柏文书》，还有吉川小一郎于 1912 年第三次探险时，在敦煌获得的被称作中国本草学之祖的《本草集注序录》卷一的卷轴装写本（718 年）。非汉文的资料，共使用了 13 种文字和 15 种语言，即印欧语系（梵、吐火罗、粟特、于阗）、古代突厥语（突厥、回鹘）、西夏语、蒙古语、吐蕃语、婆罗谜文、佉卢文、粟特文、摩尼教文的文书。

大谷光瑞寄存在京都帝室博物馆（今京都国立博物馆）的掠获品，二战后转让给木村贞造，由日本文化保护协会于 1964 年购买，并于 1967 年归入东京国立博物馆收藏。这些掠获品包括出自吐鲁番、敦煌、柏孜克里克千佛洞等地的佛像、飞天像、回鹘语文书和木简等物。例如敦煌出土的《刘子》残卷，被定为日本重要文化财，纵 27.8cm，横 412.1cm，据推测其系晚唐时期书写，仅残存从"去情第三"至"思顺第九"的部分，一行约写有 16 至 17 个字，可以辨认出使用的是朱墨。《刘子》为北齐时代刘昼所作。

大谷大学是与大谷光瑞有关的净土真宗派西本愿寺建立的一座学校，该大学图书馆藏有 38 件敦煌写本，34 件来自大谷光瑞，3 件来自前大学校长的收集品，1 件来自一位大学教授。

天理图书馆有来自大谷探险队的敦煌、吐鲁番绘画各 1 件，还有大约 20 个卷子来自丝绸之路遗址，包括张大千收藏的散件。通过后记可以判明，它们是来自敦煌佛塔的 19 世纪早期发现的一个写本，以及通过各种不同渠道获得的各种写本，包括藏文、西夏文和回鹘文的残片。另外，该馆还收藏有庚子国难后自北京流散的 8 册《永乐大典》。

1932 年，在荒废多年后，二乐庄被火烧毁，原因不明。如果说一切结果都是从一开始就注定了的，1915 至 1916 年间，二乐庄内古物和古籍的流散，似乎不失为一件幸事。而这些古物，最初是因了某个缘分而产生并集结在一起，又因为劫难而四散。在它们暂时无缘重聚的时候，只能用文字的力量将它们复原在一起，这种重生，在因缘的感召下，可以让现在的人们重新解读历史，并感受湮没于黄沙中古典的光芒。

4. 触目惊心藏经洞

1900 年 6 月 21 日，清廷向侵略中国的列强十一国宣战。与此同时，与北京几乎在同一纬度、相去三千七百里的偏僻的甘肃敦煌莫高窟，道士王圆箓正在清除洞窟淤沙。6 月 22 日，他不经意间发现了藏经洞。时空交错，古往今来的爱恨在这一天发生碰撞，由是打开中国文物大规模流失的生死之门。

敦煌莫高窟，始建于前秦建元二年（366 年），其名意指没有比修建石窟寺更高的修为。唐代，莫高窟因丝绸之路的繁荣而兴盛一时，经宋、西夏至元，千年香火，世代礼拜，留给后世最重要的遗产之一，是 20 世纪初在一石室中发现的数万卷佛经、文书和绘画等史料，内容浩繁，贯穿数代，统称为"敦煌遗书"。

这个石室，被称为藏经洞，不过只是荒僻之地的一个七米见方的耳室。随着敦煌遗书流失四散，其价值日益受到各国学界的重视，并发展为一门单独的学科——敦煌学。而藏经洞也不再只是个地理发现的坐标，而成为映射古今中外的参照系，融汇文化，洞见历史。

封藏

按现今编号，藏经洞是莫高窟第 17 窟，实为第 16 窟的耳室。第 16 窟是敦煌高僧洪䛒（䛒，同"辩"）在唐代大中初年主持开凿。

安史之乱后，敦煌被吐蕃占领，吐蕃赞普升洪䛒为释门都教授，是当地僧界最高领袖。唐大中二年（848 年），张议潮克复敦煌，洪䛒派弟子悟真等随侍，为其出谋划策。大中四年（850 年），洪䛒派悟真入长安面奏唐宣宗，沟通河西走廊地区与唐朝的联系。大中五年（851 年）敕封洪䛒"河西释门都僧统、京城内外临坛供养大德兼摄沙州僧政法律三学教主，并赐紫衣"；敕封悟真"朝授京城临坛大德、赐紫、沙州释门义学都法师"。

或许是为了感念皇恩、虔诚供养，洪䛒开凿了第 16 窟。唐咸通三年（862 年），洪䛒圆寂。悟真等弟子在第 16 窟开凿耳室，作为洪䛒的影窟（纪念室），即今天的第 17 窟，其西壁嵌有"敕/河西都僧统洪䛒/都法师悟真/告身"碑。

第 17 窟长宽各 2.6 米，高 3 米。窟中现有一尊塑像，被认为是洪䛒像，是 1965 年从第 16 窟上方一侧的第 362 窟搬移至第 17 窟的。可能这尊塑像一直就在第 362 窟，究竟是不是洪䛒，至今并没有确凿的判断。既然第 17 窟中有"洪䛒告身碑"，在窟中为他塑像也是合乎常情的。如果是洪䛒像，原先从第 17 窟搬到第 362 窟，是非常费劲的事，甚至需要搭脚手架、几个人一起动手才行。可为什么要把塑像搬走呢？

从第 17 窟土筑的禅床（不含木板底座）来看，那里的确就应有一尊塑像，而且壁画是为塑像专门绘制的——该洞窟只有这一幅晚唐时代的壁画：绘双树，树两侧有近事女（在家奉佛的受五戒的女子）和比丘尼，树上挂着布袋和水壶，双树中间正好留出塑像的位置。双树意示世尊释迦牟尼涅槃本相。

很多人都把藏经洞的"藏"读作 cang，正确的读法应该是 zang（去声）。何人何时把第 16 窟耳室（第 17 窟）称作藏经洞，没有一个确切的说法，可能从开凿之初就是作为藏经洞来使用，与寺庙里常见的藏经楼一样。藏经，即收藏、储藏经典经文典籍之意，又作一切经，寺庙搜集佛教经律论三藏以及著作文书，汇集在一处，如书籍库藏一般，此所谓"藏经"。

根据现在的不完全统计，分散在国内外公私收藏的敦煌遗书，包括各种宗教、历史、社会、文学、艺术、地志、民俗等方面的重要文物资料，至少也有 5 万多件，其年代自十六国、北魏、隋、唐、五代至北宋和西夏，时间跨度约七百年。文字除汉文外，还有吐蕃文、回鹘文、突厥文、于阗文、叙利亚文、西夏文和少量的佉卢文、梵文、粟特文、蒙古文等十几种文字，是名副其实的图书馆。

藏经洞中现存有纪年的文书，最晚在北宋咸平五年（1002年），因此，大约在公元11世纪初，藏经洞封藏。封藏是一种宗教仪式。据《史记·封禅书》，"其礼颇采太祝之祀雍上帝所用，而封藏皆秘之，世不得而记也。"封藏于洞中的，是那个时代最受推崇的经典和最有保存价值的文书。封藏后，僧人们在第16窟四壁绘画，作为仪式的结束。有人说藏经洞被封闭，是因为逃避战乱或堆放弃置无用的文档，显然这都是无稽之谈。

天炮

藏经洞封藏九百多年后重见天日，发现者是王圆箓。根据王圆箓墓志《太清宫大方丈道会司王师法真墓志》，他发现藏经洞是在"光绪廿五年五月廿五"。当时"以流水疏通三层洞沙，沙出壁裂一孔，仿佛有光。破壁，则有小洞，豁然开朗，内藏唐经万卷、古物多名。见者多为奇观，闻者传为神物"。

而王圆箓自己记述，是在"（光绪）贰拾陆年五月贰拾陆日清晨"发现了藏经洞。当时"忽有天炮响震，忽然山裂一缝，贫道同工人用锄挖之欣出，闪佛洞一所，内有石碑一个，上刻大中五年国号，上载大德悟真名讳，系三教之尊大法师。内藏古经数万卷，上注翻绎经中印度经、莲花经、涅槃经、多心经，其经名种颇多"。

这段记述出自《催募经款草丹》，这是王圆箓遗留下来的唯一的纸本文献，是一封写给某活佛催要捐款信件的草稿或留底的抄件。活佛允诺捐款但迟迟没有兑现。1944年国立敦煌艺术研究所在王圆箓遗留的木箱中发现了这封信，此信为红纸墨书，纵25.3cm，横47.5cm，共25行，约写于1909年前后。王圆箓发现藏经洞的时间应以此为准，即公历1900年6月22日。

那个世道不太平，王圆箓的心境也不安定。他自称是个道士，道号法真，还号称是莫高窟下寺的住持，快60岁了，背井离乡，四处化缘，不辞辛劳地清理、修缮佛窟，冷暖苦乐自知。他的确干了几件大事：1906年在第16号窟前修建了"三层楼"，即窟前倚崖建筑的三层木构窟檐，有《重修千佛洞三层楼功德记》录其事；

149

还于1908年在三层楼对面修建了道观"三清宫"（今敦煌藏经洞陈列馆）。

正是三层楼完工之后，三清宫破土兴建之时，王圆箓正在捉襟见肘的时候，斯坦因和伯希和先后来到了莫高窟。洋人的到来让他找到了用藏经洞"敦煌遗书"来化缘的套路。钱用来修庙，这对他而言不是小事，但在历史上这导致了一件惊天的大事，这不是他能左右和预见的。他不失为一个好人，一个热心的人，有追求，有心机，只是好心未必办得成好事。

化缘

在王圆箓发现藏经洞之后，他去找敦煌县令严泽，并奉送了取自于藏经洞的两卷经文。他可能是想以藏经洞的发现来申请经费。然而，严知县只是把这两卷经文视作两张发黄的废纸而已。王道士碰壁而返。

1902年，敦煌又来了一位新知县汪宗翰（又作瀚，字栗庵），王圆箓向这位湖北老乡报告了藏经洞的情况。也是大约在这个时候，汪宗翰同科进士、在京城时的故知叶昌炽到甘肃任学政，恰巧托汪宗翰征求碑刻拓本。汪宗翰遂将藏经洞一事告知叶昌炽，并将王圆箓送来的经卷文书转呈给他。

对此，叶昌炽在《缘督庐日记》中有记述。如光绪二十九年十一月十二日（1903年12月30日）记："汪栗庵（汪宗翰）大令自敦煌寄至唐元拓片……栗庵共拓寄：《唐索公碑》，其阴《杨公碑》；《李大宾造像》，其阴《（唐昭宗）乾宁（年）再修功德记》；经洞《大中碑》。皆六分。元《莫高窟造像》四分，《皇庆寺碑》二分，皆前所已收……又旧佛像一幅，所绘系水陆道场图……又写经四卷，皆《大般涅槃经》……敦煌僻在西荒，深山古刹，宜其尚有孑遗。闻此经出千佛洞石室中，至门熔铁灌之，终古不开，前数年始发而入，中有石几石榻，据上供藏经数百卷，即是物也。当时僧俗皆不知贵重，各人分取……《大中碑》亦自洞中开出。"

又如光绪三十年八月二十日（1904年9月29日）记："汪栗庵来公私两牍……又宋画绢本《水月观音像》，下有《绘观音菩萨功德记》，行书右行，后题'于对乾德六年岁次戊辰五月癸未朔十五日丁酉题记'……又写经三十一叶……皆梵文。以上经像栗庵皆得自千佛洞者也。"

除此之外，叶昌炽还从敦煌文人王广文手上得到一些藏经洞文献，如《缘督庐日记》光绪三十年九月五日（1904年10月13日）记："敦煌王广文宗海，以同谱之谊馈塞外土宜，拒未收。收唐写经两卷，画像一幅，皆莫高窟中物也。写经一为《大般若经》之第百一卷，一为《开益经》残帙。画像视栗庵所贻一帧笔法较古，佛像上有贝多罗树，其右上首一行题'南无地藏菩萨'，下侧书'忌日画施'四字，次一行题'五道将军'，有一人兜牟持兵而立者即其像。再一行题'道明和尚'，有僧像在下。其下方有妇人拈花像，旁题一行云：'故大朝大于金玉国天公主李氏供养'。元初碑版多称'大朝'，然不当姓李氏。此仍为唐时物耳，公主当是宗室女，何朝厘降，考新旧《唐书》外夷传或可得。"

由此可知，王圆箓也在拿藏经洞的佛经"化缘"，有些佛经已经散失于民间。叶昌炽是藏书家，光绪二十三年（1897年）即撰成《藏书纪事诗》七卷刊行，深知其所得藏经洞佛经文书的分量，遂向甘肃藩台建议将藏经洞文献运到省城兰州保存。然而，敦煌离兰州路途遥远，五千至六千两银子的运费无处落实。光绪三十年（1904年）三月，甘肃布政司命汪宗翰就地"检点经卷画像"，封存藏经洞，并责令王圆箓妥加保管，不许外流——由此可知，后来外国探险者不论以何种手段取得藏经洞"敦煌遗书"，皆是违法行为。

糊涂账

"敦煌遗书"陆续四散而出，绝大部分被外国探险者掠去。余秋雨在散文《道士塔》中写道："要详细地复述这笔交换账，也许我的笔会不太沉稳，我只能简略地说：1905年10月，俄国人勃奥鲁切夫用一点点随身带着的俄国商品，换取了一大批文书经卷；1907年5月，匈牙利人斯坦因用一叠银元换取了24大箱经卷、5箱织绢和绘画；1908年7月，法国人伯希和又用少量银元换去了10大车、6000多卷写本和画卷；1911年10月，日本人吉川小一郎和橘瑞超用难以想象的低价换取了300多卷写本和两尊唐塑；1914年，斯坦因第二次又来，仍用一点银元换去5大箱、600多卷经卷……"

按照这篇散文的说法，最早获得藏经洞"敦煌遗书"的外国人是俄国人勃奥鲁切夫。勃奥鲁切夫应是俄国地质学家奥勃鲁契夫，1892年至1894年，他曾参加波塔宁的探险队来到中国，考察了外贝加尔地区、祁连山脉、新疆北部（准噶尔盆地）和阿尔泰山等地，即便他到了莫高窟，也不可能看到藏经洞。

"用一点点随身带着的俄国商品（还有人说是日用品，甚至具体到六包劣质石蜡——蜡烛？），换取了一大批文书经卷"的桥段，似出自奥勃鲁契夫1951年写的冒险小说《在中亚荒野上》。这里需要给奥勃鲁契夫正名，他未曾染指藏经洞"敦煌遗书"。

不过，与余秋雨所写"勃奥鲁切夫换取藏经洞文书经卷"的时间相对应的，是1905年，在第二次德国探险队的考察中，冯·勒柯克在哈密从土耳其商人口中听到藏经洞的消息，由于时间紧迫，他以抛硬币的方式决定是否前往。"正面朝上，会满载而归；背面朝上，则空手而回"。结果是背面朝上，于是他回到喀什，失去了"应属于我的难以置信的宝书"。

另外，余秋雨散文中说斯坦因和伯希和付给王圆箓少量银元换走了大批经卷，具体是怎么回事呢？

首先来到藏经洞的探险者是斯坦因。他根据匈牙利地质学家、地理学家拉乔斯·洛克齐的指引来到了莫高窟。1877年至1880年，洛克齐调查了中国西部和戈壁沙漠的地质、地理情况，是第一个对青藏高原山脉进行科学说明的欧洲人。1902年，洛克齐曾向斯坦因生动地描述了莫高窟的壁画和彩塑，这激发了斯坦因的兴趣，也成为他在第二次探险中，由新疆继续向东勘察、深入中国的动机。

斯坦因在1900至1901年、1906至1908年、1913至1916年和1930年，分别在中国西部进行了四次探险，是政府派遣和资助的官方行为，得到了英属印度总督以及英国印度外事局、勘探局的批准和协调，以及来自英国皇家地理学会和大英博物馆的支持。

斯坦因实际上是个间谍，主要任务是进行地理考察和勘测并绘制地图，同时进行文化考察并获得古物标本，并进行民族、风俗和社会调查。为了节省时间，并防止其他人获得古物标本，同时毁灭遗址以断绝文化传承，他在探险中的发掘方式往往非常粗暴，是破坏性甚至毁灭性的。

令人神往的传说

斯坦因于1904年9月14日正式向英属印度政府提交了进行第二次探险的申请书，很快就得到英属印度政府以及英国印度事务部的批准。1905年9月10日，清政府外务部为斯坦因颁发了护照，上面写道："外务部为发给护照事，准大英国驻京大臣萨（道义）函称：'准印度政府咨称：本国总理教育大臣司代诺（斯坦因）请照游历新疆在案，现拟明春复派由印度携带从人前往新疆、甘肃、陕西等省考察古迹，请缮发护照'等因，本部为此缮就护照一纸，并盖印标朱讫，送交大英国萨大臣转给收执。所有经过地方官，于司代诺持照到境时，立即查验放行，照约妥为保护，毋得留难阻滞，致干查究，切切。须至护照者。大英国总理教育大臣司代诺收执。"

斯坦因来中国的身份是英国总理教育大臣，这是一个夸张的、不存在的、因翻译而误导的一个"大官"，虽然他曾是英属印度教育部门的公务员。外务部将负责斯坦因在考察中的所有事情，并且还允许他可以向肃州道台提出请求，从国库中提取6000两银子（相当于1000英镑）。同时，外务部于1905年10月21日还给兰州的陕甘总督升允、甘肃新疆巡抚吴引孙咨文，在斯坦因过境时妥为保护。

1906年6月初，斯坦因抵达新疆喀什，随行有专业测绘员，并携带枪支弹药以备不测。斯坦因在喀什组织了必要的人员以及骆驼和装备，并聘请了蒋孝琬作翻译和助手。蒋孝琬是湖南人，光绪年间去新疆，曾在莎车衙门任职，人称蒋师爷。离开喀什后，斯坦因于1906年下半年和1907年初重点发掘了尼雅遗址、楼兰遗址和米兰遗址，然后于1907年3月来到敦煌。

1907年3月12日，斯坦因到达敦煌，几乎是同一天，敦煌的新知县上任。王圆箓发现藏经洞时，敦煌知县是严泽，但很快汪宗翰接替他成为敦煌的新知县。在做了四年知县后，汪宗翰已经于1906年2月离任，接替他的新知县是黄万春。黄万春在1906年7至8月间向学部呈交《敦煌县乡土志》，可视作第一次向中央政府报告发现藏经洞一事，但似乎没被当成一回事。斯坦因到敦煌的时候，黄万春刚刚卸任，他即将见到的新县令是王家彦。

斯坦因描述道："这位县官王大老爷是一个消瘦的中年人，他的脸上透着机敏。他举止端庄，看上去像一个学者，很善于与人交流。"直觉告诉斯坦因，王知县会为他提供官方帮助。特别是斯坦因说起了对其考察很有指导意义的玄奘大和尚时，王知县说他曾读过《大唐西域记》，这让斯坦因很兴奋。

斯坦因收到敦煌当地军事长官林大人的正式回函，告诉他可以派人担当护卫。斯坦因聘请的蒋师爷判断，在敦煌，林大人比王知县更有权威，至少林大人的官品比知县大得多。林大人即沙州营参将林太清，早年曾是湘军将领刘锦棠麾下。左宗棠在新疆平叛时，刘锦堂部是主力军。林太清因而在新疆待过数年，不过做些小官而已。庚子国难（1900年），慈禧带光绪帝逃往西安，林太清护驾有功而火速升官。

斯坦因去拜访了林大人，"一个豪爽的老兵，身强体壮、充满活力，中等个、国字脸，看上去很和善，言谈直率而不失诚恳"。林大人调拨了一队人马和随从给斯坦因，名为保护，也有监视的用意。

在敦煌城内，乌鲁木齐来的商人扎希德博格告诉斯坦因一个传说：几年前在敦煌城外石窟寺的一个洞中，偶然发现了一大批埋藏的古代书稿，其中一部分不是汉语，据说由官府下令锁在洞里。这是斯坦因此前未曾了解的情况，他和蒋师爷秘密讨论如何能找到这些书稿，如何才能突破宗教障碍得到它们。根据在印度的经验，斯坦因认为采取外交手段更容易得手。

1907年3月16日一早，斯坦因带着蒋师爷和测绘员去到莫高窟。因为没有指引，斯坦因在莫高窟的观察很快结束。他注意到石窟，特别是石窟中的塑像损毁严重，他判断石窟中的塑像主要来自希腊式佛教艺术（犍陀罗），但若要进一步研究，需要一个熟知佛学的人来指导，而且他也懊悔对汉学了解得太少。

斯坦因从一个年轻僧人口中获知传说中"那批书稿"的情况：是在清理和修复莫高窟较北边的大石窟（第16窟）发现墙壁上有裂缝，进而发现了墙后的通道，通向一个密室，其中的书稿数量之多，可以装好几辆马车——藏经洞的容积为大约20立方米——但被官府下令就地封存在密室内，被加装了门并上了锁。负责看管密室的人是王圆箓，他去远地化缘去了。斯坦因暂时无缘与王圆箓相见。不过，他在年轻僧人的师父那里，看到了一卷汉语书写的佛经——蒋师爷虽博学，但也坦白不知道那上面的文字表达的是什么意思。

黄昏时，斯坦因一行离开莫高窟，一路上，他的脑海里一直想着"石窟中生动形象的壁画和精美的雕塑"。不过，斯坦因预估发掘莫高窟的工程浩大，于是先发掘了敦煌周边的古长城遗址，最重要的发现是出土了东汉初年的木简，从而证明了那段长城的年代。

1907年5月21日，斯坦因重返莫高窟。这次，他驻扎在那里，如他所述："这里的寺庙已经让我的心情愉悦了几个月了，现在它就像一块大磁铁一样吸引我回去探寻更多更重要的古迹。我的目标就是要发掘出更多的古代手稿。"（图

4-18，彩图22）

蒋师爷已经探查清楚"那批书稿"的位置，并说服王圆箓王道士不再外出云游，单等斯坦因的到来。在斯坦因看来，王道士很难对付，"他看上去很奇怪，很紧张，很害羞，不时露出老奸巨猾的神情"。

斯坦因首先拍摄了石窟和壁画，包括王道士刚修建完成的三层楼檐，实际上他也住在此处。斯坦因说："他将

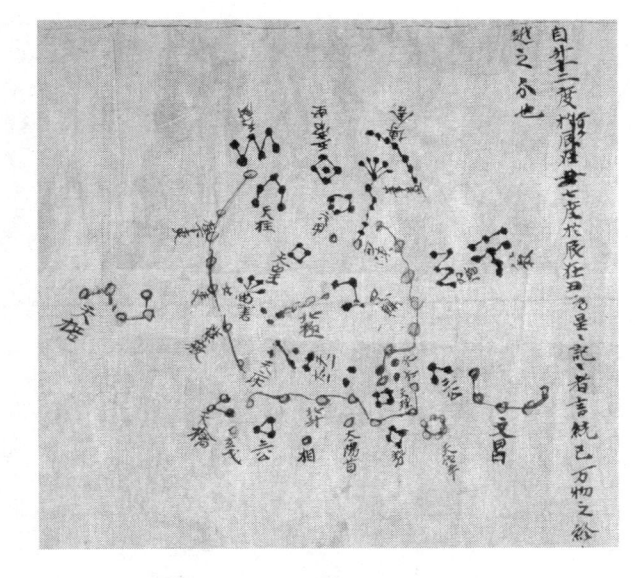

图4-18　星象图（局部）
纸本，墨书，卷本，公元8世纪前后，24.4cm×330cm。出自敦煌莫高窟藏经洞，斯坦因掠获品，现藏于大英图书馆

全部的心智都投入到这个已经倾颓的庙宇的修复工程中，力图使它恢复他心目中这个大殿的辉煌……他将全部募捐所得全都用在了修缮庙宇之上，个人从未花费过这里面的一分一毫。"

拍照时，斯坦因注意到通往石室（藏经洞）的甬道已经被砖墙（未抹泥灰）封闭了，他3月16日来时还只是一道木门。王道士解释说，这是为了防止前段时间蜂拥而至的香客——可能是因佛诞日的朝拜——因好奇而可能觊觎里面的文书。

王道士没什么学问。因而斯坦因不能像跟那些官员一样跟王道士聊天，但很快他就找到了共同话题——玄奘。斯坦因说自己是追随玄奘的足迹来到莫高窟的，而王道士则把斯坦因带到他找人新绘制的壁画前作为回应，壁画取材自唐僧取经故事。斯坦因因此与王道士建立了一种新的、更加可以信赖的关系。

当天晚上，王道士就偷偷将一卷玄奘翻译的佛经交给蒋师爷带给斯坦因。第二天，虽然王道士还犹豫不决、紧张而忧虑，但还是把斯坦因带进了藏经洞。如斯坦因所见，大量的写本一卷卷一层层堆积却又凌乱不堪，足足有10英尺高，体积大概在500立方英尺（图4-19）。

图 4-19　释迦牟尼佛说法图

盛唐，公元 8 世纪前期，绢本设色，139cm×102cm。出自敦煌莫高窟藏经洞，斯坦因掠获品，现藏于大英博物馆。

这幅《释迦牟尼佛说法图》是藏经洞出土的绘画中时代最早、保存状态最好的作品之一，而且明显与敦煌石窟壁画中隋及初唐时期的《净土变和说法图》有密切关系。释迦牟尼坐在须弥座上，结说法印。四尊菩萨坐在莲花座上，环绕佛陀，他身后有六个弟子，带着发自内心的沉静和喜悦。

手持鲜花端坐着的年轻的女供养人，整洁的发型和高腰的衣服，使人很容易想起长安近郊发现的 8 世纪初王侯墓中的宫女壁画和陶俑。女供养人正上方有菩萨乘坐的莲花宝座，从莲茎伸出的花蕾恰好在她头上的位置，因而脸和黑发格外显眼。右下方的男供养人仅保存幞头的顶部，能清楚地看到向主尊宝座轻飘蔓延的香烟，可以想象他手持香炉。可以想象，当时敦煌和长安之间有着密切而频繁的联系，各方面都被长安影响着。

题写发愿文的地方被画成碑额，如同要书写碑文一样，可惜没有留下只言片语。

　　藏经洞中堆满文书，只容两个人站立，于是斯坦因提议把文书拿到外面（第 16 窟）进行检阅。实际上，斯坦因并没有时间也没有足够的能力辨识王道士从藏经洞中拿出的文书的价值，尽管后来有护卫帮助搬运。这些文书，主要是写经和佛画，所有的经卷都用细绳捆扎的方式保存，可见最初它们并不是因慌乱而随意堆积进去的，只是看上去因叠放太多而显得没有章法。因为担心打开文书而导致损坏，斯坦因决定把王道士拿出的文书尽数收下，条件是除了斯坦因、蒋师爷和王道士，此事不能被其他任何人知晓，不能向任何人透露。

　　在接下来的七天，他们每日重复着同样的程序，白天在第 16 窟拣选，晚上把拣选的文书打包，由王道士交由蒋师爷，在旁人都入睡后小心翼翼地拿给斯坦因。斯坦因得到的文书中，有汉文写成的，最早可以追溯到 3 世纪，也有吐蕃文和维吾尔文写成的，还有一些他不能识别的文字，但他没有发现宋真宗时期的文本，也没有发现西夏文的文本，他由此断定藏经洞是在西夏占领敦煌（1035 年前后）时封闭的，以免遭到破坏性的侵入。但他的行为，直接造成了破坏性的侵入，藏经洞文书的排列次序被打乱，从而无法确知它们最初是以怎样的序列来摆放的。

除了斯坦因已经拣选的文书，王道士还同意他再搬走50包保存很好的汉文经卷和5包吐蕃文卷，代价是4锭马蹄银（50两一锭，当时约值500卢布）。由此，斯坦因总共装了24箱写本和5箱画卷及古物运往大英博物馆。大英博物馆为斯坦因的第二次探险提供了5000英镑的资助，占总预算的五分之二，条件是大英博物馆得到五分之二的考古成果。王道士还承诺斯坦因离开四个月后，再提供200捆汉文和吐蕃文写卷。王道士是个守约的人。四个多月后，蒋师爷重返敦煌，替斯坦因取走了这200捆写卷。斯坦因从藏经洞"拿走"的中文写本超过9000卷，连同吐蕃文写本等总数超过万卷（图4-20，彩图23）。

6月初，王县令拜访斯坦因，他是受陕甘总督的派遣来阻止斯坦因在古长城的挖掘工作，以免引起不必要的麻烦。斯坦因的"工作"一直受到监视并被层层上报，他被警告，要对在古长城的挖掘作出解释。虽然当局并未得知他与

图4-20　观世音菩萨像
五代（910年），绢本设色，77cm×48.9cm。出自敦煌莫高窟藏经洞，斯坦因掠获品，现藏于大英博物馆。

图上最主要的题记写在右上方绿色栏中，从左往右三行：

"南无大慈大悲救苦观世音菩萨永充供养

奉为 国界清平法伦常转、二为阿姊师

为亡考妣、神生净土、敬造大圣一心供养"

在其他的题记，包括附加的两张贴在绘画背面纸上的题记中，称"姊师"的人，是亡者、普光寺法律临坛尼大德——严会，她在画面左侧，而右侧的年轻人是她的弟弟、试殿中张有成（里面的题记是张有诚）。两个长篇题记末尾所使用的"毕功记"，虽然字迹凌乱，但都是严格遵守固定格式写成，而且绘画也同样依照固定模式。

左侧题记中出现的纪年"天复拾载庚午"，唐昭宗天复年号实际只用了四年（901—904年），唐朝在唐哀帝天祐四年（907年）已经灭亡。显然，此时的敦煌与中原已经完全隔绝，依然沿用天复的年号。

王道士的交易，但他意识到应该离开了。林大人也来拜访他，并说要让他安全地离开。

斯坦因去敦煌县衙与王县令辞行，并去林大人家共进晚餐。6月14日，敦煌城东门外，官员们列队为他送行——他们着急把这个麻烦赶紧送走，但不知他的那些箱子里装着什么。原本斯坦因还打算把这些箱子寄存在县衙里，但因为匆忙，他带着箱子直接上路。官方错过了秘密检查这些箱子并决定是否扣留的机会。

斯坦因离开敦煌后继续他的探险旅程，他考察了万佛峡石窟（榆林窟）、嘉峪关、玉门关，然后返回新疆，进入吐鲁番地区考察了高昌故城和交河故城，于1907年底到达焉耆，挖掘了明屋遗址，并于次年在和田周边进行考察和发掘。1908年8月，斯坦因结束了第二次探险，总共有93箱的古物随他返程。

但是，斯坦因与藏经洞的缘分并未因此结束。

旧地重游

1913年8月28日，斯坦因第三次探险入境中国新疆，当地政府就下令对斯坦因"随时侦查"，因其"察看险要地方暨照绘地图"。10月11日，当地政府还发出明令："禁止测绘在案。"而11月12日——此时斯坦因已离开喀什、巴楚，经塔克拉玛干沙漠向和田行进——公文令对斯坦因"应即查明禁阻""遵照部令严行阻禁通行"，主要是鉴于斯坦因"派人分往各处测绘""测绘险要"。显然，公文更关切的是测绘（地理考察），但英方以考古之名进行勾兑，以及各级官员懈怠此事而无暇顾及，甚至包括可能收取了贿赂等原因，让斯坦因钻了空子。

1914年3月17日，斯坦因再次抵达长城。沿着长城走下去，就会到达敦煌。经过在长城沿线的考察后，他决定在敦煌休整八天。此时的敦煌早已物是人非，王县令早已离去，换成了一个懒散的、抽大烟的县长。林大人已经故去，他的继任者商大人是旧相识，1907年曾在嘉峪关欢迎过斯坦因。王道士还在，他竟然在斯坦因到达敦煌的次日早晨便去拜访了他。不过，在斯坦因看来，藏经洞已经没有考察价值了，正如他所述：

"在我本人去过（莫高窟）后一年（1908年），伯希和教授设法看到并且查验了石室（藏经洞）藏品中剩下的部分。凭借他渊博的汉学知识，他从丰富的写本中精选了不少，并经由北京将其带走了。这引起了北京的中国当局对这个古老图书馆的注意，下令将宝藏运往北京。这个命令执行得非常粗心，实际上几乎是毁灭性的。对此我在喀什和和田就略知一二，因为在那里，有一些显然出自莫高窟的零散的佛教经卷辗转落到了一些中国官员手里。到敦煌没多久，就有一个我不认识的汉人香客，拿着一大摞卷子——显然出自莫高窟石室——找到我，想急于出手。他只收到了一点钱，便急着回去再拿更多的卷子来。由此判断，这些东西在当地市场上并不是稀罕物。"

但王圆箓暗示斯坦因，他还有出自藏经洞的文书。第二天，斯坦因就见到了装在两个大箱子中的写本，大多是唐代的佛经，都很大，且保存完好。经过谈判，斯坦因花了500两银子获得了这570卷写本，装了5箱，可见每个卷子的体量都很大。作为附赠品，斯坦因还得到了一些石窟的浮雕，这是王圆箓在"重修"莫高窟时收集的（图4-21）。

斯坦因从藏经洞所获取的敦煌文书，凡汉、粟特、突厥、回鹘语、佉卢文、梵语的归大英博物馆，凡于阗、龟兹、吐蕃及梵

图4-21 引路菩萨
唐代，晚唐，公元9世纪，绢本设色，80.5cm×53.8cm。出自敦煌莫高窟藏经洞，斯坦因掠获品，现藏于大英博物馆。

菩萨右手持香炉，左手持莲花，莲花上悬挂着白色的幡。画面的色彩华丽，至今保持鲜艳。菩萨的香炉、璎珞、宝冠贴金，菩萨身后跟随着贵妇，她的发饰上有菱形碎金箔，白玉梳子犹如飞翔的白雀。此引路菩萨是观音菩萨，也可能与地藏信仰有关。在伯希和《敦煌的幡和绘画》中的《地藏十王图》供养人栏左侧，绘有一身菩萨，有"南无引路菩萨"题笺。

接引菩萨的主题在唐代后期到宋初很常见。除大英博物馆的两件引路菩萨像，还有四件相同构图的作品，见于伯希和掠获的敦煌画，现藏于法国吉美博物馆。

文的收入印度事务部图书馆，绘画品则由大英博物馆与印度德里中亚古物博物馆平分。1973年以后，大英图书馆成立，印度事务部图书馆成为其组成部分之一，大英博物馆所藏文书也改归大英图书馆，总数超过一万一千件。另外还有各种古物无从计数。例如原在大英博物馆图书部、现藏于大英图书馆的雕版印刷《金刚经》，是斯坦因1907年从藏经洞获得，唐代咸通九年（868年）印制的，是目前已知最早的完整的有纪年的印刷书籍，整本分七个版印刷，而后粘接成一卷，长达5米。

一个人的历险

莫高窟藏经洞价值的最大发现者，被认为是伯希和。斯坦因曾如此评价伯希和在藏经洞的"工作"：

让我感到欣慰的是，1909年我回到英国之后，听说法国政府委派伯希和教授作为领队，协同法国几位资深的学者到敦煌——这个我曾逗留的地方，进行一次为期一年的考古行动。这样一来，他们就可以对我迫不得已留下的、由不可信赖的王道士保存的大量写卷进行全面、彻底的研究。由于伯希和教授精通中国的文学和版本学，特别是佛教方面的学科，所以他成功地对成百上千的捆扎结实的书堆进行了细致筛选。那时，王道士看到我们做事小心谨慎，而且并未引起严重的后果，因此看上去不是特别担心，现在他更加放心了。因为给了足够多的报酬，王道士同意伯希和教授挑选和带走只要是他认为有利于研究中国历史或文学的任何写本。伯希和的初步工作，就获得了巨大的收获，这是竭尽全力收集历史遗产的结果。

伯希和生于法国巴黎，他最初的理想是做一个外交官，所以在中学时便学习英语，后在法兰西国立语言文化研究所学习汉语。所谓天赋异禀，三年的汉语课程，他两年便修完，其进步之快和成绩之好，引起法兰西学院汉语教授沙畹的注意。沙畹也曾在法兰西国立语言文化研究所学习汉语，当时他正翻译《史记》。他在1889至1893年间，曾作为专员与法国驻华公使馆合作一项科学任务：考察中国古代文化。中国一系列文物的流失，很多都是后来的学者和古董商，根据沙畹的考察成果按图索骥掠去的。

伯希和投在沙畹门下，两人亦师亦友。沙畹把伯希和推荐给法兰西学院的梵文教授、印度学家列维。在两位东方学领域导师的影响下，伯希和放弃了外交官的追求，转而做了一个学者。他的汉语能力自然不在话下，他还能看懂至少十门外语，而且深谙这些外语相对应的历史与文化。这一点，在伯希和游历中国时，尤其是他获取敦煌莫高窟藏经洞遗书时得到了验证——他知道什么是最具价值的。

1900年初，伯希和到法属印度支那首府河内（今越南河内）担任法国远东学院研究员，2月即被派驻北京，为学院图书馆搜购古籍。7至8月间，义和团围攻外国驻京使馆，伯希和亦被困。停战期间，他冒险一个人前往义和团营地，凭借流利的汉语，竟然为受困的使馆人员弄来了新鲜水果。在一次战斗中，他还夺了义和团的战旗。这些"勇敢"行为让他获得了"法国荣誉军团勋章"。

1904年，伯希和回到法国，准备代表法国远东学院参加次年在阿尔及尔（阿尔及利亚首都）召开的"东方学家国际会议"。需要提及的是，在1902年的"东方学家国际会议"上，成立了"中亚和远东历史、考古、语言与民族国际考察委员会"，这成为各国探险者交流经验和发布成果的机构，为后来的探险提供了重要参考。该委员会法国分会主席、伯希和在法国远东学院的教授、印度学家埃米尔·塞纳尔特，在1905年"东方学家国际会议"后，推荐伯希和带领探险队前往中国新疆。

这次探险由政府资助，资金主要来自法兰西学院下属的法兰西文学院和法兰西科学院以及法国教育部，另有部分学术团体和个人的捐款，包括埃米尔·塞纳尔特。伯希和对这次探险做了充分的计划和准备。此前德国、沙俄探险队的报告对他大有帮助，不排除他也接受了专门的测绘训练。与伯希和同行的还有路易斯·瓦扬，他做过军医，也是自然学者，以及摄影师查尔斯·努瓦特。探险队成员有各自的专业分工，这不是单纯的文化考察，与其他探险队一样还担负地理、自然和社会调查的任务。

法国探险队于1906年6月17日启程，坐火车经莫斯科、塔什干去安集延，然后改换马队经奥什（今吉尔吉斯斯坦城市）翻越阿莱山脉、经塔尔德克山口、伊尔克什坦口岸进入中国新疆境内，8月底到达喀什。探险队在沙俄总领馆盘桓多日，为下一步考察做准备，也调查了喀什周边的遗址。在与新疆官员打交道时,伯希和的外交手段和流利汉语再次发挥了作用,探险队获得了帐篷和补给,此前这被认为是无法获得的。

离开喀什后,探险队先行前往图木舒克进行了约三个月的考古和发掘,然后于1907年初到达库车一带,对多个地方进行了考察和发掘,历时八个月之久。这一期间,斯坦因对莫高窟藏经洞进行了第一次搜刮,满载而归。此时伯希和对藏经洞还一无所知。不过伯希和在库车各遗址也收获颇丰,例如发现了失传的龟兹文。伯希和后来把相关文献交由他的老师列维研究和翻译。

在沿着德国考察队曾经的线路对吐鲁番地区略作考察后,伯希和于1907年10月9日到达迪化(乌鲁木齐)。在那里,伯希和遇到了爱新觉罗·载澜。载澜是光绪帝的堂兄弟,封辅国公,曾在1900年力主利用义和团"扶清灭洋",伯希和是那次战争中被攻打的对象。北京被八国联军占领后,载澜随慈禧太后和光绪皇帝"西狩"逃往西安。1901年9月,清政府与各国签订《辛丑条约》,载澜被列入"伤害诸国国家及人民之首祸诸臣"之一被惩办,"定斩监候罪名,又约定如皇上以为应加恩贷其一死,即发往新疆永远监禁,永不减免"。一个是被授勋的勇士,一个是被发配的罪臣,一场战争两种境地。伯希和在迪化与载澜相见,惺惺相惜。实际上,此时在新疆,伯希和是奔波劳顿的探险者,而载澜是生活骄奢的"澜公爷",两种身份,真是一言难尽。

载澜向伯希和炫耀了一份出自莫高窟藏经洞的经卷,而伯希和从其他渠道也获知敦煌写本的情况,由此他认为这预示着一次重要的文物和考古发现,于是决定即刻前往敦煌。虽然这是他的目的地之一,但没想到一幅画卷是如此突然地展现在眼前。

伯希和经吐鲁番、哈密进入甘肃,途中进行了考察和测绘,此后,他再也没有回头进入新疆。在新疆,除了考古成果,伯希和后来还完成了《关于新疆住民的调查报告》,其中有些关于人种的调查是通过路易斯·瓦扬在库车开办诊所获得的,而路易斯·瓦扬则完成了《地理考察报告》。

痛苦而甜蜜的三个星期

1908年2月14日,法国探险队到达敦煌。伯希和在初次造访莫高窟时并未见到王圆箓,也未能进入上锁的藏经洞。但他了解到了藏经洞内写本的情况,尤其在敦煌城内找到王圆箓后，还获知斯坦因已经捷足先登、花费不菲，获得了一些写本。不菲是王圆箓示意高价的姿态，这给伯希和一个强烈的暗示，用同样的方法，他也可以。虽然据王圆箓称藏经洞内还有小佛像，但已经散失（拿去化缘）了，有些是大施主要来看的卷子，那些是不能动的，但这不重要。不过，此时的王圆箓似乎更加放得开，直接在3月3日让伯希和进入藏经洞拣选，比起斯坦因来，伯希和完全享受着"最惠国"待遇，不知是否是因为伯希和的外交手段和流利汉语再次征服了王圆箓。在接下来的三个星期，伯希和主要是在藏经洞中度过的。

斯坦因掠走部分写本后，藏经洞内留下了一定空间，使伯希和能够置身藏经洞内，直接面对着三面书墙，那书墙全都超过一人高，那是将近两万卷的宝藏。基于他的外语能力，伯希和迅速做出判断，对其进行分类：第一类是非汉语的卷子和有题记、题跋或者精美程度很高的汉语写本——这是不惜代价要让王圆箓出让的；第二类属于退而求其次，是尽量争取获得但不得已时也可以放弃的部分。这项工作工程量巨大，在前十天，伯希和每天要检阅1000捆写本。当时写本都是捆装的，每小时打开100捆，这样算来每分钟打开不止一捆，而且灰尘呛喉咙，谁都会感觉难受和劳累，甚至头晕，心脏不舒服。不具备相当高的鉴定能力和抗压能力，是做不到这些的，但伯希和做到了。

他原本打算花1500两官银来实现"购买"，但最终他只花费了500两便"购买"了他看中的写本，还分别花了80两和200两银子购买其他洞窟的绘画和木雕作为打动王圆箓的"买路钱"。对比斯坦因的200两或250两白银，伯希和的付出并不贵，因为伯希和掠获的这批文本和古物，是建立在专业基础上的精挑细选。虽然他也懊悔没有带相关的参考书来对一些文本做出精准的判断。这都不重要了，伯希和已经尽最大能力做到了极致（图4-22，彩图24）。

当然不得不提一句的是，伯希和还对莫高窟超过300个洞窟进行了细致研究和部分发掘，记录了这些洞窟的状况，尤其是重要洞窟的壁画和题记，并由查尔斯·努瓦特进行了拍照。这是在大约两个月的时间内完成的，为后来修复和研究莫高窟留下了第一手的珍贵资料。所幸的是，伯希和未掌握壁画切割的技术，或者他原本就没想破坏石窟的本体，这其中也包括第16窟（伯希和编号为163窟），他这样记录道：

图 4-22　观音菩萨像
唐代，贞元十三年（797 年），纸本设色，80.5cm×58.6cm。
伯希和敦煌遗书，现藏于法国国家图书馆。
题记："大唐贞元十三年六月十九日沙州东南隅修文坊就事
宅 写记使君男李绍宗敬造 供养"。

这就是藏经洞，于 1900 年重修过。在过道的右部，便是收藏写本的龛（带有一条短小的藏文题记和背屏画，需要拍摄——即今第 17 窟藏经洞）。藏文题记可能是近代的，出自那位阅读过藏文写本的人（如曾许诺向王道士捐款的活佛）之手。左部的过道有一块纪念 1900 年的重修和发现写本而制作的木牌，以及一块 851 年的碑（洪䇹告身碑），二者都被嵌入墙内……（大菩萨像）背屏上的绘画虽属于常见的风格，却有一种更加古老的外表，可能并不属于对该洞窟做最后一次维修的装饰。洞门把一行菩萨像分开了。因此，我们应该承认，洞窟的装饰恰恰是在人们把写本藏在其龛中之后完成的。为了不使人发现，才进行了装饰，目的是掩盖该龛……勉强凑合地做了一番掩饰，在衔接处有一些不严密的地方，以至于在 1900 年清理洞窟时发现了龛。这明显使洞壁本身暴露了目标。

法国探险队于 1908 年 6 月 8 日离开敦煌，经西宁、塔尔寺、兰州一线的考察后，于 8 月 22 日到达西安。在此之前，沙畹已经于 1907 年 3 月至 1908 年 2 月，对西安以东的中原、华北以至东北广大地区的古迹进行了考察。伯希和一行在郑州乘火车北上，于10月5日到达北京，路易斯·瓦扬先期押送探险队的掠获品从海路运回法国。伯希和与查尔斯·努瓦特南下返回河内，其间在南京、无锡逗留，拍摄了两江总督端方和裴景福的藏品。裴景福当时被贬戍新疆，在迪化与伯希和相识，曾告诉伯希和他在流徙途中路过甘肃时，曾目睹莫高窟藏经洞发现佛经、佛画一事。

应该是在南京的时候，伯希和向缪荃孙透露了藏经洞的经历。缪荃孙于1907年受聘筹建江南图书馆（今南京图书馆），时任图书馆总办，在其《艺风老人日记》戊申（1908年）十月廿五日条记载道："伯希和到图书馆，言敦煌千佛洞藏有唐人写经七千余卷，渠挑出乙千余卷函，有唐人《沙州志》，又有西夏人书，回纥人书，宋及五代刊板，奇闻也。"

1909年9月9日，清政府批准创办京师图书馆（今中国国家图书馆，当时在什刹海畔广化寺），命缪荃孙为正监督。殊不知，京师图书馆创办的初衷，正是为了存放从藏经洞运到北京的"敦煌遗书"。这是巧合，还是缘分？

1909年5月，伯希和离开河内再赴北京购买古籍，他随身带有出自藏经洞的他认为最有代表性的四部文献。这引起中国学界的注意，罗振玉"乃约同好往观，则皆已佚之古籍。因与约影照十五种，计书卷五、雕本二、石刻三、壁画五。都下同好，既酿资影印，幼云（刘廷琛）先生复印一份，存京师大学堂藏书楼，充学人之考镜"。9月4日，学部和京师大学堂的官员在六国饭店（后改为外交部招待所、华风宾馆）宴请伯希和。京师大学堂侍读学士恽毓鼎在致词中，正式提出影印伯希和在藏经洞所获精要之本的要求，伯希和表示"自可照办"。具体实施者是罗振玉，时任学部参事兼京师大学堂农科监督。

一方面，罗振玉与京师大学堂总监督刘廷琛商议，提请学部电令陕甘总督，将藏经洞所余八千卷购归。其《松翁自序》记曰：

予闻之，欣然以语乔茂萱左丞，请电护陕甘总督毛实君方伯庆蕃，托其购致学部。予并拟电，言须款几何，请先垫给，由部偿还。乔君携电上堂白之，则电允照发，而将还款语删去。予意甘肃贫瘠，若令甘督任此，必致为难。乃复提议於大学，由大学出金。总监督刘公亦谓大学无此款。予曰：若大学无此款，由农科节省充之，即予俸亦可捐充。刘公始允发电。逾月，大学及学部同得复电，言已购得八千卷，价三千元，两电文同。部中初疑价必昂，闻仅三千元，乃留之学部,不归大学。

这就是京师图书馆"敦煌遗书"的来历,但为什么不是下令上缴而是斥资购买呢?这或许是押运途中有所散佚,或者说被沿路官员窃取的原因之一。

另一方面,罗振玉请端方协调,向伯希和回购部分"敦煌遗书",未果——"敦煌得宝之风声藉藉传播,端制军闻之扼腕,拟购回一部分。不允,则谆嘱他日以精印本寄与,且曰:此中国考据学上一生死问题也。"伯希和如约寄来一批影照。后来罗振玉据此辑成《石室秘宝》(为刊行敦煌影本之始)、《佚籍丛残初编》、《鸣沙石室佚书》、《鸣沙石室佚书续编》、《鸣沙石室古籍丛残》、《敦煌零拾》、《敦煌石室遗书三种》、《敦煌石室碎金》等。

消息既出,闻者心情各异,悲喜天下同。

最初在1900年即获知藏经洞消息并获得"敦煌遗书"的甘肃学政叶昌炽,后因清朝废除科学,不再设学政一职,于1908年——伯希和光顾藏经洞的那一年——退居故里。在其《缘督庐日记》中,他曾在宣统元年十月十六日(1909年12月28日)记述道:"午后,张暗如来言,敦煌又新开一石室,唐宋写经画像甚多,为一法人以二百元捆载而去,可惜也!俗吏边氓安知爱古,令人思汪栗庵(即最初向他报告藏经洞发现的敦煌知县汪宗翰)。"(图4-23)

近一个月后(十二月十三日,即1910年1月23日)叶昌炽又记:"午后,张暗如来,携赠《鸣沙山石室秘录》一册,即敦煌之千佛山莫高窟也。唐宋之间所藏经籍碑版、释典文字,无所不有。其精者大半为法人伯希和所得,置巴黎图书馆,英人亦得其畸零。中国守土之吏,熟视无睹。鄙人行部至酒泉,未出嘉峪关,相距不过千里,已闻其室发现事,亦得画像两轴、写经五卷,而竟不能罄其宝藏,轺轩奉使之为何!愧疚不暇,而敢责人哉?"叶昌炽为当年对藏经洞的忽视非常懊悔和愧疚。

1909年10月24日,伯希和回到巴黎,在收获赞扬的同时也招致了抨击。他在敦煌给埃米尔·塞纳尔特写的长达75页的信(包括关于藏经洞最有价值文书的目录),后编为《甘肃发现中世纪的文库》一文,发表在《法国远东学院院刊》(第8卷3期和4期,1908年)。此文包含许多文书的详细的文字说明

图4-23 观音菩萨像
唐代，贞元十三年（797年），纸本设色，80.6cm×57.2cm。1929年底特律美术馆购自纽约山中商会。
题记：
"大唐贞元十三年六月十九日沙州东南隅修文坊就事宅写记
使君男李绍宗敬造金光明菩萨像二尊、了生死经一部、诸佛要集经一部、诸德福田经一部、菩萨五十德行经一部，永劫供养，愿从今已去灾障永除、惑累消灭，现在尊卑恒招福庆，七世父母早生天界"
六月十九日是观世音菩萨成道日，唐贞元十三年（797年）沙州（敦煌）李绍宗敬造金光明菩萨像二尊，图中均绘观音菩萨与善财童子和龙女二侍从，造型相同，敷色有异。二图现分别收藏于底特律美术馆和法国国家图书馆

和准确的纪年，但人们并不相信伯希和能够在分分钟内鉴定一份文书并根据记忆写出来。于是，对他的攻击扑面而来，甚至有人认为他在图书馆里根据参考书编制目录，并伪造了那些文书，还指责他滥用公款。不可否认，伯希和受到美誉的同时而招致了嫉妒。自由社会科学学院的费尔南多·法热内尔在1910年发表的文章，让这种指责达到顶点。1911年7月3日，在一次宴会上，伯希和以殴打了费尔南多·法热内尔作为回应，但他因此被起诉。各种流言蜚语并未影响伯希和的学术地位，这一年，法兰西学院特设了一个"中亚语言、历史和考古学"的教授职位并授予了他。1912年，斯坦因就其第二次考察写的专著《契丹沙漠废墟》出版，斯坦因在书中提到，他离开藏经洞时洞中还留有大批文书，并对伯希和的目录予以认可。自此，针对伯希和的攻击和批评才烟消云散。

1909年12月10日，伯希和以《在高地亚洲的三年》为题，在法国地理学会发表演讲，后刊登在1910年3月12日法国巴黎的《画报》上，其中还包括在法国巴黎卢浮宫展出的法国探险队成果展的相关情况。

伯希和在莫高窟藏经洞掠获的汉文写本超过4000卷，吐蕃文写本超过

2000卷，另外还有回鹘文和粟特文的写本，以及出自莫高窟其他洞窟和在敦煌收集的西夏文、畏兀尔文、梵文、希伯来文等写本，总数可能超过7000卷。另外在新疆，他还掠获有龟兹文、于阗文、吐火罗文、佉卢文等古文字写本。据《纽约时报》1909年11月27日的报道，"伯希和总共带回了30000卷写本，都将保存在法国国家图书馆"。不知30000这个数字仅是写本，还是也包括了伯希和在藏经洞获得的超过200件的幡画等文物、在新疆各地遗址发掘的难以计数的古物，以及在沿线收集的动物、矿物标本、拍摄的照片等物的总和。1927年，吉美博物馆归属法国博物馆总部，成为国立亚洲艺术吉美博物馆，法国探险队掠获的古物转归该馆收藏，但在分类上它们并不属于中国文物，而是以伯希和探险命名、作为中亚文物来归档和展示的。我们需要对此提出抗议。

伯希和与斯坦因

伯希和再次回到中国学者的视野，是在1935年初，国民政府决定将故宫博物院等公私方面收藏的古物运往英国伦敦，参加在1935年11月28日至1936年3月7日在英国皇家艺术学院举办的"中国艺术国际展"，伯希和被选为古物选择委员会的委员，此举遭到中国学术界的反对。1935年1月20日《北平晨报》刊登了《我国学术界反对古物运英展览》的公开信，签名者有王力、李碧芸、林徽因、侯宗濂、陈之迈、陈岱孙、赵诏雄、朱君之、沈性仁、金岳霖、秦宣夫、沈有鼎、陈铨、熊佛西、朱自清、周培源、金岳荣、蒲薛凤、张荫麟、张真如、刘信芳、李健吾、时振纲、姚鸿翥、梁思成、李濂、张奚若、杨景任。

公开信提及伯希和，说他"向与英人斯坦因至甘肃敦煌，行贿当地道士，发掘古室，盗取无数唐代以前之古物，至今犹封存巴黎国家图书馆与英伦博物馆中，不知凡几。前岁斯坦因卷土重来，举国上下监视其行动，一时彼竟无所措其手足。今若欢迎伯希和参加此项挑选工作，不免前后歧视，自贬其尊严。英国之推此人来华，或有用意"。

这一公开信发表后，时任中央研究院历史语言研究所所长的傅斯年，撰写了《论伯希和教授》一文来为伯希和辩解，文中说："论伯（希和）君与敦煌卷子之关系，应详察当时之经过与责任，未便与斯坦因氏混为一谈，此为事实与公道之问题。"傅斯年似乎有些感情用事，将藏经洞"敦煌遗书"的散失归咎于清朝当局的失察，而忽视了伯希和、斯坦因违令违规盗取、盗运的事实。

可能是不想与傅斯年抵牾的缘故，1935年1月27日，《北平晨报》发表《平市学术界第二次宣言反对古物运英展览》一文，内容不再谴责伯希和，签名学者有司徒乔、朱君之、朱自清、沈性仁、沈从文、吴世昌、李健吾、林徽因、金岳霖、梁思成、黄子通、许地山、秦宣夫、张真如、刘敦桢、熊佛西、闻宥、钱稻孙、顾颉刚，较前次退出了十多位。

公开信也提到了斯坦因，"前岁斯坦因卷土重来，举国上下监视其行动，一时彼竟无所措其手足"。这说的是斯坦因的第四次探险。

斯坦因在1925年即申请第四次探险，但一直未获批准，毕竟在其第三次探险时，中国政府对斯坦因的行动表示了严重关切，并下令对其"严行禁阻"。1929年，斯坦因成为美国哈佛大学福格博物馆荣誉研究员，获得10万美元探险经费，大英博物馆也出资支持。斯坦因还向国民政府保证："在不事先征得中国政府同意的情况下，绝不运走任何文物"，由此，其第四次探险才得以成行。虽然如此，斯坦因依旧遭到中国学术界的反对，蔡元培、翁文灏、傅斯年、朱家骅、袁夏礼、李四光、马衡、李济、刘半农、袁同礼、陈垣等十八位学者，联名发表了《关于斯坦因在中国新疆进行考古探险的声明书》（原标题有所差异）一文。

中国政府也在1930年9月至12月间屡次电令，对斯坦因"严加监视""绝不能任其自由行动"，并称斯坦因"携百余万元之巨款，奉印度政府之使命，领测探之专员，结果如何，念之不寒而栗"，又言"古物保之国境乃尊主权之道"，斯坦因"盗取我国先民遗迹，蹂躏我国固有主权，实为吾族人士一大愤慨"。要求地方政府"派员严密监视，不得有发掘古物及携带出境"，不准斯坦因"窃挖古物，测量地形"，否则"诚吾国家莫大之损失"。若斯坦因有违令之举，"将其驱逐出境""庶几主权、国防、国宝皆得保全"。

但斯坦因并未信守承诺，也由于地方当局执行不力，斯坦因对新疆塔克拉玛干沙漠周边进行了考察，并通过发掘、收购、受赠等方式获得古物百余件。1931年4月25日，他返回喀什结束考察，在英国驻喀什总领事馆，对相关古物进行了拍照并编制目录。之后，他又向喀什地方当局提出，将这批古物先带往欧洲进行研究，研究完毕后可将古物交还国民政府指定的任何一个机构。5月30日，斯坦因离开中国，"查验行李，并无何项古物及他违禁品"。此后，经过中英双方长达 7 个月的交涉，虽然英方强调没有一件古物是通过发掘获得的，这批古物仍然于 11 月 21 日由英国驻喀什总领馆移交给喀什地方当局。但是，原本应转运给设在北平的中央古物保管委员会的这批古物，后来一直下落不明，这可能跟当时"九一八事变"后中国的时局动荡有关。后来，斯坦因对其第四次考察只字不提。

相比于 1930 年的斯坦因，伯希和的遭遇似乎要好得多。虽然探险是一样的探险，但在学术上应见高低。斯坦因可能受限于专业性和系统性学术研究的缺乏，呈献的著作往往是调查报告性质的，相关研究则往往交给各领域的专家来完成。比较起来，伯希和显然更胜一筹，特别是与中国学者保持开放而友好的往来，不完全是一个假冒考古学者的间谍，这也可能是傅斯年抵制斯坦因，却为伯希和辩解的原因所在。尽管遭到中国学术界的抵制，伯希和还是在 1935 年 5 月来到中国，除了"中国艺术国际展"的前期筹备工作，伯希和还在傅斯年的陪同下前往河南安阳考察第 12 次殷墟发掘。"中国艺术国际展"在伦敦如期举办，其中也展出了斯坦因和伯希和自藏经洞等遗址掠去的古物，分别由英属印度政府、卢浮宫、吉美博物馆提供。1939 年，伯希和被聘为中国中央研究院历史语言研究所研究员，聘任他的正是傅斯年。

20 世纪 20 年代，陈垣辑成《敦煌劫馀录》一书，著录藏经洞写经 8679 卷。陈寅恪为《敦煌劫馀录》作序，他写道：

或曰：敦煌者，吾国学术之伤心史也。其发见之佳品，不流入于异国，即秘藏于私家。兹国有之八千余轴，盖当时垂弃之剩余，精华已去，糟粕空存，则此残篇故纸，未必实有系于学术之轻重者在。今日之编斯录也，不过聊以寄其愤慨之思耳！

而今，关于敦煌和藏经洞的研究已经成为一个专门的学科——敦煌学。但是，我们的敦煌学是建立在文物流失前提下的，也是以相关收藏机构开放互通的姿态为基础的，可能，这是一种劫后余生的缘分吧。之所以强调这一点，是因为伯希和有着一个学者的开放互通的立场，认为"中外汉学大师之造就，堪称殊途而同归"。他不但将部分"敦煌遗书"的影照交给中国学者研究，还力主将他对莫高窟的研究笔记和相关所有照片出版，作为共同研究的基础资料。伯希和做到了他力所能及的努力。

1987年，敦煌莫高窟被联合国教科文组织列入"世界文化遗产"名录。同年，日本人青山庆示向敦煌研究院捐赠8件文物，这是流失海外的藏经洞文物首次归还中国。

5. 秘境黑水城

据《马可波罗游记》之《伊稷那城及家畜鸟雀的种类与其北方的荒原》所述，"离开甘州城，向北行十二日，到达一个名叫伊稷那的城市。它位于戈壁的入口处，在唐古多省境内。居民是偶像崇拜者，他们有骆驼和各种家畜。这里有一种兰列隼和许多优良的萨克尔隼。果实和家畜可供居民的需要，居民并不经营商业。商旅到达此城后，必须准备四十天的粮食，因为当他们再向北前行时，必须穿过一个荒原，除了在夏季山中和某些河谷有少数居民外，平时了无人迹。这个地方有水与松林，常常是野驴和其他野兽出没的地方"。

伊稷那，即黑水城，又称黑城，蒙古语称为哈拉浩特，位于内蒙古阿拉善额济纳河（黑水）下游北岸的荒漠上，始建于西夏，是现今已知唯一一座用西夏党项人语言命名的城市，当时西夏在此设置"黑水镇燕军司"。1226年，成吉思汗率领大军征伐西夏，首先攻克了黑水城，并由此南下直取西夏国都。次年，西夏灭亡。1286年，元世祖忽必烈扩建此城，并设"亦集乃路总管府"，管辖这一地区及西宁、山丹（今属张掖）两州。黑水城在明初渐趋衰没。据《明史》，洪武五年（1372年）春正月，宋国公冯胜为征西将军，取甘肃，征扩廓帖木儿，至亦集乃路（黑水城），守将卜颜帖木儿亦降。据说明军在围城时切断了黑水城的水道，导致城中自此无水可以饮用，从此荒废。

寻找一座废城

20世纪初，沙俄探险者发现了黑水城，发掘出土了大量西夏遗物，被认为是殷墟甲骨、敦煌遗书之后的中国第三大考古文献发现。

似乎最先是沙俄探险者波塔宁，从土尔扈特蒙古人那里得知黑水河口有一座废城。他曾在1884至1885年度的旅行报告中写道："他们（土尔扈特人）说有一座古城叫埃尔海－哈拉－布留克，意指黑水极东部支流岸边的黑城；他们说，那里还可见到不大的城垣，即小城墙，四周有许多沙埋房屋遗迹，挖开黄沙就能找到银器。小城四周则为流沙，附近无水。"

1900年，地质学家奥勃鲁契夫曾试图找到这座沙埋小城。当地人不仅没有告诉他这座故城所在，甚至还把他引向了与黑城完全相反的方向。

1908年，科兹洛夫通过宴请和贿赂当地土尔扈特人领主，获得了发掘黑水城的许可。他于5月1日到达黑水城，发掘出超过2000件西夏文书籍、绘画和写本。科兹洛夫将这些文物装了十箱先运回圣彼得堡，然后前往青海继续探险。因这批文物价值巨大，他被命令返回黑水城继续发掘。1909年5月，科兹洛夫第二次来到黑水城，掠获了更多古物，特别是在6月，他在城西约400米的地方发掘了一座佛塔，获得了大量古籍和版画（图4-24）。

在沙俄地理学会《地理学杂志》（1910年9月号）上，科兹洛夫关于黑水城考察的记述中写道："我们把精力转向新的发掘，即城西约300码处、干枯河道岸上的佛塔。我们称之为'大墓'，它耗费了我们的所有时间和精力。在那里面，我们发现了大量书籍、画轴和写本，以及很多画在麻布、丝绢或纸上的佛画。我们还在一堆杂乱的书籍和绘画中，发现了很有趣的小型金属佛像、木雕和佛塔以及艺术价值不等的很多东西（图4-25）。在极其

图4-24　一佛二菩萨
唐卡，13世纪，90.5cm×68cm。出自黑水城，现藏于俄罗斯艾尔米塔什博物馆

干燥的沙漠气候中，这些东西保存状况极好，更提升了它们的价值。实际上，大多数书籍、写本甚至绘画，虽在地下埋藏了几个世纪，却仍像新的一样，尤其令人关注。不但书籍的内页保存完好，而且纸质或丝绸制成的封面（大多为蓝色）也同样完好。跟这些东西埋在一起的，应该还有一个僧人，其骨头呈坐姿倚靠在塔内的北墙上。佛塔高出地面25至30英尺（8米左右），由底座、塔身、圆锥形塔顶组成。由于时间久远，或者人们出于好奇心的驱使，佛塔已经半毁。底座中央有根直立的木杆，其顶部没有装饰。在木杆周围的佛塔地面上，面朝木杆，有20多尊真人大小的泥塑（佛像）（图4-26，彩图25），佛像面前摊开着经书，如正做法事的喇嘛一样。书中用的纸产自汉地，书上则是西夏文——哈拉浩特（黑水城）的文书一般都是西夏文。"

科兹洛夫在黑水城最重要的收获，是发现了西夏文和汉文双解通俗语汇辞书《番汉合时掌中珠》，这是现今翻译西夏文、了解西夏历史和各方面情况的辞典。《番汉合时掌中珠》由党项人骨勒茂才编，刊于西夏仁宗乾祐二十一年（1190年）。存于沙俄科学院东方学研究所圣彼得堡分所的《番汉合时掌中珠》为木刻本，蝴蝶装，共37页。序言有西夏文和汉文两种，内容相同，谓"不学番言，则岂和番人之众；不会汉语，则岂入汉人之数"。表明编纂目的是为了党项（西夏）人和汉人相互学习对方语言。俄方一直没有将《番汉合时掌中珠》全部原件发表。20世纪70年代末，美国学者陆宽田拍照了《番汉合时掌中珠》全部内容，1982年，美国印第安纳大学刊布了全部原件影照。

科兹洛夫在黑水城掠获的古物总计超过8000件，包括汉文、西夏文、藏文、回鹘文、蒙古文、波斯文

图4-25 舍利塔
木质，彩绘护法像，高44cm。出自黑水城，现藏于俄罗斯艾尔米塔什博物馆

图4-26 双头佛像
泥塑，彩绘，贴金，13世纪，高62cm。出自黑水城，现藏于俄罗斯艾尔米塔什博物馆

等书籍和经卷，以及陶器、铁器、织品、雕塑品和绘画等文物。其中的文献存放在沙俄科学院东方学研究所圣彼得堡分所；部分文物曾存放于圣彼得堡俄罗斯国家博物馆，1933年转入艾尔米塔什博物馆。

科兹洛夫凭借其探险成果，于1911年获得了英国皇家地理学会金奖。1923年至1926年，科兹洛夫进行了生平最后一次探险，在蒙古土谢图汗部诺颜山下，发现了二百余座古墓（诺彦乌拉墓地），他发掘了其中大墓六座、小墓四座，是当时最早发现的匈奴贵族墓葬。这次探险，小科兹洛夫29岁的妻子与他同行，她是个鸟类学者。

失落的后来者

斯坦因在其第三次探险中，于1914年5月来到黑水城。科兹洛夫关于黑水城的报告指引着他。跟科兹洛夫一样，他首先会见了当地土尔扈特人首领达示巴贝勒以获得必要的向导和帮手，当地有人曾跟科兹洛夫进入过黑水城助其发掘。

斯坦因来到了科兹洛夫在1909年收获颇丰的佛塔，在他看来，科兹洛夫的发掘非常粗糙，毫无专业性和科学性。佛塔已经成为一片废墟，佛像已支离破碎，但瓦砾下依然有许多保存完好的文书。斯坦因在这里获得了1100件西夏文文书，其中雕版印刷品有300多件，另有汉文文书59件（雕版印刷品19件）以及少量吐蕃文文书。另外，斯坦因还收集到一些佛像残件、壁画残片、画像残片等。在黑水城的其他地方，除了发现有200多件吐蕃文文书，斯坦因和他的探险队员还收集了几乎都是各种古物的残片标本。可能，大批量保存完好的古物已经被科兹洛夫"拿走了"，斯坦因毫无章法的发掘对遗址又造成了破坏。实际上，按照仪轨，只有在佛塔中才供奉大量的文书、画像和佛像，很多古代残留下来的日用品，在几个世纪的无情风砂中早已支离破碎，掩于尘埃而难以找寻了。

1923年11月，当美国人华尔纳到达黑水城的时候，他已经很难获得显著收获了，他的首要目标是寻找壁画。这或许是他的个人爱好，或许也跟当时美国没有中世纪时代的中国壁画有关，他的任何发现都有里程碑的意义。几经搜寻和挖掘后，华尔纳在城墙马道发现了一个储藏室，里面发现了一些塑像和壁画残片。他认为科兹洛夫发现的壁画跟这些相比根本算不了什么。华尔纳接着清理了一个看似未被发掘过的寺院，最可喜的发现是一面盛唐时代的鸟兽葡萄缠枝纹铜镜（直径 16.8cm，厚 1.4cm，现藏于哈佛艺术博物馆）。由于发掘困难和突降大雪，华尔纳决定结束在黑水城的考察前往敦煌。

6. 莫高窟的罪恶手印

　　敦煌莫高窟最经典的艺术莫过于壁画和塑像，在那些壁画和塑像上留下"罪恶"手印的人，是美国人华尔纳。

　　第一次世界大战后，美国经济大发展，各博物馆因而获得充足的经费来扩大馆藏品，一些重要的中国古代艺术品，也在那时陆续进入美国各大博物馆。哈佛大学福格博物馆（现统称哈佛艺术博物馆）不甘人后，也打算找位专业人士去中国搜购文物。他们选中了华尔纳。

　　华尔纳是最合适的人选。

　　首先，是缘于哈佛情结。根据有限资料得知，华尔纳的祖上是第一批乘"五月花号"到达北美的移民之一，其祖辈也曾是《独立宣言》和《美国宪法》的签字代表之一。华尔纳的父亲约瑟夫·班斯·华尔纳是律师，毕业于哈佛大学法学院，曾是"形而上学俱乐部"的成员。该俱乐部是19世纪70年代在哈佛大学由学术同好组成的自由讨论哲学和社会问题的秘密团体，其成员后来都成为学术大师或业界名人。华尔纳1903年毕业于哈佛大学，1910年结婚，妻子洛琳·罗斯福来自罗斯福家族，据说是西奥多·罗斯福的侄女。西奥多·罗斯福也是哈佛校友，1901至1909年曾任美国总统。

　　其次，华尔纳有专业知识，曾系统学习中国古代艺术。1906年，华尔纳被波士顿美术馆选做馆长助理，跟随该馆亚洲艺术部馆长冈仓觉三学习，并被派到日本进修，后在1909至1913年担任亚洲艺术部副馆长。1912年，华尔纳成为哈佛大学讲师，教授"日本和中国美术"课，这是美国有史以来第一次正式开设的此类课程。

　　第三，华尔纳曾到过中国进行古文化考察。1913年，华尔纳受史密森学会的委派前往中国进行考察。史密森学会是唯一由美国政府资助、半官方性质的

175

第三方博物馆机构，由英国科学家詹姆斯·史密森遗赠捐款，于1846年创建于华盛顿。华尔纳考察项目的目的，是探讨在北京建立一所美国在华考古学院的可能性，该学院实际将会成为美国东方学者的研究基地和搜购中国文物的大本营。此项目背后的支持者，是热衷东方古物的弗利尔。1913年6月，华尔纳从美国启程经欧洲到中国，在中国内地考察历时近一年，游历甚广，并曾拜会时任中华民国大总统的袁世凯，陈情在北京建立考古学院一事，袁世凯给了45分钟会见华尔纳。1914年9月，华尔纳回美后完成考察报告，考古学院因故未能建立，但这份报告以及华尔纳领衔的第一次福格中国探险队的成果，后来促成了哈佛燕京学社在1928年的建立。

第四，在华搜购文物的实战经验和外交能力。华尔纳曾作为野外调查特工，为克利夫兰美术馆在1915年来华搜购文物。1917年9月，华尔纳成为费城艺术博物馆馆长，稍后不久即被任命为美国驻华副领事，在西伯利亚和日本执行机密任务。实践证明，外交官或具备外交能力的学者，在中国掠获古物时往往有更好的发挥，比如伯希和。实际上，在1914年华尔纳就曾在北京见过伯希和——当时他在法国驻华使馆任职——两人就艺术方面的"专业问题"进行了交流，并相约去新疆发掘几处伯希和私下隐瞒、秘而不宣、未曾公布的遗址，但最终因故未果。

由于上述四方面的因素，让哈佛大学福格博物馆决定聘请华尔纳到中国来搜购文物。华尔纳对此早有打算，早在1913年来中国的路上，华尔纳经英国、法国、德国、俄国，见识了斯坦因、伯希和、冯·勒柯克、科兹洛夫等来华探险队的成果，他也向往着同样的探险，并将掠获的首要目标定为壁画，这是当时美国各博物馆藏品的空白。

华尔纳的探险想法得到认可，他成为福格博物馆东方艺术部馆长，第一次福格中国探险队随即在1923年成立。

与华尔纳同行的人是翟荫。

到敦煌去

1923年7月，华尔纳与翟荫到达北京，在燕京大学找了个叫王近仁的学生担任事务员和翻译，还买了一把旧滑膛枪以防不测。这是军阀混战、盗匪横行的年代，世道不太平。8月，华尔纳一行由北京出发乘火车到郑州，去洛阳拜会了军阀吴佩孚——这一年2月，吴佩孚血腥镇压了京汉铁路工人大罢工，制造了"二七惨案"——并由吴佩孚派士兵护送过境。

华尔纳一行经过西安，于9月进入甘肃，在泾川考察了"象洞"（王母宫石窟），发掘到至少六件石佛首和一件石佛身（无首），分属北魏和唐代。这些石雕佛像残件现藏哈佛艺术博物馆。然后，华尔纳一行经凉州（武威）、甘州（张掖）、肃州（酒泉），于11月到达这次考察的第一个目的地：黑水城。华尔纳在这里没有显著的收获。

斯坦因和伯希和的经验表明，在中国西部发掘遗址应该在冬季，这似乎是为了避开高温或雨季的缘故，但斯坦因却因此冻掉了脚趾。华尔纳也遇到了类似的寒冷。离开黑水城后，华尔纳一行经甘州到达肃州，翟荫因冻伤并患重感冒而不得不提前返回，华尔纳独自带着王近仁和在黑水城时的雇工老周前往敦煌。

华尔纳于1924年1月21日到达敦煌，受到敦煌县长的宴请。可能是因为得到上峰肃州军政长官的命令，县长热情招待华尔纳，结果却把自己灌醉了。次日黄昏，华尔纳来到莫高窟，那位所谓的当家人王圆箓正巧不在。华尔纳迫不及待去考察洞窟，主要是壁画，这是他的目标。他目光所及，壁画的颜色已经有五成消退，那些影像犹如浮动的众佛依稀闪着光，他们明眸流盼，带着不可言表的肃穆和平静。

在北京的时候，华尔纳一直担心壁画遭到了沙皇军队残部的破坏。十月革命后，一支400人（一说有900余人）的白俄士兵窜入中国境内，在1920年11月至次年8月间，被圈禁在莫高窟的38个洞窟内，他们在洞窟内烧火做饭，并在壁画上刻下部队番号和名字。

残兵没有保护古物的意识，百无聊赖的涂鸦，就像游客在遗迹上写"到此一游"一样。王圆箓也没有觉得不妥，或者他也爱莫能助，无能为力。作为一个虔诚的人，他的心思在于化缘得到更多的钱来新绘壁画、新塑佛像。华尔纳却认为，那是对神灵的亵渎，他想要"挽救它们"，但他的手段有限，他只是想剥离并带走它们，收集一些样品带回美国进行研究并加以妥善保护，以防止进一步的损坏。可是，他首先做的便是损坏，他的行为似乎与他的初衷背道而驰。

剥离壁画的方法

事实上，华尔纳几个月来，甚至几年来都在思考剥离壁画的方法。斯坦因和冯·勒柯克在新疆的遗址，通过从壁画后部的泥墙入手成功切割下壁画，但这种方法对于莫高窟壁画并不适用。伯希和已经考量过。莫高窟壁画看似绘在草筋泥墙上，但泥墙厚度约2至5cm，并不均匀，因为泥墙后面是粗糙不平的岩石，而且，一层壁画的后面可能还有一层年代更早的壁画。当然，要了解这一构造，是以破坏壁画为前提的。华尔纳试图从壁画最松动的地方入手，即便是非常小心地采用锯割法或凿沟法，他的手段也不能奏效，难以剥离画幅较大并完整的画片。

华尔纳在敦煌待了十天，五天用来考察和寻找理想的壁画，并通过纯手工的方式尝试剥离壁画，他由此可能获得了一些残片。接下来的五天，华尔纳决定尝试哈佛大学博物馆专家介绍的一种技术，他显然有备而来。在北京时，华尔纳已经准备了黏固剂和可溶性底物。黏固剂是用来固定松脆壁画颜料的无色药液，对色彩无损。将黏固剂和可溶性底物刷在壁画上，待其凝固后，即可将壁画揭下。揭下的壁画需在实验室进行底物还原。

华尔纳把莫高窟当成了试验室。他先把黏固剂刷到壁画上，然后涂上加热过的胶水状底物。时值腊月，气温可能低于零下10摄氏度，底物凝固得很快，难以涂刷。王近仁和老周只好举着加热底物的火盆，华尔纳则赶紧将滚烫的底物刷在壁画上面，搞得一头、一脸、一身的胶水，手指也被粘在一起。壁画被揭下后，用毡布包好，夹在两块木板之间绑扎好，以免在运输途中损坏。

华尔纳说他没有揭取唐代以前的壁画，也没有动唐代最好的壁画，他揭取的都是保存状况不好的唐代壁画。因为他这一次是试验性质的揭取，一旦有闪失，破坏了最精美、最珍贵的壁画，对他而言是得不偿失的。当然，他寄望于下一次在气温较高的季节、带更多的黏固剂和底物、由更加专业的技师，再来揭取那些更精美的壁画。

对华尔纳揭取壁画的行为，王圆箓不以为意，可能他认为那些壁画反正是要重新绘画的，还要新塑佛像，这是他化缘的目的，也是他的骄傲。显然，华尔纳对所获的壁画从数量到质量上都不甚满意，他还需要更有代表性和说服力的收获，他盯上了石窟内的佛像。最终，华尔纳布施了一些财物——据他说是区区 75 两银子，但据说后来被夸大到 10 万银圆，导致民众去找王圆箓分钱并以死相要挟，王圆箓只好装疯卖傻演神经病躲风头。但凡"布施"，不问来由目的，似乎都是王圆箓喜闻乐见的，于是他同意华尔纳拿走一尊"过时的、表面并不鲜亮的塑像"——只是因为经年的尘土遮蔽了这尊菩萨像的光彩（图 4-27，彩图 26）。

华尔纳为莫高窟第 328 窟的这尊菩萨像做了一个木箱，里面填充进棉花、毛毡、被单以及他的羊皮裤、内衣和袜子。华尔纳视这尊菩萨像为宝中宝，过去前往莫高窟的其他各国探险队都没有获得这样完美的塑像。华尔纳记录道："即使我没有内衣和袜子穿，也算不了什么，因为每当我想到这些衣物能保护塑像那鲜艳、光滑的皮肤和破裂的颜料免受损害时，我的心情就感到无限温暖。"

图 4-27 菩萨像
唐代，公元 7 世纪晚期，泥塑，彩绘，高 122cm，底径 71.1cm。原位于敦煌莫高窟第 328 窟，第一次福格中国探险队掠获品，现藏于美国哈佛艺术博物馆

实际上，华尔纳还掠获了莫高窟第 110 窟的一件北魏时代的红土彩塑飞天像，以及"敦煌遗书"《金刚般若波罗蜜多经》和《妙法莲华经》各一卷。

在华尔纳之前，也曾有探险者剥离莫高窟壁画，比如 1908 年伯希和剥离壁画以求看到下面一层的早期壁画的题记；斯坦因在 1914 年也有类似的尝试；据说奥登堡在 1914 年曾剥取莫高窟第 263 等窟壁画十余幅，窃走彩塑雕刻数十尊——未经查实。

1941 年张大千到莫高窟临摹壁画，待了两年多，也曾剥去多幅壁画来探看下层壁画。不过，他们物理破坏壁画的方式，与华尔纳使用化学手法揭取壁画所造成的破损情况是不同的，这可以通过实地研判来验证。所以，莫高窟壁画的破坏，不能全部扣在华尔纳头上。

关键问题是，华尔纳究竟从莫高窟掠获了多少壁画呢？

被盗揭的壁画

据华尔纳 1926 年发表的《中国漫长的古道》所述，他只获得了三块壁画片段——可能当时福格博物馆的实验室只还原了三件。后来在 1936 年的文章中，他将掠获壁画数量提高到几方 8 世纪壁画断片和六幅更早期的壁画样片——这也可能跟剥取壁画的底物还原有关。

根据敦煌艺术研究所（1951 年更名为敦煌文物研究所）首任所长常书鸿的记录道，"据不完全统计，一九二四年华尔纳在千佛洞（莫高窟）用胶布粘去与损毁的初、盛唐石窟壁画，计敦煌文物研究所编号第 320、321、323、329、331、335、372 各窟壁画 26 方，共计三万二千零六平方公分，其中初唐画有汉武帝遣博望侯张骞使西域以及东汉白马驮经等有关民族历史与中国佛教史等重要故事内容的壁画多幅"。（《警告霍雷斯·杰尼（翟荫）和他的主子们》）

三万二千零六平方公分即约 3.2 平方米，按照华尔纳的说法，"大者半米多，小者一二十厘米"。华尔纳带回美国的莫高窟壁画残片，现收藏在哈佛艺术博物馆，目前可以获知的是，原位于莫高窟第 320、321、323、329、335 各窟的 11 方壁画残片的资料，总面积约 2 平方米（20006 平方厘米）（图 4-28、图 4-29）。据敦煌研究院的资料，第 331 窟西壁门南天龙八部壁画部分，明确

图 4-28 东晋杨（扬）都出金像图
源出《法苑珠林》"东晋杨（扬）都金像出渚缘"典故。唐代，公元 7 世纪，彩绘壁画，残片，50.8cm×94cm。原位于莫高窟第 323 窟南壁，现藏于美国哈佛艺术博物馆

标注为"华尔纳盗走",但我在哈佛艺术博物馆未见到记录。另外,上述相关洞窟以及第372窟壁画亦有毁去和残缺处,有可能是华尔纳试验和揭取失败所致,也有可能哈佛艺术博物馆还有未公开的资料,现在都不能确定。

图4-29 莫高窟第323窟南壁模拟复原图
上绘千佛;中绘佛教史迹画面:西晋吴淞江石佛浮江、东晋杨都出金像(需用上图补缺)、隋文帝迎昙延法师入朝等;下画菩萨八身

尤其因为华尔纳是初次尝试用化学方法揭取壁画,技术能力有限,并受到低温和化学制剂质量以及底物还原度等客观因素的影响,这些壁画目前所呈现的视觉效果大多是相当惨淡的,就博物馆而言,似乎也没有全部展陈的必要。

哈佛艺术博物馆目前只公开了其收藏的华尔纳非法盗取的11幅莫高窟壁画残片的信息,其中笔者模拟复原了第323窟南壁的壁画。

以失败告终

1924年,华尔纳回到美国后便开始筹划第二次探险,并在第二年成行。第二次福格中国探险队的成员,除了华尔纳和翟荫,还增加了专业技术人员,丹尼尔·汤普森负责剥取壁画,普爱伦协助壁画研究和保存,石天生负责测量、记录并担任随队医生,摄影师时达专事摄影。探险队计划在途中先考察泾川"象洞"及其周边石窟,然后到敦煌,花费三个月甚至半年的时间对莫高窟进行系统的测绘、拍照,并剥取第285窟的全部壁画。

华尔纳一行在1925年2月到达北京,依旧找来王近仁作翻译和事务员,另外由福开森推荐,北京大学医学院的陈万里随队前往。这次探险,作为哈佛大

学与北京大学合作的一个正式项目来开展，探险队因而也获得了北京大学的介绍信和特派员的身份。华尔纳因为要在北京协商哈佛大学在华合作办学事项，探险队由翟荫带领先行出发。

1925年5月18日，探险队到达敦煌，没有从官方获得揭取莫高窟壁画的许可，行动被严格限制，只能按敦煌县署的规定游览莫高窟三天，每天限定五小时，并受到密切监视，规定不得拿走任何东西，否则不准进入洞窟和拍照。而此时，华尔纳才到达肃州，距离敦煌依然遥远，而且渐行渐远——他再也没有到达莫高窟。但华尔纳并不想就此罢休，他遂带探险队前往安西（甘肃瓜州）考察"万佛峡"（榆林窟），但所能做的也只是看看、拍照而已。

第二次福格中国探险是失败的，一方面是因为华尔纳破坏文物的行为引起官方重视，另一方面也受到了当时大规模的排外反洋浪潮的影响。华尔纳后来写道："我万万没有想到，在短短的七个月时间里，整个中华民族就从沉睡中醒来，并且打了一个可怕的哈欠，吓得我们这些洋鬼子们全都溜回公使馆去。"

但探险队也并非一无所获，他们在考察途中买到了几件古物，其中一件是唐代末期的观音菩萨幡画（95.3cm×61.8cm），据说出自莫高窟藏经洞，现藏于哈佛艺术博物馆。对于这样的结果，福格博物馆和华尔纳是很不满意、相当失望的，虽无可奈何，但也不会就此善罢甘休。在华尔纳的怂恿下，斯坦因的第四次探险背后，就有福格博物馆的支持，而且斯坦因在哈佛大学见识了更新的壁画剥取技术并准备在中国大显身手，但他遭到了中国官方的反制和学术界的抵制而没能得逞。

据说，最后一个破坏莫高窟的外国人是巴慎思，他出生于英国的罗斯伯爵世家，曾在北京大学任教，并任《北平时事日报》专栏作者。1935年4月22日敦煌县长杨灿电呈兰州省政府主席朱、民政厅厅长王的电报：

钧鉴：

英人巴慎思系英文《北平时事日报》特约记者，游千佛洞，县长派警保护，并加注意。巴氏违背条约，暗用铁器，抱取洞内佳像，窃装车中，当被查觉，押送安西县府，或递解或放行，立候电示祗遵。

不过，有说巴慎思是随教育部艺术文物考察团团长王子云来到莫高窟的，卢善群、西北史地考察团历史组成员劳干、石璋如等先后来到敦煌，拍摄了不少莫高窟的照片。据电文所示，巴慎思窃取莫高窟石窟内的塑像而被羁押，但因外交干涉，他随后在兰州被释放。

古物的流失意味着中国文化经受的创伤，如无坚守，则是文明沦丧，如同灭国的命运。中国不间断的历史自始至终是靠文明传承而撑起的，文化兴，则国力盛。希望记住那些被掠、被盗而流失的文物，否则，文化复兴无从谈起。

伍 从云冈到龙门

从甘肃敦煌莫高窟出发，沿着佛教东传的线路，在北纬40度线，走在历史和地理时空的平行线上，便可到达山西大同的云冈石窟。

北魏迁都洛阳，龙门石窟随之兴起。云冈石窟和龙门石窟位于近乎同一经度，相距1300里。在这段路程的中间，有山西太原的天龙山石窟。由龙门石窟向东北，由天龙山石窟向东南，通过几乎相等的500多里路程，可到达位于河北邯郸的响堂山石窟。这些都是冥冥注定的巧合吗？

云冈、龙门、天龙山、响堂山这四大石窟，是北朝晚期石窟寺建筑和佛造像艺术的高峰，但无一例外地，它们在近代遭受了疯狂的盗凿，情形惨烈，损毁严重，大量佛像身首异处。在清末民初文物流失的大潮中，它们的遭遇不是巧合，是注定要经历的厄运。

由于石窟寺岩体脆弱的石质和构造，石雕佛像很容易受到风化、雨水的侵害而受损，以至于渐渐失去了原有的锋利但不失婉约的线条，虽然克制但不失生动的形象。同时也应联想到，由于地质原因，比如地震，佛像雕刻中最能体现极致风采的也是最脆弱的手部和颈部，往往会出现断裂。但从痕迹判断，自然原因所产生的伤害，与人为砍凿而造成的毁坏，还是有表象和本质的区别。另外，一整尊高浮雕菩萨像，之所以能够被整体凿离岩体，是因为它的背后是空洞的佛窟，仅有一层薄薄的岩壁。

造像风格有传承和演变，这是可以考量的，但我们往往无从判断，这些不可移动文物从原址到博物馆之间的被盗取、贩卖和传递的过程，这是文物贩子尤其想要避讳的，也是收藏这类古物的博物馆刻意想要泯灭和想要规避的要点。即便不提盗凿佛像的行为违背了道德法纪，这些石窟残件的运输，要通过出口和进口的两国海关，没有走私、逃税等违规违法的套路是不能实现的。可叹在一定时代背景下，此类套路可以畅行无阻，但文物流失的结果是中国文化的凋落。

1. 不可恢复的圣境

云冈石窟开创的背景，是中国历史上的第一次灭佛运动。北魏太平真君七年（446年），太武帝拓跋焘"诏诸州坑沙门，毁诸佛像……四方沙门，多亡匿获免，在京邑者，亦蒙全济。金银宝像及诸经论，大得秘藏。而土木宫塔，声教所及，莫不毕毁矣"。

在这样的危急中，"沙门昙曜有操尚……誓欲守死……密持法服、器物，不暂离身，闻者叹重之"。所谓守得云开见月明，从来不负有心人。拓跋焘死，文成帝拓跋濬继位后，即"初复佛法……诏有司为石像，令如帝身。既成，颜上足下，各有黑石，冥同帝体上下黑子。论者以为纯诚所感"。次年（453年），昙曜"自中山被命赴京，值帝出，见于路，御马前衔曜衣，时以为马识善人。帝后奉以师礼"。"昙曜白帝，于京城西武州塞（云冈），凿山石壁，开窟五所，镌建佛像各一。高者七十尺，次六十尺，雕饰奇伟，冠于一世"。（以上引文皆见《魏书·释老志》）

这五个石窟，是云冈石窟之始，现编号为第16至20窟，俗称"昙曜五窟"。此为云冈艺术的初期。在北魏孝文皇帝统治前期（471—494年），云冈石窟的兴建达到鼎盛，其壮观如当时郦道元《水经注·㶟水》所记：

武州（云冈）川水又东南流，水侧有石，祗洹舍并诸窟室，比丘尼所居也。其水又东转迳灵岩南，凿石开山，因岩结构，真容巨壮，世法所稀，山堂水殿，烟寺相望，林渊锦镜，缀目新眺。

今日所见的石窟，实为佛寺殿堂，先前有木构窟檐建筑，因为后来的战乱兵燹而大多化为灰烬，只余石刻佛像成为艺术和道法的经典。近年曾有动议要修复石窟前的木结构佛殿，使暴露在外的大佛免遭风吹雨淋日晒寒暑等自然侵害，但石窟内已经缺失的佛首、残缺的佛龛可以复原吗？显然不可能。

北魏太和十八年（494年），孝文帝自平城（大同）迁都洛阳后，云冈石窟便已开始沦落，渐渐淡出人们的视线。虽然后世历朝俱有香火为继，但它地处北地荒野，到清末时已经相当凄凉残乱了，有些石窟被当地村民改建为民舍，任由其破败下去。

佛教美术一大圣境

近代最早发现云冈石窟的人，是日本建筑学家伊东忠太。他在庚子国难时曾奉命调查紫禁城等北京古代建筑，从1902年3月至1905年，他在中国、印度、欧洲进行学术考察旅行，于1902年6月自北京经张家口来到大同，偶然发现了云冈石窟。原本他以为大同"先为北魏之平城，后为辽金之西京，后魏遗迹，想必湮没无存……不图于城西三十里之云冈，望见一丛之石窟寺，就而抚视之，则实为后魏营造之古刹，而一千五百年前之壮观依然保存于今日"。他感叹道："惊其形式与结构之奇异，诚余旅行亚细亚中之最壮观。"相关记述，伊东忠太最初于《建筑杂志》第189号（1902年9月）上发表了《北清建筑调查报告》，后于1906年10月和11月，又在东京的《国华》上发表了《支那山西云冈石窟寺》一文。云冈石窟自始引起学术界的注意。

离开云冈后的1903年初，伊东忠太前往印度时，在云南遇到了正进行第一次探险回国途中的大谷光瑞。后来伊东忠太为大谷光瑞在神户监造了"二乐居"别墅，其中保存和展出了三次大谷探险队在中国西北各地掠获的古物。当时，中国西北尤其是新疆，已经成为各国探险队盗掘遗址、掠夺古物的"乐土"，但偏安一隅的云冈石窟尚未引起汪达尔主义者的觊觎。不过，这种任由风吹雨打暗自神伤的平静，很快就会被窃贼的凿斫声打破。病体之上又加了几道新伤，真的令人惨不忍睹。

法国汉学家沙畹最早对云冈石窟进行了系统的"学术"研究。他在1907至1908年间，对中国北方和中原地区的文物古迹进行考察，1909年发表了《中国北部考古学调查》，其中收录有他拍摄的云冈石窟照片78幅。这些照片，令西方对这种皇权结合宗教的中国古代最高等级的本质文化类型产生了兴趣和热情。这本书，成为后来文化侵略者按图索骥掠获中国最珍贵不可移动文物的指南手册。

从沙畹拍摄的照片可以得知，在1907年之前，云冈石窟已经遭到人为的破坏，而且最初的盗窃者可能对凿下雕像并无技术和经验，尝试的结果是，凿碎了岩壁上的佛像却并无有价值的收获，仓促之中只好退而求其次，凿下一个孤立于岩壁之外的供养人的头部以资纪念，也算聊胜于无。例如云冈石窟第8窟主室东壁的一组云冈艺术中期（约480年前后）佛像，在沙畹拍摄的照片中，一个供养人像的头部已经不在了。此头像高21.2cm，雕工并不精细，现藏于日本东京五岛美术馆。

因为伊东忠太作为发现云冈石窟的先行者，激发了其他日本学者紧紧追随他的脚步的欲望，比如同样以建筑学见长的塚本靖和关野贞，在沙畹考察后不久，于1908年也来到云冈石窟。因为日本学者的考察是官方公派，他们往往在古物的历史价值和获取相关古物的必要性和可行性上做学术探讨。

对于这些外国学者，不知道究竟应该感谢他们，还是迁怒他们，或者兼而有之。激赏他们开创性考察研究的同时，作为100年后的见证者，也有必要站在保护文化遗产的立场上谴责他们：不能因云冈艺术之美、历史和佛教意义之高而起盗割之心而占有之、炫耀之，因为石窟佛像一旦被盗割破坏，则毫无美感可言，徒留不完美之遗憾，且若不在原始环境中欣赏、研究，亦无学术价值。从小处讲，他们是出于学术之私心，出于倒卖牟利之欲望；从大处说，他们破坏了中国古代艺术之传承，割断了历史之根基和血脉，以达到文化侵略、灭绝中华文明的野心。殊不知文明的发展、社会的进步，就在于不同文化间的交流和融合，而不是破坏甚至毁灭。

相比而言，中国学术界后知后觉。最早对云冈石窟进行反省式考察的学者是陈垣。1918年10月他游云冈，此前关野贞受官派考察朝鲜、中国和印度途中已经刚刚再次到过云冈石窟。陈垣后于1919年在《东方杂志》发表了《记大同武周山石窟寺》，真实描述了当时的情况：

远望飘渺，容态转真，窟别异形，无有复制。至于裸体神女，振翮凌空，宝相庄严，拈花微笑，则极画像之奇观，尽人工之能事矣！惜乎古洞荒芜，荆榛满目，村民占居，十之七八，衽席吹㸑，悉在佛前，断瓦颓垣，横阻当路。或土埋佛身，已过半膝；或偷藻全体，新留斧痕。过此不图，日即湮灭，是则有司之责也。

由此观之，陈垣应该是最早记录了云冈石窟被盗凿情状的中国人。

毁坏国宝换银洋

1930年6月18日，伊东忠太在北平中国营造学社做题为《支那建筑之研究》

图 5-1　交脚菩萨像
北魏，云冈艺术晚期，公元 6 世纪前后，砂岩雕刻，彩绘，高 146.1cm。原位于云冈石窟第 25 窟或第 16 窟上层佛龛，1932 年入藏美国大都会艺术博物馆

的演讲，提及云冈石窟：

> 见此云冈之艺术，知日本飞鸟（时代）式（艺术）之所自，更讨论六朝艺术之源流，而溯西域地方，尤于犍陀罗、印度、希腊等，得知东洋艺术之潮流也。

寥寥数百字，并未言及云冈佛像的保存状况，更未提及有佛像被盗凿的情形。可能这不是建筑学家关心的话题。殊不知正在当时，云冈石窟佛像被盗卖一事，已成为坊间沸沸扬扬的话题，这大约跟 1929 年集中发生的盗凿案件有关（图 5-1）。

1930 年 12 月《燕京学报》第八期《民国十八、十九年国内学术界消息》中，有《云冈石佛之厄运》一篇，编者按写道：

> 山西大同云冈石佛为晋北古迹，去年（1929 年）四月至八月间，被外来军阀勾结古董商，与附近村民乘夜斧凿佛头九十六颗，私首外人。自此消息传出后，国家学术机构至为痛惜，纷纷函电地方主管机关严加保护，使我国古代文化美术之胜迹不致再受摧残。古物保管委员会曾派常惠君前往调查……

据常惠于 1929 年 9 月 29 日完成的《山西大同云冈调查报告》，在这份报告中，常惠详细罗列了他的调查结果：

> 九月十八日午时从（北平）西直门（乘火车）动身，是日夜四时至大同。次日早进城，略访古迹，观九龙壁等处，又至西门内上华严寺参观，与寺僧略谈云冈事。该僧云：闻县中已捕盗佛头人数名在押云云。午后即赴县署谒县长。县

长云：中央及省政府已叠电保护矣。县长亦曾亲自往查，见（石佛）寺之附近者无甚损失；惟距寺较远者，寺僧颇难顾到，故损失较多。又云现已派警察数名驻守。晤谈结果，俟（常）惠往云冈查看后，再做详细讨论善后办法。次日（19日）赴云冈，县中派警察一名骑马随行保护。十时饭后起身，下午三时至云冈，住于石佛寺（云冈即此一寺）。和尚闻系县中来者招待甚殷。次日（20日）开始调查，从东至西，山坡石崖，满山满谷，无处非佛。查无洞基痕迹者不计外，详单列后：

1. 石鼓洞，失去佛头二十二颗。

2. 寒泉洞，失去佛头七颗。

3. 碧霞洞，风雨剥蚀，已无佛像。

4. 灵岩洞，失去佛头六颗。又寺顶洞（俗名尸骨洞），失去佛头三颗。

5. 阿弥陀佛洞。

6. 释迦佛洞。二洞在（石佛）寺内正殿，佛像完好。释迦洞内有康熙御笔金字"庄严法相"扁（匾）额。

7. 菩萨洞，失去佛头二颗。

8. 佛籁洞无失（此二洞在石佛寺西院）。

9. 阿閦佛洞，无失。

10. 毗卢佛洞，无失。

11. 接近佛洞，失去佛头二颗。

12. 离垢地佛洞，无失。

13. 文殊佛洞，无失。

以上五洞俗名五画洞（又名五华洞，或五花洞、五佛洞），（在石佛寺）另一院。太和七年碑及十九年四月碑，均在接引洞内。七年者，于民国八年，古钦明觅得；十九年者四月者，于民国十八年九月二十四日，拓字工人李万寿觅得。

以下庙外堡子内。

14、15. 万佛洞，无失。村人居此二洞。

16.（万佛洞），失去佛头四颗。

17. 无名洞，无失。太和十三年碑在此，于民国十二年石佛寺僧人广玉在此觅得。

18. 接引佛洞，失去佛头四颗。

19. 普贤佛洞，无失。

20. 阿閦佛洞，无失。

21. 宝生佛洞，无失。

22. 白佛洞，无失。

以下洞皆无主佛，无从知其名，故以白佛洞后第几洞记之，无失则不书。

第四洞，失去佛头四颗。

第九洞，原毁无佛。

第十五洞，失去佛头一颗。

第十六洞，失去佛头六颗。

第十七洞，失去佛头七颗。

第十八洞（俗名塔窑洞），失去佛头十三颗。太和十九年碑在此洞外，约于民国十年左右发现者，字迹模糊，未有拓片。

以上，共失去佛头九十六颗。

以上统计，按常惠所列失去佛头数目，总数为81个，且均记为佛头，是否佛像头部或菩萨像头部之外的其他雕刻部件也算在内呢？因为是根据遗迹凿痕进行统计，被盗的佛头皆未能截获扣留，此近百个被盗的佛头，恐怕也不只是1929年5月至9月间被盗的，应该把之前被盗的也算在内了，而且它们未必是云冈石窟被盗佛像和雕刻的全部。那么，它们最终都散失到国外了吗？（图5-2）

常惠《山西大同云冈调查报告》述及佛头损失的原因：

其所以失去如此之多者，在于今年（1929年）五月初，有某军副官一名，来自张家口，带有马弁一名，兵士四名，及一姓郑者，另

图5-2 思惟菩萨头像

北魏，云冈艺术晚期，公元5世纪晚期，砂岩雕刻，彩绘，高35.6cm，横19.1cm。原位于云冈石窟第40窟，约失于1925年后，1942年阿比·洛克菲勒赠与美国纽约大都会艺术博物馆

一古董商刘某，假作游历，并用零钱散施当地穷人，诱其帮忙斫凿佛头。及寺僧知晓，急速报县，县中赶派警察到来，某副官已携带斫下之佛头行至观音堂，正与警察相遇，一方兵士故与警察捣乱，一方副官携带佛头从旁路逃走。结果一无所获，只捕获嫌疑犯二名，一为古董商刘某，一为当地流氓邢润喜。后县中以邢润喜无甚嫌疑，将其释放。然不知邢某正属盗犯之一，回村后更为胆大，从此勾结该村无业之人，夜夜斫凿，故此次损失实为一大原因。虽中央及省政府叠令保护，然县中张贴告示，派警巡查，均属枉然。闻警察亦有与被勾结使钱之事。及至八月间，大同县长亲自视察一次，又由僧人告发当地流氓盗佛人十余名，由县中逮捕拘押，事始稍息。由今年（1929年）五月至九月止，此数月共盗去的佛头约百颗。

云冈石佛寺僧人告发盗卖佛头的云冈堡村人有邢有功、孙庆寿、邓万寿、王海、苏远来（在逃，其父苏玉宽被押）、邢润喜（即前次释放者），以上六名被捕在押；邢狗子、邢老孩、兰福海（以上三名在逃）。

常惠在报告中也论及云冈石窟的保护：

二十五日回至大同，赴县署与县长作最后之接洽，请县中应行注意事项如下：1. 由县中派警察长期驻守。2. 不时派员密查有无偷盗及伤毁佛像情事。3. 预防驻守警察疏忽，或与村人及古玩商勾结。4. 如有外人游历，预防其偷取及伤毁。5. 零星修理，由县中及本地绅董担任；较大工程，则请中央拨款云。

古物保管委员会隶属教育部，常惠的云冈石窟调查报告发表于《燕京学报》之前，应在1929年9月29日完稿之时，便已呈送相关部门和人士作为咨政参考，包括当时直接隶属国民政府的全国最高学术机关中央研究院。可能意识到事关重大，中央研究院历史语言研究所遂于10月12日派赵邦彦赴云冈再做调查。时任中央研究院院长的蔡元培于10月15日给掌控山西军政的阎锡山发电云：

山西大同云冈石像，工程伟大，雕刻瑰奇；出龙门造像之前，集北朝美术之粹，久为世界有识者所称美。近闻被匪偷割，售诸市肆，名迹因以毁损，国宝日就消亡。我公关心国粹，扶翼文明，想亦同深愤惜也。务恳电令地方文武长官先行负责防护，并妥商永久保存之法，以维现状，而示来叶，幸甚。

同时蔡元培还致电在北平的古物保管委员会主任委员张继："山西大同云冈石像，近闻被匪偷割，售诸市肆，国宝消亡，至深愤惜。除电阎公百川迅饬地方文武长官先行负责防护外，务恳贵会妥筹永久保存之法，以维现状，而示来叶，幸甚。"古物保管委员会是国民政府设立的文物管理机构。

赵邦彦在云冈调查历时半月，写有《调查云冈造像小记》，统计被盗佛头137个：第1洞（石鼓洞）22个；第2洞（寒泉洞）7个；第5洞（楼窑子）9个；第6洞（寄骨洞）3个；第7洞（寺顶）6个；第10洞（菩萨洞）4个；第14洞（接引佛洞）4个；第29洞15个；第31洞4个；第40洞1个；第42洞7个；第43洞13个；鲁班窑洞36个。对比此前常惠的统计，被盗佛头多出了近40个——其中鲁班窑两洞不在云冈石窟群内，常惠未统计。此外赵邦彦和常惠统计有出入的地方，可能是他跟常惠的研判方式不同，同时也不排除在他们二人调查间隔的半个月中，又有佛头被盗走。

1933年9月28日，《北洋画报》登载了铮然《记大同云岗（冈）石窟寺》：

云岗（冈）石佛，以本地人诱于利，屡有盗卖情事。当民国十八年七、八月间，为贼盗卖九十一佛头，至今犹留裂痕，并以红色标号记之。去岁（1932年）又有某国人来同收买五头佛，曾出价数万，幸经地方人士反对，始未沦入外人之手。

铮然之署名，肯定是笔名，其背后的真人即是林徽因，当时她正与梁思成在云冈石窟考察。他们不可能不关心云冈石窟佛造像被盗凿一事，而且，他们跟美国、日本来华学者有广泛而密切的联系，了解很多中国文物被贩卖到国外的情况。文中所说红色标号至今仍依稀可见，不知是否与1929年标记对应；所述"五头佛"，即五头六臂的鸠摩罗天，在云冈石窟中不止一个，以第8窟（沙畹标注第4窟）门拱西壁者最为盛况，现今犹存。从技术角度考量，在没有电动切割机械的20世纪30年代，想盗凿这尊浮雕几乎是不可能完成的任务，尤其是1930年之后，那里已经不是窃贼任意撒野的地方了。

铮然记述云冈石窟"为贼盗卖九十一佛头"，与之相对应的是丰子恺1931

年《云冈石窟》中,也记为91个。关于云冈石窟被盗造像的数目,还有不同的说法,比如傅振伦《雁北考古日记》载:"经1927年7月11日调查,已惨遭破坏。佛头即损失了三百多个,售价三百元至千元不等。"傅振伦所述调查在常惠之前,难以考量出处,是否因自然侵害损毁的佛头也被列入被盗的范围呢?

厉寿田《云冈石窟寺源流考》(1937年)记:

云冈山岩多系沙石,不能持久。诸佛窟龛,风雨侵蚀,山水渗剥,历千年之数,今尚存三分之二,实属侥幸。国人弃之荒郊,不知爱护,一任村夫愚妇、牧童野老之破坏,甚为可惜。四十年前,有日本人(伊东忠太)来寺研究考察,发表言论,介绍于世界,价值倍增。于是,日本之考古家纷纷阴谋攫取石佛以资研究,并且陈列于日本之博物馆。于是勾结本地之奸民盗窃折毁,转售日人,希图渔利。一佛能售银币数十圆,一佛头能售数圆。自此石佛痛遭巨劫,尤以民国十八年(1929年)五月至八月中,所损甚多。西部诸窟破坏特甚,有全身凿去者,有将佛头凿去者,总数约在千数以上。后为官方闻知,考查属实,方始设法保护,禁止斫伐。于是千余年不为国人所注意之地,开始受人青眼相待。

厉寿田是大同当地人士,其所述所感是非常客观真实的,只是佛像被盗凿达千数以上这样一个笼统而模糊的数字,或许是出于真实客观的所见所闻而发出的愤慨吧。

厉寿田在《云冈石窟寺源流考》中,也记述了云冈石窟受官方保护的情形:"十八年(1929年)十一月,大同县当局奉阎总司令(阎锡山)之命令,始行派警保护。"这是常惠和赵邦彦调查云冈石窟、蔡元培致电阎锡山之后的举措。厉寿田还记述"二十年(1931年)秋,由大同县地方事务协进会发起,成立云冈石佛寺保管委员会,加紧管理,设警长一人,警士数人,专司看守"。至此,云冈石窟佛像被盗凿的情况终于结束了。回想此前的乱象,正如大同当地人许殿玺《云冈叹》诗云:"时逢乱世出败子,勾结外贼作强梁。累累斧凿无头像,毁坏国宝换银洋。高下前后皆扫兴,归途忡忡实彷徨。这年正值九一八,灯下沧桑话太长。"

是的,"九一八事变"后以至"七七事变"后,包括大同在内的华北的大片国土成为沦陷区,这在日军看来似乎将成为他们"永久的属地"吧。尤其是日军侵占大同、伪"蒙疆联合自治政府"在1939年9月1日成立后，作为伪"蒙疆联合自治政府"基层机构的晋北政厅，制定了云冈石佛寺保存计划，其实行者是政厅文教科的财团法人"大同石佛保存协赞会"。同时由军队管辖云冈石窟，竖立了"破坏石窟者格杀勿论"的告示牌。在这样的背景下，日本学者水野清一、长广敏雄等人自1938年至1945年，对云冈石窟进行了七次勘测、调查。所谓的保护，对于学者这是出于研究层面的人文情感，但在战争侵略的背景下，很难说这不是出于文化侵略的目的，否则学者也难以获得相应的自由度和特权，在勘测的同时进行发掘并获得出土品，而且他们调查的范围并不仅限于云冈石窟，而是追随着日军侵略者的铁蹄延伸到更多地方。

传世陶眼只此一件

1985年2月14日，考古学家宿白致信时任中国文化部文物局（国家文物局）局长吕济民。信中说道：

送上云冈石佛陶眼一件，请考虑是否转至云冈保管所保存。

此物系美国堪萨斯纳尔逊美术馆（现纳尔逊－阿特金斯艺术博物馆）退休董事史协和先生所赠，其来源，据史协和说，是他1932年参观云冈时，用一块大洋从云冈附近农民处购得的，史协和还写了一纸说明一并附上。史协和过去在我国多年，喜爱我国文物并颇有收藏，近年我国学者去堪萨斯参观者多蒙热情接待，现又送还此罕见文物（云冈大佛遗失陶眼者甚多，但现知传世的陶眼只此一件），殊值称赞。我的意见，请文物局具函致谢，以示郑重。上述意见，局领导如认为可行，英文谢函一事是否可烦史协和的老友王世襄代拟。

信中所说送还云冈石佛陶眼的史协和，即史克门。他是华尔纳的学生，1930年哈佛大学毕业后，作为哈佛燕京学社的交流学者来到中国，并作为威廉·洛克希尔·纳尔逊美术馆（今纳尔逊－阿特金斯艺术博物馆）的代理人游走各地，专门搜集文物。王世襄与史克门的交情或许可以追溯到他十多岁时，据说因王父在外交部任职，送他上美国人在北京干面胡同开办的学校，自小英文甚佳，而他的老师就是史克门的母亲。

北魏时代，在云冈雕刻的佛像是不镶嵌眼球的。据金皇统七年（1147年）曹衍撰"大金西京武州山重修大石窟寺碑"碑文，辽代自兴宗重熙十八年（1049年）皇太后重修石窟寺，至天祚帝天庆十年（1120年）幸西京（大同），在云冈的所谓修建工程持续了半个多世纪，一般认为陶眼是在那时加装上去的。"大金西京武州山重修大石窟寺碑"早佚，碑文载于缪荃孙抄录《永乐大典》天字韵《顺天府》引《析津志》。发现此碑文并进行考证，从而建立石窟寺研究体系基础的人，正是宿白教授。

1985年7月，石佛陶眼回归云冈，这可能是迄今唯一回归云冈石窟的流失文物。这件陶眼呈圆锥体，直径11.5cm，长14.4cm，眼球部略凸，表层涂有黑釉，锥体部分无釉，呈土黄色。该眼球具体失落自哪尊佛像已不得而知。究其尺寸，应出自一尊大佛像。实际上，有些佛像的眼球在很早之前就已失落于尘埃了。

云冈石窟流散的佛造像，很难有准确的统计。现今在日本和欧美博物馆以及少数私人收藏中，都能见到典型云冈艺术的佛像，例如美国纽约大都会艺术博物馆、洛杉矶县里艺术博物馆、日本京都有邻馆、大阪正木美术馆等（图5-3，彩图27）。

现藏于日本大阪市立美术馆的一尊佛像头部，属云冈艺术中期（约480年前后）作品，高29.4cm，原位于云冈石窟第14窟西壁。根据沙畹摄于1907年的照片，其左侧在1907年之前已遭毁坏，其右侧螭兽，高达半米，后来被盗凿，成为日本私人藏品。

现藏于法国巴黎国立亚洲艺术吉美博物馆的一尊佛立像，原在云

图5-3 交脚菩萨像
北魏，云冈艺术晚期，公元6世纪前后，砂岩雕刻，彩绘，高146.1cm，纵45.7cm，横58.1cm。原位于云冈石窟第27窟上层佛龛，1948年罗伯特·莱曼赠与美国纽约大都会艺术博物馆

冈石窟第26窟，高129cm，宽40.5cm，重约280kg，属于云冈艺术晚期（约490—505年）作品，1926年由大卫－威尔捐赠给吉美博物馆。大卫－威尔的父母因普法战争迁居美国旧金山，并在那里生下他，那时他表舅公的家族，已经在加利福尼亚黄金潮中将原本经营纺织品期货的公司，发展为从事银行和外汇生意的拉扎德公司（也译为雷达飞瑞公司、瑞德集团），并将业务拓展到巴黎、伦敦和纽约。大卫－威尔在19世纪末期返回法国读书并从军，然后便进入拉扎德公司并在1906年后成为董事长，他还在1935年执掌法国的中央银行法兰西银行。因其收藏广泛，大卫－威尔成为法兰西国家博物馆理事会主席和卢浮宫之友协会副主席。二战期间，据德国方面的记录，大卫－威尔有2687件藏品被德军掠夺。后来，他向法国、德国、美国、荷兰的博物馆和大学捐赠了超过2000件艺术品，其中中国青铜器藏品捐赠给吉美博物馆，掐丝珐琅器则捐赠给法国装饰艺术博物馆。

现藏于法国巴黎市立赛努奇亚洲艺术博物馆的多件云冈佛像，来自王涅克（法国名Léon Wannieck，又译作汪涅克）的销售或捐赠。王涅克是波兰裔法国古董商，曾在山西一带混迹多年搜购古物，后来曾任赛奴奇博物馆之友协会副主席。

2. 山中商会的生意

1935年5月出版的《古物保管委员会工作汇报》中，有《追究盗卖山西天龙山北齐石刻之始末》一文，述及1933年一起盗卖天龙山石窟造像的案件：

山西太原县天龙山摩崖石佛造像，系北朝名迹，工艺精钜，法相庄严，关系我国古代文化艺术者甚巨。前代省、县志书均经著录，近年日本考古家关野贞、田中俊逸等，亦均先后亲来踏访，著论阐扬。唯比年以来，屡经盗凿毁伤，本会自民国二十年（1931年）闻悉该项石刻，有被盗之讯后，即一方咨函山西省政府饬令太原县加意保护，勿使湮毁；一方即加紧调查，追究奸人之盗卖。

二十二年（1933年）冬，侦知北平（北京）打磨厂长巷头条谦义馨客栈主人张兰亭，沟通奸人盗运此项石刻两方来（北）平，当即函咨北平公安局协同本会北平分会干事王作宾前往将张兰亭依法逮捕，押公安局审讯。据供"该佛教石刻两方系其友人侯敦卿及已散店伙王御书二人由晋（山西）携来，存于店内，曾经介绍古玩商人周同山到店看货，嗣因索价一万八千元，周即拒购，侯敦卿即将此两方石刻以三百元代价，抵押于甜水井日本人中村手中，以两月为限，届时如不赎取，即归中村所有。"等情。本会除函咨北平市公安局严行追究、务获主犯、依法严惩外，为明了天龙山石刻被盗详情起见，又派干事王作宾躬赴山西太原县调查。

嗣据报告谓，查天龙山北朝石刻造像，共分东西两区。东区各洞原有大小佛像，上下各层，悉数被毁，或身完首失，或全体残碎。洞顶云龙仙女，亦悉无存，洞外石壁原有碑刻，亦大半经人凿取仅遗空穴。西区各洞，除最大坐像，仅遭瞠目，未损头身，余者亦皆被毁坏。综观各像被毁之处，凿痕极新，碎片石屑，散布满洞，决为最近所为，断非旧迹。又查造像所在，位于天龙寺之后山巅，登陟艰难，石刻坚重，断非一手一足所能盗凿，亦非一朝一夕能为功，且运送下山必经寺门，山静人稀察觉甚易。寺中原有僧人净亮、普彼二人，及太原县派驻天龙山警察二名，常川驻内。倘非同谋盗运，则截留禁止，只须举手之劳。复查天龙寺殿前置巨大佛头一枚，据称系被盗后于山涧所拾取，则造像被盗之事，为寺人所熟知。前后参详，此项石刻之盗凿私售，寺中僧人、驻警实有伙同勾串嫌疑，该管县政府亦难辞放任疏忽之责（当时太原县政府设有保存古物会专司保护天龙山石窟）。

1933年11月25日，古物保管委员会北平分会干事王作宾与委员罗庸到达天龙山进行调查。根据王作宾11月30日所作《天龙山石窟佛像调查报告》一文，天龙山石窟东西二区各洞佛像受损、被盗的数目和情况，兹详记如下：

石窟东区
下层，自西向东：

第一洞：大小31像，仅存有首者二像，余或有身无首、或身首俱残。洞外壁上有立像二，亦全毁。东壁刻北魏造像记，尚完整，然蚀泐不易辨认。又有明嘉靖间刻字，亦泐。

第二洞：大小五像，全毁。

第三洞：大小十一像，全毁。

第四洞：大小三像，全毁。

第五洞：大小七像，全毁。

第六洞：大小十五像，洞顶有云龙四，全毁。东旁一碑亦被鏊去。

第七洞：大小十二像，洞顶有云龙四，全毁。

上层，自西向东：

第一洞：壁画剥蚀甚多。

第二洞：另置石像一，上身全毁，仅存下半。

第三洞：像一，壁画二，全毁。外面雕有小像亦无存。

第四洞：全毁，凿痕极旧。

第五洞：大小九像，全毁。

石窟西区

自东向西：

第一洞：为大佛坐像一躯，高约二丈，雕刻与云冈垺（类同），尚属完整，惟两目被掘损。佛座下东西各刻佛像及乐舞天女等四枚，皆毁。大佛像膝前另有三像，中一立像，可十尺，佛首已失。据云寺中佛头，即属此像。左一像骑象，右一像骑狮，佛首俱失，惟狮象尚完好。三层佛阁亦破败不完。

第二洞：共大小十一像，中二坐像一有头、一无头。东面中一坐像，旁三十像，小像有头者二，余头皆失。旁另有天王像二，头俱失。西面中一坐像，旁二小像，又一立像皆无头。

自第三洞以西为洞凡七，因栈道毁绝，无法攀上，佛像确数，不能悉知。然自下仰望，洞中佛像，殆全毁坏。

综观调查所得，天龙（山）佛像之被盗凿，由来已非一日。东区各窟之被毁，则确系近日所为……

发现天龙山

天龙山石窟，在山西太原西南40公里，最早开凿于东魏时代，其供养者是高欢。北魏末年，皇权衰微，大丞相高欢把持朝政，并于永熙三年（534年）擅立新帝，迁都邺城（今河北临漳境内），史称东魏。高欢自居都城五百里外的晋阳（今山西太原西南）遥控大局，与皇帝无异。武定三年（545年），高欢在晋阳城外方山修建避暑离宫，并开凿石窟（今天龙山东峰第2、第3窟），承袭云冈石窟和早期龙门石窟的造像传统，另开新局。武定八年（550年），高欢次子高洋逼迫东魏皇帝禅位于他，建立北齐，以晋阳为别都。他延续了父亲修建离宫和开凿石窟的雅事，北齐造像也因此确立了有别于北魏的圆满富丽的风格。高洋因纵欲酗酒而暴毙，其子高殷在14岁低龄继位，但次年便被他的六叔、高洋的六弟高演废掉并杀害。26岁的高演登基上位，虽被评价德才兼备，但皇位也只坐了一年多便坠马身亡。高演唯一显赫的，是延续父兄的礼佛传统，于皇建元年（560年）在方山兴建天龙寺，天龙山因此得名。

经过北齐、隋这样皇统无序、佞臣横行的朝代，天龙山石窟在唐代迎来兴建的高峰，总共25个石窟，有19个是在唐代开凿的。这可能跟唐高祖李渊在隋代曾是太原留守、晋阳宫监并在此起兵而建立大唐有密不可分的缘故吧。其实这里在隋代也被看作是龙兴之地，隋开皇元年（581年），13岁的杨广被封为晋王，官拜柱国、并州（太原）总管，他即是后来的隋炀帝。天龙山石窟唯一的隋代洞窟（东峰第8窟）即是开皇四年（584年）杨广镇守晋阳时主持开凿的。天龙山石窟的开凿，终结于武则天时代，现存最大的造像弥勒佛即是那时的产物，这跟武则天自诩弥勒佛转世有关，当然她的籍贯在山西文水，属于杨广曾辖制的并州，也在大唐龙兴之地的属地范围。但自武则天以后，天龙山石窟的开凿史便结束了。随着城市中寺庙的兴建，石窟寺也成为荒山野岭中渐渐被冷落的一隅而趋于荒废，香火惨淡。

近代，作为建筑史或美术史上的发现，天龙山石窟被世界认知，是出于日本东京帝国大学（二战后改名为东京大学）教授关野贞在1917年在中国考察时的一个偶然发现，他在随后的1921年，在《国华》杂志发表了天龙山石窟调查报告，由此激发了日本学者和古董商的热情。出生于芬兰赫尔辛基的瑞典艺术史学家喜仁龙则是最早光顾天龙山石窟的西方学者。1923年他第一次到达天龙山石窟时，有些造像已经被盗凿了，但整体并不算悲哀。然而，当喜仁龙1929年第二次前往天龙山时，之前完好的雕像业已不存了，这确实是个悲哀。

按照古物保管委员会王作宾在1933年的统计，天龙山石窟遭盗凿的佛首、佛像、菩萨，超过130件不止，另外还有若干佛弟子、供养人、飞天等雕刻，它们被盗凿的时间似应集中在20世纪20年代。这些不同类型的天龙山遗物，在美国哈佛艺术博物馆都能找到对应的残件（图5-4，彩图28、图5-5）。该馆有多件藏品出自天龙山

图5-4 胁侍菩萨
砂岩浮雕，东魏，约545年，高94.4cm，宽38.8cm。原位于天龙山石窟第3窟，现藏于美国哈佛艺术博物馆

图5-5 胁侍菩萨
砂岩浮雕，东魏，约545年，高94.2cm，宽39.8cm。原位于天龙山石窟第3窟，现藏于美国哈佛艺术博物馆

石窟，大多原位于东魏时代最初开凿的第2窟和第3窟，它们是来自温索浦的遗赠。资料显示，温索浦在1931年和1936年间从纽约山中商会购买了这批出自天龙山石窟的佛像和石雕残件，并于1943年去世后遗赠给哈佛大学福格博物馆。

温索浦来历不俗，其祖上可以追溯到最早在北美建立马萨诸塞湾殖民地并四度担任总督达12年之久的约翰·温斯罗普，这也奠定了其家族在美国历史中的地位。温索浦的父亲罗伯特·温斯罗普早年从事棉花和食糖生意，后转入银行业，娶了凯特·威尔逊·泰勒为妻。凯特·威尔逊·泰勒的父亲摩西·泰勒是当时美国铁路、钢铁、煤炭等领域最大的资本家，曾掌控纽约城市银行（即后来的花旗银行）长达27年。因为姻亲关系，罗伯特·温斯罗普也进入相关产业，成为各大公司的股东和董事。另外，罗伯特·温斯罗普还与银行家邻居、曾参与建立纽约大都会艺术博物馆的老西奥多·罗斯福成为朋友和生意伙伴，并将这种密切关系延续到下一代，比如他的小儿子比克曼·温斯罗普跟老西奥多·罗

斯福的儿子西奥多·罗斯福颇有私交。西奥多·罗斯福担任美国第26任总统后，比克曼·温斯罗普被任命为波多黎各总督和财政部副部长。西奥多·罗斯福卸任总统后，比克曼·温斯罗普担任海军部副部长，这是西奥多·罗斯福成为总统前曾经担任过的职务。1913年比克曼·温斯罗普离任，他的继任者是富兰克林·罗斯福（后成为美国第32任总统）。比克曼·温斯罗普从海军部离任后曾担任国家城市银行（后改名为纽约城市银行）董事。比克曼·温斯罗普的二哥就是温索浦。

跟很多豪门子弟一样，温索浦毕业于哈佛大学，于1886年获得艺术学位，1889年又获得法学学位。在校期间，他是美国最古老和最著名的哈佛秘密学生社团坡斯廉俱乐部的成员。该社团只邀请拥有"贵族血统"的极少数人参加，西奥多·罗斯福及其家族很多人都是该社团成员，但富兰克林·罗斯福未被邀请加入，这成为他一生中最大的遗憾。

从哈佛大学毕业后，温索浦曾是一家律师事务所的合伙人，但不久后于1896年退出，此后他便专注于艺术收藏和慈善，曾在哈佛大学的福格艺术博物馆担当视察委员会委员12年之久，去世后将多达4000件藏品，包括天龙山石窟佛像和雕刻残件，以及被认为是最具代表性的系列中国高古玉器统统捐赠给该馆，该馆后并入哈佛艺术博物馆。按照温索浦的遗嘱，除非向纽约育婴堂捐款10万美元——当时是一笔巨款——其展品不得外借展出。进入21世纪后，10万美元已不是大数目，温索浦捐赠的文物终于有机会在欧美博物馆巡回展出（图5-6，彩图29、图5-7）。

图5-6　金刚头像
唐代，约735年，浅灰石灰岩雕刻，高36cm，宽17.2cm，厚19cm

图5-7　金刚头像
唐代，约735年，浅灰石灰岩雕刻，高32cm，宽18.3cm，厚18.6cm。原位于山西太原天龙山石窟第17窟，1932年5月23日山中商会售予温索浦，现藏于美国哈佛艺术博物馆

山中商会

基本上可以确定，是山中商会主导了天龙山石窟的一系列盗凿，以及失窃佛像和石雕残件的走私和贩卖。山中商会是外国人在中国的最大古董商，是业务横跨欧美亚、风云一时的古董大鳄，其灵魂人物是山中定次郎。

定次郎出生在靠近大阪的堺市，是家中长子。那时的日本正处在明治维新前外国侵略和内战不息的乱世之中，他的一生，也是日本走上近代化之路、自主发展、日渐强盛并对外扩张的见证，而他的生意也经历了同样的轨迹。定次郎的父亲安达信五郎是古董商，或许是从小耳濡目染之故，他自幼便有好古之心。小学毕业后，十一二岁的定次郎便开始见习古董行，次年到大阪跟随古董商山中吉兵卫，成为他的学徒。或许是能力受到认可、被视为大有前途的缘故，17岁的定次郎有机会再次进入学校。他在大阪市立商业夜校学习的同时，还在私塾学习英语，这对他将来重点开展国际生意大有裨益。1889年，定次郎与山中吉兵卫的长女结婚并入赘山中家，连姓也改为山中。1894年，定次郎被派往美国，在纽约西27街开店，当时所经营的只是日本工艺品、美术品。随后的1899年和1900年，他又在美国波士顿和英国伦敦开店，并把生意改组为山中商会。也就是在这个时候，庚子国难后大量中国古董、文物出现在市场上并受到日本和欧美收藏家的偏爱，这让定次郎看到了商机，遂在北京设立办事处，在中国与日本、欧美间建立了中国古董和文物的购销网络。

山中商会初期在中国的收购，主要集中在陶瓷器、玉石等器物，他最大的一宗买卖，是在1912年一次性买下了除书画外的恭王府全部的历代收藏和物件。当时的恭亲王溥伟如此打包甩卖家业，可能跟民国建立、清帝逊位有关，他与肃亲王善耆勾结日本人组织"宗社党"，企图复辟清室，这势必需要大量的经费。因为是一揽子买卖，溥伟售予山中商会各类器物的品种和具体数量是难以统计的。根据相关拍卖的情况，1913年，211件恭亲王旧藏，山中商会总共卖了6255英镑。同年在纽约的恭亲王旧藏拍卖会上，总成交额则超过27.6万美元，但拍品数量不详。这只是拍卖的情况，山中商会店铺销售的情况则不得而知。另外，山中商会还在北京收购了一些自清宫流出的物品，包括帝后宝冠、玉石、金饰等，拍卖的金额在1917年也超过11万美元。目前，我们很难判定这些古物的流出渠道。

按照流失文物的判断标准，在交易情况下古物的流出，要视其行为是否违反了当时的法律，比如获得方式是否违法（盗、抢）、交易方式是否违法（欺诈）、自中国离境是否违法（走私）、在国外入境是否违法（逃税）。很多古物的流出自始至终都缺乏必要的实物证据，实际这也是当时的古董商想方设法都在规避的问题。

1917年，山中吉兵卫去世，定次郎在纽约第五大道680号的美术馆式店铺开张，自此山中商会常态的销售方式从拍卖渐渐转变为展销零售，变被动为主动，并根据客户需求定向寻找货源，无疑这是占有了较大比重的市场份额后，客户定位更加精准和获得极高信用后的结果。

1918年，定次郎将山中商会改组为股份公司并担任社长。自此以后，山中商会经营的中国古物的品种和销售方式，较之以往发生了根本性的转变。当定次郎将手伸向铜器、甲骨、三彩陶俑等出土文物和佛雕像、壁画等不可移动文物的时候，这本质上是一种罪恶的转变，因为这些都是当时政府明令禁止破坏和出口的古物。比如铜器，在1918年之前，山中商会的拍卖品中虽也可以见到商周铜器，但毕竟数量极少，而且往往出自名士旧藏，比如清末金石学家端方。定次郎对青铜器的追逐，往往是缘于日本上流的雅好，但至晚在1923年，商周铜器、陶俑等出土物以及石雕佛像、佛首残件等显见是被盗凿的古物，已经成为山中商会的主流项目，山中商会也由此步入兴盛。

据不完全统计，山中商会1923年至1934年在日本相关展览会上展出的中国北朝至唐代的石雕佛像、佛首残件超过470件，其中有个别是未售出而重复展览的部分。以其中的天龙山石窟造像为例，在1928年的"中国古陶金石展"，山中商会展出了45件出自天龙山的佛像和佛首。1933年"中国朝鲜古美术大展"，山中商会展出5件出自天龙山的唐代佛像，标价六千至四万日元不等。1934年定次郎去世，而山中商会的业务并未停止。上述只是在日本的展览会的情况，其中几件天龙山石窟佛像也曾于1935至1936年在英国伦敦"中国艺术国际展"展销，另有一些则在山中商会在欧美的店铺中销售，也不排除有一些佛首从未展出过便已售出了，而今它们散落于世界各大博物馆或私人收藏。因为有老照片可资比对，这些流失的佛首一般可以确定在石窟中原属的位置，例如大英博物馆收藏有一尊盛唐时代的菩萨头像，原位于天龙山石窟第14窟。

天龙山石窟第8窟开凿于隋代开皇四年（584年），是天龙山唯一的前后室中心塔柱窟。中心柱四壁各开一龛，造一佛二弟子像。窟内正左右三壁开龛，龛内各雕一尊佛像，龛外两侧为胁侍弟子和菩萨像。所有这些佛像的头部都被盗凿而去。2020年10月，日本东瀛国际拍卖株式会社计划拍卖的一尊佛首，经鉴定是原位于天龙山石窟第8窟的北壁主尊佛像。在拍卖被叫停后，拍卖公司协调收藏者将此佛首无偿捐赠回国。另外可知，今天在日本大阪市立美术馆和美国纳尔逊－阿特金斯艺术博物馆各有一尊原位于第8窟的佛首。原位于第8窟门外两侧的一对金刚力士（分别高189cm和179.6cm），曾在1939年"东亚古美术展"标价10万日元，现藏于日本京都有邻馆。

　　定次郎似乎对天龙山石窟情有独钟。毕竟按照公认的美学观点，在佛教石窟盛行的北齐、隋、唐，天龙山造像艺术都堪称同时代的翘楚。当定次郎于1924年6月第一次来到天龙山时，这里还是未被古董商觊觎的处女地。可以想见的是，他与天龙山寺僧、警察内外勾结，盗凿了天龙山石窟的佛像、佛首和雕刻。当然不止一次，他还于1926年再度造访天龙山，并于1928年发表《天龙山石窟踏查记》，详细记录了各个洞窟的情形，为之作序的是关野贞。关野贞并不避讳定次郎破坏天龙山石窟一事，并根据前后照片对比说，定次郎两次在天龙山石窟破坏的佛像多达一百多尊，其中第一次有四十多尊。天龙山石窟损失的雕像，有据可查的超过150尊，可见基本是定次郎的"业绩"。在其《天龙山石窟踏查记》序言中，定次郎并不掩饰自己对天龙山石窟的爱慕。如果是出于爱而破坏，尚有被谅解的余地，但他并不是那些佛像残件的收藏者，而是纯粹以此牟利者，这确实是对历史、对信仰都是无法交代的，是个相当悲哀的事情。这种斩首示众式的盗取，毫无人性可言。

　　1932年日本"世界古美术展览会"上，山中商会展出天龙山石窟第21窟盛唐时代"观音两胁侍菩萨三体"，即三尊菩萨像，标价15万日元。在1935至1936年伦敦"中国艺术国际展览会"上，山中定次郎也将这三尊菩萨像送展。自此之后，原本在离开原址后还相对完整的三尊菩萨像，而今收藏于不同的博物馆，而且其中两尊已不再完整，处于身首分离的状态。例如1937年4月1日，美国波士顿美术馆用威廉·斯特吉斯·毕格罗捐赠的327幅日本绘画与纽约山中商会交换获得一尊菩萨立像（高136cm），原位于天龙山石窟第21窟。在美国旧金山亚洲艺术博物馆也收藏有一尊同样风格的菩萨像，其时代和原址都与以上那尊菩萨像相同，只是现在只剩下身体残躯（高101.6cm），它曾是艾弗里·布伦戴奇的旧藏。这尊菩萨像在1935至1936年伦敦"中国艺术国际展览会"展出时，头部仍安放在身躯上，如今头部或许被私人收藏，不知所终。

"观音两胁侍菩萨三体"的另一尊菩萨像（高139.7cm），于近年回归国内，现藏于中国国家博物馆，原收藏于日本出光美术馆，其头部为后补新作。1935至1936年伦敦"中国艺术国际展览会"展出时，这尊菩萨头部仍安放在身躯上。原头像现藏于美国纽约大都会艺术博物馆（图5-8，彩图30）。

出自山西天龙山石窟第21窟的造像残件，现散落在世界各处，如日本根津美术馆收藏有一尊盛唐时代菩萨坐像头部（高35cm），该菩萨坐像之身仍在原址；东京国立博物馆收藏有一尊盛唐时代如来坐像残躯（高62.2cm），佛头不知所终。另外1936年5月11日，山中商会在美国纽约售予温索浦一尊释迦牟尼佛坐像（图5-9），原位于山西天龙山石窟第21窟北壁，现藏于美国哈佛艺术博物馆。

由上述流散的天龙山石窟第21窟造像可推测，窟内两主尊（释迦牟尼、如来或弥勒佛）及其两对（四尊）胁侍菩萨的情形，经历了一个复杂的流失和流传过程。我多日无从解释某些现象，有时做梦也在想象事件的经过：山中定次郎1924年第一次造访天龙山石窟时，盗

图5-8　菩萨头像
砂岩石雕，彩绘，唐代，约710年，高40cm，宽20.3cm，厚19.1cm。原位于天龙山石窟第21窟，1942年艾比·奥尔德里奇·洛克菲勒捐赠美国纽约大都会艺术博物馆

图5-9　释迦牟尼佛坐像
砂岩雕刻，唐代，公元8世纪初期，高109.5cm，宽75cm，47cm，重约317kg。原位于山西天龙山石窟第21窟北壁，1935年11月28日至1936年3月7日在英国伦敦"中国艺术国际展览会"展出，现收藏于美国哈佛艺术博物馆

207

凿的也许只是佛首和菩萨头像。因为生意需要，他1926年再次造访时，就把那些缺少头部的佛像和菩萨像的残身也盗凿去了，并拼合复原展出售卖。可惜这些佛像和菩萨像的头部和身体，因为生意的需要而阴差阳错地再也无法合体了。定次郎真是一个犯下莫大罪过的人啊！

太平洋战争爆发后，山中商会在欧美的资产被冻结、拍卖而走上一条不归途，从此消逝在古董行的视野里。定次郎在1931年获得法属安南（越南）大南朝龙星勋章和日本绿绶勋章，1933年获得德国红十字二级名誉勋章，去世后于1936年被追授日本从六位官阶和法国荣誉军团勋章。很难想象，这是一个古董商享有的荣誉，或许他迎合了文化侵略中国的意识形态。其实他很早就为日本外务省服务了，并不是个简单的古董商。

响堂山余音

对于石窟寺佛造像的盗贩，山中定次郎在20世纪的前10年就已经开始涉足了，他首先染指的是响堂山石窟。响堂山石窟位于河北邯郸峰峰矿区，地处冀晋豫三省交界处，民国时这里属于磁县地界。窟群主要分为南北两处。

据传北响堂石窟的开创始自东魏末年。《资治通鉴》卷一百六十记载："（东魏）太清元年（547年）正月丙午，东魏渤海献武王（高）欢卒……世子（高）澄秘不发丧……八月甲申，虚葬齐献武于漳水之西；潜凿成安鼓山石窟佛寺之旁为穴，纳其柩而塞之，杀其群匠。及齐之亡也，一匠之子知之，发石取金而逃。"

高欢是天龙山石窟的供养者，他的死是响堂山石窟开凿之始。尤其是高欢次子高洋建立北齐后，以邺城为都，然高氏世居晋阳，故在邺城与晋阳间经常来往。在这期间，高洋在沿途修建行宫，大兴佛寺石窟，响堂山正位于邺城至晋阳的要冲，由此创立了北齐造像的典范，尤以北响堂石窟为盛。史传高欢所葬之北响堂石窟大佛洞（北洞），如1922年日本学者常盘大定所见：洞窟阔、进深均约13米，正中、左右三面为一佛二菩萨形制，然正面佛像和菩萨像已遭破坏。

南响堂石窟开创于北齐后主高纬天统元年（565年），由高阿那肱施建。据《北史·列传第八十》，"天统初，（高阿那肱）加开府，除侍中、骠骑大将军、领军，别封昌国县侯。后主即位，除并省右仆射"。高阿那肱工于骑射，但才技庸劣，不涉文史，为人奸巧，是皇帝幸臣，后来官至大丞相，但最后却投降了北周，直接导致后主被俘遭诛、北齐覆灭。南响堂石窟现存七窟，下层两窟，上层五窟，其中第2窟被破坏尤其严重，造像几乎无存。1500年的佳构，徒留下空荡、残缺的记忆。

响堂山石窟造像为古玩商觊觎、被盗凿而流失海外最早的记录，可追溯到清朝末期。山中商会在1913年将数件响堂山石窟造像卖给弗利尔，如今收藏于美国国立亚洲艺术博物馆弗利尔美术馆（图5-10、图5-11、图5-12，彩图31）。

弗利尔的供货商还有迪克兰·克里凯恩，卖给他一尊出自南响堂石窟的大势至菩萨头像（图5-13）。迪克兰·克里凯恩出生于土耳其，大约1892年时在伊斯坦布尔开始从事古董生意，并陆续在纽约、巴黎、伦敦、开罗设店，主营古埃及和中东古物，是伊斯兰和波斯领域艺术收藏的行家，后来入籍美国。1951年，他从纽约圣莫里茨酒店21层坠楼而死。

迪克兰·克里凯恩的大主顾还有子承父业经营铁路公司的巨商亨利·沃尔特斯。1934年在美国马里兰州巴尔的摩建立的沃特斯美术馆，即收藏有来自亨利·沃尔特斯父子的藏品，包括青铜器、书画、玉器、陶瓷器、佛像等逾千件

图 5-10 阿难头像
北齐，石灰岩雕刻，饰彩，高32.1cm，宽23.2cm，厚18.8cm。原位于河北北响堂石窟南洞，1913年山中商会卖给弗利尔，现藏于美国弗利尔美术馆

图 5-11 佛头像
北齐，石灰岩雕刻，饰彩，高42.7cm，宽25.3cm，厚32.2cm。原位于河北南响堂石窟第4至第6窟某窟，1913年山中商会卖给弗利尔，现藏于美国弗利尔美术馆

图 5-12 佛头像
北齐，石灰岩雕刻，贴金饰彩，63.4cm，宽41.4cm，厚27.4cm。原位于河北北响堂石窟南洞，1913年山中商会卖给弗利尔，现藏于美国弗利尔美术馆

图 5-13 大势至菩萨头像

北齐，石灰岩雕刻，饰彩，高36cm，宽24.5cm，厚24cm。原位于南响堂石窟第4至第6窟某窟，1916年迪克兰·克里凯恩卖给弗利尔，现藏于美国弗利尔美术馆

中国重要文物。

遗失的美好

经手响堂山石窟佛像盗卖最多的，应是中国文物流失第一大贼卢芹斋。1916年弗利尔从卢芹斋的来远公司购入一件跪兽残像（高88.4cm，宽47.3cm，厚28.5 cm）。在北响堂石窟中洞（第7窟）主佛像下方共有24个相类的跪兽，绝大多数在清末民初被盗凿而流失。在美国国立亚洲艺术博物馆，还收藏有四件类似的跪兽石雕，分别是于1953年购自卢芹斋两件，1977年由美国国家自然历史博物馆转入两件，来自德裔瑞士银行家爱德华·冯·德·海特男爵的旧藏。在1937年入籍瑞士前，爱德华·冯·德·海特是一个纳粹分子，1945年他将藏品捐出，在瑞士苏黎世建立了瑞特堡博物馆，其中有众多中国青铜器、佛像、石雕等文物；另外在德国伍珀塔尔，他也有以其家族姓氏命名的博物馆。

在弗利尔美术馆收藏有一尊等身菩萨立像（图5-14，彩图32），原位于南响堂石窟第2窟，最初由法国古董商查尔·维涅经卢芹斋转手售予尤金·迈耶。尤金·迈耶曾在1930至1933年担任美联储主席，后收购《华盛顿邮报》，还于1946年担任世界银行首任行长。其遗孀阿格尼丝·迈耶于1968年将该菩萨立像赠与

图 5-14 菩萨立像

北齐，石灰岩浮雕，饰彩，高172.5cm，宽51.8cm，厚42.9cm。原位于南响堂石窟第2窟，1968年阿格尼丝·迈耶赠与美国弗利尔美术馆

弗利尔美术馆。

另外，弗利尔美术馆还于1921年购入收藏有"释迦说法图"和"弥勒说法图"浮雕各一件（图5-15、图5-16，彩图33），原位于南响堂石窟第2窟。

美国宾夕法尼亚大学博物馆，是收藏响堂山造像最多的国外博物馆，或多达十件以上。1916年卢芹斋卖给宾大博物馆有两尊菩萨立像和一尊辟支迦佛立像，高近2米，均出自南响堂山石窟第2窟。1918年卢芹斋又卖给该馆两尊菩

图5-15 释迦说法图
北齐，石灰岩浮雕，饰彩，高120.8cm，宽340cm。原位于南响堂石窟第2窟，1921年入藏美国弗利尔美术馆

图5-16 弥勒说法图
北齐，石灰岩浮雕，饰彩，高159.3cm，宽334.5cm。原位于南响堂石窟第2窟，1921年入藏美国弗利尔美术馆

萨头像，出自北响堂石窟北洞。

　　当然，卢芹斋做古董生意的套路也不只是卖，出于打开销路、维护关系的考虑，他也会捐给博物馆一些古物，有时应该是半卖半送或搭售的性质。比如1920年，卢芹斋捐给巴黎赛努奇博物馆一尊辟支迦佛首，出自北响堂石窟南洞。1923年，他赠给美国克利夫兰艺术博物馆一件佛首（图5-17，彩图34），同样出自北响堂山石窟南洞。1928年他又送给宾大博物馆一件说法图浮雕残件，据传也出自南响堂石窟第2窟。1930年，他捐给纽约大都会艺术博物馆一支佛手石雕残件，出自北响堂石窟北洞。1951年，他再次捐给纽约大都会艺术博物馆一尊菩萨头像，出自北响堂石窟中洞。

　　目前所知，自响堂山石窟流失的造像已超过120件，散落于日本、欧美等国公私收藏机构。除前述相关博物馆外，还有日本大阪市立美术馆、大阪东洋陶瓷美术馆、大原美术

图5-17　佛头像
北齐，石灰岩雕刻，颈部断口，高62.2cm，宽54.6cm。原位于河北北响堂石窟南洞，1923年卢芹斋赠给美国克利夫兰艺术博物馆

图5-18　佛弟子像（左图）
隋代，公元7世纪前后，石灰岩雕刻，饰彩，87cm×25.4（肘）cm。出自南响堂石窟，白凯特旧藏，1932年捐入美国芝加哥艺术博物馆

图5-19　佛弟子像（右图）
隋代，公元7世纪前后，石灰岩雕刻，饰彩，88.9cm×23.5cm。出自南响堂石窟，白凯特旧藏，1932年捐入美国芝加哥艺术博物馆

馆、英国维多利亚与阿尔伯特博物馆、美国弗吉尼亚美术博物馆、波特兰艺术博物馆、伍斯特艺术博物馆、芝加哥艺术博物馆（图 5-18、图 5-19）、圣地亚哥艺术博物馆、纽约摩根图书馆与博物馆、旧金山亚洲艺术博物馆以及哈佛大学意大利文艺复兴研究中心、瑞典远东艺术博物馆、澳大利亚维多利亚国家美术馆等，其中出自北响堂石窟北、中、南三洞者——常盘大定所云大佛洞、释迦洞、刻经洞——属北齐造像经典。

3. 残破的龙门

龙门石窟与云冈石窟的创建，有共通和相同之处。二者最初都由北魏皇室施建开凿。

云冈石窟的开凿从北魏文成帝和平初年（约 460 年）起，一直延续至孝明帝正光五年（524 年）止，前后 60 多年。此后多依托石窟修建寺庙，几经兵燹毁坏而重修，但山门气象渐次无存。云冈石窟佛像的兴废，以北魏孝文帝迁都（493 年）为转折点。

随着北魏政权孝文帝将都城自平城（大同）南迁洛阳，佛教传播的重心和自西域而来的造像传统随之南移，龙门石窟始凿，历经东魏、西魏、北齐、北周经隋唐至宋，虽数代更迭，但依托国都腹地的荣昌而绵延 400 余年之久。尤其北魏、武周时为盛，可谓一时之大气象，不似云冈日渐凋零、荒于原上凄凉之地的破败走势。

但在宋朝之后，政权中心的转移，龙门石窟也不可避免地被忽略而荒废，其中也不可避免地存在佛教信仰的传统自山野石窟转移至城中寺庙的世俗化过程。但就艺术而言，被推崇五个世纪的石雕佛像的信仰，被泥塑、瓷塑和金铜塑像所取代，这也是工艺进步所导致礼佛方式的改变，人们普遍选择更容易达成世俗因果的、在家中或城里寺院便可实现宿愿的礼佛方式。从此，中原再无虔诚以待的石窟造像的传统了。

云冈石窟的损毁，更多来自于砂岩本身的脆弱和雨水导致的自然破坏，从人为痕迹判断，近代人为盗凿所造成的破坏和文物流失，都因国民政府军政的考量以及日本占领军出于研究目的的介入，而保持在一个相对可控的范围内。

对比云冈石窟，龙门石窟的情况可能更为复杂。其一，就地质而言，龙门石窟的造像似乎并未建立在统一的岩层结构上，这使得很多佛造像因为地质结构的变化而造成损害；其二，因为自然风化的原因，有些造像虽然受到破坏，但这并不是主要的因素，政治因素可能产生的影响更大；其三，造像的损害大多是陈旧性损伤，也就是说，相应的破坏可能在几百上千年前就已形成了，这可能跟历史上的灭佛运动有关。因区位的关系，龙门石窟处在中原政权的交接点上，兴盛由是，损毁也由是。北周武帝灭佛、唐武宗灭佛、后周柴世宗灭佛，龙门石窟都处在风口浪尖的地域中心，而云冈石窟则因远处权力的旋涡之外从而免受其害。龙门石窟在元代的情形，如萨都剌《龙门记》所描写："诸石像旧有裂衅，及为人所击，或碎首、或损驱，其鼻、其耳、其手足，或缺焉、或半缺、全缺。金碧装饰悉剥落，鲜有完者。"

据统计，龙门石窟密布于伊水东西两山的峭壁上，共有97000余尊佛教造像，目前还完整的据目测可能只有百分之一。需要特别说明的是，1949年后龙门石窟一直处于受保护的状态而没有受到人为破坏，属于近代被盗凿的可能，盗凿时间大约集中在1910年代至1930年代末。二十多年间，龙门石窟因盗凿而流失的佛教造像众多，至今可以在国外超过十二家博物馆找到相关文物，收藏于私人手中者则难以统计。龙门石窟中造像题记众多，以"龙门二十品"尤其闻名，是魏碑书法的代表。虽则碑铭并非古玩商的兴趣热衷，但在盗凿佛像、浮雕时，却不可避免地把一些题记毁掉了，这实在是极大的罪过。

1991年至1992年，王振国调查了龙门石窟破坏严重的重点窟龛96个，已发现被盗走的佛及菩萨等主像262尊；毁坏其他各类像1063尊，龛楣8处，说法图浮雕10幅，本生故事浮雕2幅，本行故事浮雕1幅，礼佛供养人浮雕16幅，碑刻题记15品等等。

被盗卖的佛像

据华尔纳在1910年给父亲的信中透露，第一个到达龙门石窟的外国人是冈仓觉三，是"很久以前一个半偶然的机会发现龙门石窟的"。时间可能是在明治二十六年（1893年）。1906年，华尔纳进入波士顿美术馆，师从冈仓觉三。华尔纳在信中记述："老师问我：你想做河南的生意吗？河南府，更确切地说是河南洛阳一座山侧，山崖上开凿有数百个石窟，石窟中有成千上万件雕像，年代从公元516年至公元13世纪或更晚……老师认为，这是一座代表中国雕塑最高水平的宝库，应该向西方世界开放，这一点非常重要……它是等待人们去探究的、尚未公开的巴特农神庙，甚至是整个雅典卫城。"

所谓"河南的生意""向西方世界开放"，即把龙门石窟的雕像"运"往西方。可是，波士顿美术馆没有同意华尔纳的龙门石窟之行。

1914年春，华尔纳第一次到达龙门石窟，当时石窟中的造像已经遭到了相当规模的盗凿和破坏。根据沙畹拍摄的照片判断，在1907年之前即有一些洞窟的佛首被盗。华尔纳写信给妻子谈道：

这个地方真是令人难以置信。在我看来，我们非常了解的那组夫人群像（宾阳中洞文昭皇后礼佛图）是中国美术中最精美的作品。我从来没见过能超越他们的任何作品，我已经得到了两组群像的大型拓片以及一千件小拓片。它们刚刚为比利时一家小博物馆定制完成，但还没来得及寄出……至于（奉先寺）75英尺（约23米）高的坐佛及胁侍像所在的大台座，真可谓世界上最伟大的地方。我躺在那里的草地上，尽力不去想它。龙门石窟最近所遭受的损毁不次于我们听说过的任何破坏，到处都是头像被凿断的新痕，有些是被故意挖掉的，有些则是被士兵敲掉……我们对这些雕刻非常熟悉，因为沙畹和弗利尔之前拍摄的照片以及我们所能见到的拓片中都记录了它们，但看实物到底是不一样的。

被华尔纳誉为"世界上最伟大的地方"的奉先寺，开凿于唐高宗咸亨三年（672年），皇后武则天赞助脂粉钱两万贯，上元二年（675年）完工，它是现存龙门石窟规模最大、艺术最为精湛的一组摩崖型群雕。主尊卢舍那为释迦牟尼的报身佛，意光明遍照。巨大的佛像、弟子、金刚在1907年之前也已经受到了破坏，这是地质自然原因导致的。奉先寺主尊卢舍那佛的手部，据说在20世纪30年代被盗凿的说法是不存在的，但那些小型的佛像就难逃厄运了。1918年，日本学者关野贞也曾考察龙门石窟，对比他与沙畹拍摄的照片以及现在的情形，可以对一些佛像的盗凿和破坏情况有一个大概的时期上的判断。

华尔纳这次在华考察，计划筹建美国在华考古学院，背后支持者是弗利尔，他对龙门石窟也是情有独钟。

1910 至 1911 年间，弗利尔第四次来中国考察，经过河南，在开封、郑州和洛阳停留。在龙门石窟，弗利尔花了近两周时间观摩研习北魏和唐代佛窟造像，顺便购买了三件雕工非常粗糙的小物件，据说可能是出自龙门石窟。不过，弗利尔很快就从不同渠道获得了出自龙门石窟的"标本"。

1913 年，弗利尔从山中商会购得一尊北魏观音菩萨头像（图 5-20，彩图 35），由颈部、脑后断面可知，原菩萨像为高浮雕立像。1916 年他从迪克兰·克里凯恩手中买来一尊盛唐时代的菩萨像（图 5-21），高达两米多，但菩萨的右前臂、左手缺失，鼻、面颊、胸、右腿等多处缺损，皆是因为敲凿、磕碰所致。

在中国实地考察，弗利尔也注意到破坏古迹和盗卖古物的行径，但在当时混乱的时局下，没有人可以阻止这类情况发生。在一些外国人看来，收购文物似乎是一种保护手段，但实际上是刺激了盗掘、盗凿，助长了歪风邪气。

20 世纪 30 年代末，德国古董商奥托·伯查德在北京购得一件北魏晚期维摩诘像浮雕（图 5-22），约两米见方。对比当时拍摄的照片，该维摩诘像原位于河南洛阳龙门石窟宾阳中洞东壁，1936 年前后被盗，至迟在 1936 年 4 月已经不在原位。盗凿时该维摩诘像被打成多块碎片，然后拼合，但

图 5-20 观音菩萨头像
北魏，公元 6 世纪初，石灰岩雕刻，饰彩，47.6cm，宽 19.3cm，厚 23.3cm。出自河南洛阳龙门石窟，1920 年入藏美国弗利尔美术馆

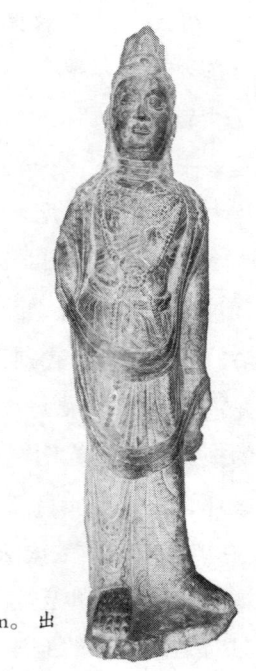

图 5-21 菩萨像
唐代，公元 8 世纪，石灰岩雕刻，饰彩，高 210.4cm，宽 51.4cm，厚 45cm。出自河南洛阳龙门石窟，1920 年入藏美国弗利尔美术馆

有些部位已经被打没了。1944年7月20日，美国外侨财产处置委员会根据1943年9月22日颁发的2248号处置令，在纽约公开出售伯查德的财产，该维摩诘像编号为53，被小迈伦·福尔克购得。2001年，该维摩诘像作为小迈伦·福尔克和宝莲·福尔克夫妇的遗赠，送给弗利尔美术馆。

华尔纳再次光临龙门石窟，是在1923年8月，他带领第一次福格中国探险队途经洛阳，在龙门石窟参观了三个小时。如他所记：

图5-22　维摩诘像
北魏，约520年，石灰岩浮雕，高170.5cm，宽141.4cm，厚16.4cm。原位于河南洛阳龙门石窟宾阳中洞东壁，2001年入藏美国弗利尔美术馆

伊阙河上的桥毁了，我们坐平底船过河。一如我十年前印象，（奉先寺）石窟佛像及巨大的胁侍像高达六十英尺（约18米）。有几尊造像出现裂痕，那是盗贼把造像从坚硬的石壁上劈开所致，另有一些则是为了敲掉造像头部运到我们的博物馆所致。

由此可知，在1913年至1923年间，在龙门石窟的盗凿一直持续着，而且有些造像已经进入了美国的博物馆。殊不知，当时龙门石窟受到法律保护，凡是破坏或盗窃，都是违法行为。

1908年，美国亚洲文艺会书记马克密在北京成立分支机构"中国古物保存会"，得到各国驻华使馆人员和学者的广泛响应。1914年初，就《字林西报》报道龙门石窟遭到破坏一事，马克密致函北洋政府外交部，呼吁政府保护龙门石窟。信中提及"多数之寺童，手持铲凿，出应外国之游客，愿将凸雕品上之无论何物，凡为客所喜者，即凿之使下，以易数便士之酬报"。信函被转至负责古物保存管理的内务部。1914年2月，内务部训令河南民政长会商河南都督，整饬龙门驻军，还令民政长派员与洛阳地方官员对石窟进行调查。1916年10月18日，河南省长田文烈函复内务部，并附呈《保守龙门山石佛规条》和《龙门山等处造像数目表》。《保守龙门山石佛规条》规定：严禁外人及士兵毁坏或窃盗；责成负责和尚和地保加意保护、随时稽查，若有人毁坏或窃盗，准予报告或亲自扭送到案；布告声明严禁毁坏或窃盗；由（洛阳）知事随时密派侦探前往稽查；对拿获毁坏或窃盗者，赏银二十两；对前往游览者，每人取游资二十文，以资津贴。

据《龙门山等处造像数目表》，龙门山一带32处寺窟共有大石佛476座，毁坏180座；小石佛88633座，毁坏7250座；被移出寺窟的石佛有6座（图5-23、图5-24）。实际上，在时局动荡的年代，严禁毁坏、盗窃龙门石窟的政令所能发挥的作用是有限的。明抢易防，暗盗难禁，而且龙门一带土匪横行，不法古玩商往往与土匪勾结作案，石窟造像的盗凿在此后二十年间一直持续着。当时情形，如周肇祥《琉璃厂杂记》所述：

河洛之郊，近禁石像出境，外人因变计购佛头。于是，土人斫佛头置筐篮走都下，雕刻精者亦值百数十金。龙门洛阳山壁间法像断首者累累，且有先盗佛头，后运佛身，以其残缺，视为废石，不甚禁阻。抵都，再以灰漆黏合，售巨价。残经毁像，魔鬼时代不图于民国新创见之，可悲也已！

图5-23 观音菩萨残像
石灰岩雕刻，唐代中期，公元8世纪，高约58.4cm。1957年入藏美国洛杉矶县立艺术博物馆

图5-24 菩萨头像
唐代，公元8世纪前后，石灰岩雕刻，高浮雕。分两次从岩壁上剖下和凿下后，将两部分重新拼合，高24.9cm，宽17.2cm，厚9cm。出自河南洛阳龙门石窟，菩萨身待考。伍斯特·沃纳旧藏，1915年入藏美国克利夫兰艺术博物馆

帝后礼佛图真伪之辨

在龙门石窟诸多流失文物中,最知名者,莫过于原位于宾阳中洞的"文昭皇后礼佛图""孝文帝礼佛图"(图5-25,彩图36、图5-26),二图为浮雕,合称做"帝后礼佛图"。

宾阳洞依山坐西朝东,分中南北三洞。宾阳中洞始凿于北魏景明元年(500年),刚登基的宣武帝为先帝孝文帝纪功德而建,宾阳即取尊贵、无上之意,耗时24年完工。南洞和北洞是为追纪宣武帝功德在永平年间开凿,因宫廷政变停建,直到唐初(7世纪中晚期)才完成主要造像。

自古皇家标准是古代营造的最高典范,就作品的完成态、表现力和虔诚度而言,宾阳中洞代表北魏石窟寺建筑和佛造像艺术成熟期的最高水平,是从历史、艺术、科学的价值基本面考量当时文化形态的最典型的样本。显而易见地,价值越高,越容易被不法分子盯上,难逃被盗凿的厄运,最终身首异处,四散分离。例如原位于宾阳中洞南壁右胁侍菩萨头像,现藏于日本东京国立博物馆,与之组合的左胁侍菩萨头像,则收藏于日本大阪市立美术馆。

图5-25 文昭皇后礼佛图
石灰岩浮雕,残片,北魏,约522年,高204cm,宽278cm。现藏于美国堪萨斯城纳尔逊-阿特金斯艺术博物馆

图5-26 孝文帝礼佛图
石灰岩浮雕,饰彩,残片。北魏,高208.3cm,宽393.7cm。原位于河南洛阳龙门石窟宾阳中洞,现藏于美国纽约大都会艺术博物馆

大约从 1933 年开始，已经有"帝后礼佛图"浮雕残片出现在北平、上海、洛阳等地的古玩店中，这引起史克门的警觉，他认为有必要将这些残片收集起来，以免将来四散。消息传回美国，华尔纳建议哈佛大学福格博物馆和威廉·洛克希尔·纳尔逊美术馆（今纳尔逊－阿特金斯艺术博物馆）联合收购浮雕残片并获得批准。史克门用了三个月的时间将各地市面上的浮雕残片搜集起来，并对比照片进行拼合。1934 年 5 月，两大块根据"昭文皇后礼佛图"残片拼合的浮雕逃避了海关的检查并走私到美国。不过，当 6 月份史克门再次前往龙门石窟时，他发现依然有大面积的"昭文皇后礼佛图"残留，这让他深感失望，于是，国内外古玩商再次勾结起来展开盗凿。1940 年，参与购买"文昭皇后礼佛图"的福格博物馆，将其所藏部分转让给威廉·洛克希尔·纳尔逊美术馆，作价 32000 美元，是当时采购所花费的资金。

文昭皇后即高照容，生于高句丽，13 岁时入宫，得到孝文帝的宠幸，生元恪，即后来的宣武帝。北魏自孝文帝时期发生质变的转折，其族属鲜卑接受汉化并自代地（大同）迁都中原洛阳。迁都途中，高照容暴毙，年 29 岁，盛传她是被孝文帝的昭仪冯女（野史上说其名为冯润，字妙莲）谋害的。同年冯昭仪晋升皇后，她是长期专政北魏朝廷的孝文帝祖母冯太后的侄女，次年升格为太子的元恪以嫡母之礼相待她。当时北魏朝廷的宫斗相当激烈，还有一个子贵母死的陋习，孝文帝的母亲就因之而死。还传说冯皇后在孝文帝远征时淫乱宫闱，致使孝文帝驾崩时遣散嫔妃改嫁而唯独赐死冯皇后合葬，但冯皇后不肯，被强制灌药而死，时年 30 岁。元恪登基后，追尊生母高照容为文昭皇后，这是追溯"帝后礼佛图"浮雕由来的渊源。

1934 年，"文昭皇后礼佛图"残片运到美国，刺激了很多收藏者的神经和情绪，包括纽约大都会艺术博物馆东方部主任普爱伦，他曾是 1925 年华尔纳第二次福格中国探险队的成员。普爱伦闻讯随即来到中国，在北平与古玩商彬记签订了"采购合同"：

立合同人：普爱伦、彬记
今普君买到彬记石头平纹人围屏像拾玖件，议定价洋一万四千元。该约定立之日为第一期，普君当即由彬记取走平像人头六件，作价洋四千元，该款彬记刻已收到。至第二期，彬记应再交普君十三件之头。如彬记能可一次交齐，普君则再付彬记价款六千。如是，人头分二次交齐，而该六千价款，亦分二期付交，每次三千。至与（于）全部平像身子，如彬记能一次交齐，而普君再付彬记价款四千。如是，该身仍分二次交齐，而此四千价款，亦分二期，每期二千。以上之货，统一洋价一万四千。至与（于）日后下存应交之货何年运下及长短时间，不能轨（规）定。倘该山日后发生意外，即特种情形不能起运，则该合同即行作废，不再有效。此乃双方同意，各无反悔，空口无凭，立此合同为证。

此合同以五年为限，由廿三年（1934年）十月廿一日至廿八年（1939年）止。在此五年内，如不能将货运齐，该约到期自行作废。

立合同人

普艾伦（签字）

彬记（钤印）

民国廿三年国历十月一日立

合　各持一纸　同

从合同并不能判断普爱伦采购之物"石头平纹人围屏"即"孝文皇帝礼佛图"浮雕，当然物理描述是对应的；普爱伦在美国收到的的确是"孝文皇帝礼佛图"浮雕残片，于1935年入藏纽约大都会艺术博物馆，但从残片拼接后实际呈现的效果看，是缺乏美感和历史感的，残缺部分甚多。实际上，20世纪50年代初从彬记岳彬处查获石刻残片若干，经拼接后判断为"孝文皇帝礼佛图"的部分残迹，但相关人物形象的头部均已失去。

现藏于美国纽约大都会艺术博物馆和堪萨斯城纳尔逊-阿特金斯艺术博物馆的"帝后礼佛图"浮雕，实际上并不完整，只是近似拼合还原的经过修复的作品，其中有些残片也并不能确定是浮雕的原件。普爱伦曾记述道："在北平，古玩商对那些碎块进行拼接,并满怀热情地根据照片和拓片制作复制品。你会发现(帝后礼佛图)男女供养人的头像散布于欧洲、英格兰和日本，收藏者认为那是龙门石窟的原作。其实，绝大部分是彻头彻尾的赝品。"美国克利夫兰艺术博物馆在1916年从山中商会收购了两幅"帝后礼佛图"浮雕拓片（205.6cm×388.4cm），结合同时期的照片，可以了解到更多未破坏前的真实细节。

复原的心愿

2003年7月5日，中华社会文化发展基金会抢救流失海外文物专项基金在北京饭店举办"中华遗珍重现北京"展览，其中展出有两尊佛首，确定出自龙门石窟，并已经找到原位，它们分别是古阳洞高树龛释迦牟尼佛头、火顶洞左胁侍观音菩萨头。它们的收藏者是美籍华人陈哲敬，他一直醉心于收集流散在外的云冈、龙门、天龙山等石窟造像。

1991年春，陈哲敬从美国一位收藏家手中购得一件高32cm的佛头，当时初步判断为北魏时期龙门之物。这位收藏家对陈哲敬说，他十多年前从比利时购买了这件佛头。随后，陈哲敬把佛头照片寄给了中央美术学院汤池教授。汤先生非常肯定地回复，此佛头"非龙门石窟古阳洞莫属！"

1991年冬，陈哲敬携带佛头赶到龙门石窟，希望找到佛头原位。他与龙门石窟研究所所长温玉成一道，忙碌了20多天，终于在古阳洞顶部的高树龛确定了佛头原位。经研究比对，此佛头与现今高树龛内主尊释迦牟尼坐佛佛身断口丝毫不差。

古阳洞是龙门石窟最早开凿的洞龛之一，被盗劫也最为严重。与高树龛对应的"高树造像题记"，是"龙门二十品"之一，意义不凡。由题记可知，该佛龛是邑主高树等32人在北魏景明三年（502年）施造。佛像雕刻似斩金削玉，简洁明快，线条凌厉，衣纹整齐而有变化，空间层次分明，是中国古代佛教造像艺术中难得的精品。

1907年至1935年间，古阳洞各佛龛内雕像几乎无一遗漏地被凿下。对比沙畹1907年拍摄的照片，高树龛那时尚完好无损。对比常盘大定1921年拍摄的照片，佛头已被凿下。

念念不忘，必有回响。陈哲敬在龙门各洞窟考察时，发现火顶洞造像风格及残迹尺寸，似与他收藏的一件菩萨头相合。原来，陈哲敬在一次拍卖会上拍得这件菩萨头，收藏已有20年之久。菩萨头高33cm，面相长圆丰满，方额广颐，有高耸的发髻，发髻正中刻化佛，化佛下刻髻珠，蛾眉凤目，直鼻小口，神态庄重怡然，技法纯熟洗练。

陈哲敬回美国后，就将菩萨头资料寄到龙门石窟。经反复核对，证实这件菩萨头正属于火顶洞左胁侍观音菩萨。这尊观音菩萨像通高146cm，颈系项圈，身披护心璎珞和帔帛，右手扬起，持麈尾；左臂自然下垂，手握净瓶，身材修长，亭亭玉立，臀略右耸，姿态优美，是典型的盛唐佳作。遗憾的是，这尊观音菩萨头颈下至胸前衣襟部分缺失，可能是盗凿时打碎了，即便能够身首复位，也将留下无法弥合的"伤口"。

　　火顶洞位于龙门石窟西山南段火烧洞上方摩崖高处，距山前路面高约35米，在未修栈道前，很难攀登。因此，中外著述中对该洞内容均无著录。该洞系盛唐雕造的一个平面呈方形的中型洞窟，穹隆顶，三壁凿坛、造像一铺，阿弥陀佛结跏趺坐居中，左右二弟子、二菩萨、二天王侍立。可惜，这七尊造像的头部全被盗凿而去，被盗时间不详，亦无任何资料可供参考。

　　确定了佛头和菩萨头的原位，陈哲敬唯一的心愿就是让它们回归龙门石窟，与佛身和菩萨身完璧合一。据说，不止三个收藏者或机构想高价购买此二件佛头和菩萨头，但明白陈哲敬的想法后都怅然告退了。

　　不过，陈哲敬并不想无偿捐献，毕竟他不是大款巨富，只是靠为人塑像谋生，多年来为收藏和研究已耗资不菲。虽然陈哲敬没有漫天要价，只提出一个象征性的保管费，却也令佛头和菩萨头的回归多了几分曲折。终于在2005年，国家文物局中国文物信息咨询中心出资，实现古阳洞高树龛释尊佛头、火顶洞左胁侍观音菩萨头等二批共7件文物最终回归龙门石窟。这笔回归资金并没有参照"市场价"或"拍卖价"，更加体现的是对陈哲敬先生实现流失文物回归的奖励。

　　出于保护文物、避免二次伤害的考虑，古阳洞高树龛释尊佛头、火顶洞左胁侍观音菩萨头并没有原位复原。这样的近在咫尺、身首两望，让当事人心里难免有一丝失落。文物的创造与传承、流失与回归，就像一个轮回，沉淀下来的美，是不能忘却的过往，值得回味的故事。

　　不管怎么说，只要归来，就是好的。

编辑手记

在中国古典文献中,"文物"一词,最早见于《左传·桓公二年》:"夫德,俭而有度,登降有数,文物以纪之,声明以发之,以临照百官。"在这里,"文物"一词,指能彰显君王美德之礼乐典章制度,用文饰、物品将其记录下来,用以作为百官的垂范。南朝萧梁的刘勰,在《文心雕龙·章表》中说,"诗云:'为章于天',谓文明也。其在文物,赤白曰章"。"为章于天"是《诗经·大雅·棫树》中的句子,讲迢迢银河,熠熠在天。那灿然光明的文采,绘铸于物上,赤白分明,谓之章也。在此,古人已将形而上的精神概念物像化,"文物"的含义已基本定型。到了唐代杜牧那里,"六朝文物草连空",这个"文物"已基本与今天接近。

在西方,与"文物"概念最相近的词条是antique,意为"古董"。《大不列颠百科全书》对"古董"的释义为:"古董,是具有审美、历史和经济价值的遗物或旧物。以前,它专指希腊和罗马的古典文化遗迹;渐渐地,所有过去时代和地方的装饰艺术——包括宫廷、资产阶级和农民——都被认为是古董。"

由此,我们基本可以给"文物"下一个定义:文物,是在人类社会活动中遗留下来的,具有历史、艺术和科学价值的遗物或遗迹,是人类宝贵的历史文化遗产,是与人类活动有关的一切有价值的物质遗存的总称。它的基本特性有四:一是由人类创造,与人类的活动息息相关;二是不可再生性,它是历史的遗留，不能再创造；三是独特性，它是一个地域一种民族精神文化的凝聚和承载，当然它可以在不同文化间相互影响相互交融；四是高度融合了历史价值、艺术价值、科学价值和经济价值于一身。

由此，代表着民族文化精髓的文物，对一个民族的重要意义便不言而喻了。

上下五千年的中华文明，我们的祖先为中华民族留下了数不尽的文物遗产，它彰明了我们这个民族在历史中的灿烂辉煌，它诠释着中华民族为人类文明所做出的卓绝贡献。因此，保护好文物，应该成为每一个炎黄子孙的自觉行为，成为我们每个人理当肩负起的民族责任。

然而，由于文物本身存在的经济价值，在近现代苦难的中国，中华文物如同它的民族一样，经历了一次又一次的苦难和浩劫，成为了列强入侵者掠夺的对象；今天，同样有一批利欲熏心的人，为了自己的一己私欲，疯狂盗掘古墓，非法走私文物，致使许多优秀中华文物流失海外，成为民族永恒的伤痛。

在这里，我们有必要对"流失文物"作一个定性。流失文物，专指因战争劫掠、盗窃、走私等通过非法的和不道德的手段而脱离原址和原属国的历史纪念物。文物流失的途径主要有三：战争中的劫掠；古董交易所引发的盗墓、盗掘、盗凿以及对文化遗迹的破坏；走私。

由是可知，流失文物是专指那些通过非法手段而被掳掠的历史纪念物，那么，随着国家的强大和民族的复兴，合法地追讨流失文物必然成为一种正义行为。我们欣喜地看到，国内已经有一批有识之士正在行动，少数有民族正义感的爱国商人也加入其行列，通过国家和他们个人的不懈努力，已经有一些流失文物合法地回归祖国，有代表性的是圆明园海晏堂十二生肖铜兽首中之猴首、牛首、虎首、猪首、马首、鼠首和兔首的回归。每一件文物的回归，都历经磨难，其中那些没有硝烟的激烈过程，都仿佛经历了一场战争，敲山震虎，迂回包抄，声东击西，围魏救赵，老祖宗留给我们的那些智慧，被他们发挥得淋漓尽致，目标只有一个：让祖宗留给我们的文化遗产合法地回到它应该的去处。2021年的央视春晚，流失海外近一个世纪的天龙山石窟第8窟北壁主尊佛首，以炫目的方式出其不意地出现在亿万观众眼前，把这种追索行动推上高潮。

然而我们应该看到，这些回归的流失文物，在数以万计的中华流失文物中仅仅是沧海一粟，大量的优秀中华文物，仍静静地存列于世界各国著名博物馆、美术馆和图书馆里，或寓目于世界各大拍卖行的报价声中。每一件文物的流失，都有它曲折而痛苦的经历,都饱受磨难,许多还曾经多次转手,其行踪扑朔迷离。

为此,我们特别邀请北京的牛宪锋先生,为我社撰写这套《中华流失文物迷踪》的系列图书,捕捉这些流失文物的前世今身及它们传奇般的流徙历程。牛先生在2002年参与了创办中华社会文化发展基金会抢救流失海外文物专项基金(国宝工程公益基金),曾任总干事一职,一直从事中华文物流失的调查研究,追索流失文物来龙去脉,保护中华文化遗产。他曾组织和实施了多个流失文物追索和回归的项目,长期在古建、遗址、博物馆间工作,致力于探究流失文物的渊源、历史和流传。在追溯中华流失文物方面,牛先生积累了丰富的阅历和大量第一手资料,将其个人体验与历史经历融为一体,浓浓的爱国热情泛漾于淡淡的书香之中。

在实现中华民族伟大复兴的大江大河中,追索中华流失文物无疑是其中的一条小溪。涓涓溪流汇聚成泽,让我们每一个人都能参与到这项伟大的事业中去,各显其能,以尽绵力。

刘嘉

2022 年 4 月 20 日